Cómo profundizar en el análisis de sus costos para tomar mejores decisiones empresariales

Director de colección:
Ernesto Gore

HÉCTOR ALBERTO FAGA
MARIANO ENRIQUE RAMOS MEJÍA

Cómo profundizar en el análisis de sus costos para tomar mejores decisiones empresariales

GRANICA
BUENOS AIRES - BARCELONA - MÉXICO - MONTEVIDEO - SANTIAGO

© 2000 by Ediciones Granica S.A.
Lavalle 1634 - 3º G
1048, Buenos Aires, Argentina
Tel.: 5411-4374-1456 / Fax: 5411-4373-0669
E-mail: buenosaires@granica.com

Ediciones Juan Granica S.A.
Balmes 351, 1º, 2ª
08006, Barcelona, España
Tel.: 3493-211-2112 - Fax: 3493-418-4653
E-mail: barcelona@granica.com

Ediciones Granica México S.A. de C.V.
Bradley 52, Piso 1º, Col. Anzures,
11590, México D.F., México
Tel./Fax: 525-254-4014
E-mail: mexico@granica.com

Ediciones Granica S.A.
Salto 1212
Montevideo - Uruguay
Tel.: 409-6948 / 400-4307 - Fax: 408-2977
E-mail: montevideo@granica.com

Ediciones Granica de Chile S.A.
Antonio Bellet 77, p. 6, of. 607
Providencia - Santiago, Chile
Tel.: 562-235-0067
E-mail: santiago@granica.com

www.granica.com

Reservados todos los derechos, incluso el de reproducción
en todo o en parte, en cualquier forma.

ISBN: 950-641-298-7

Hecho el depósito que marca la ley 11.723

Impreso en Argentina. *Printed in Argentina*

Índice

	Introducción	9
1.	**Resumen de los principales conceptos incluidos en el libro**	11
	Cómo conocer y manejar sus costos para tomar decisiones rentables	
	1.1. Los objetivos empresariales	11
	1.2. La rentabilidad empresarial	12
	1.3. El concepto de costo	12
	1.4. Costo versus desembolso	13
	1.5. La utilidad de los costos	13
	1.6. Los tipos de costos	14
	1.7. Costos unitarios y totales	15
	1.8. Los sistemas de costos	15
	1.9. Concepto de marginalidad: el punto de equilibrio	16
	1.10. Los costos y la toma de decisiones	16
	1.11. Costos y precios	17
	1.12. Una herramienta eficiente para el manejo de la rentabilidad empresarial	18
2.	**Algunas cuestiones comlementarias al tema del punto de equilibrio**	21
	2.1. El Punto de equilibrio como función matemática	21
	2.2. Punto de equilibrio y punto de cierre	29
	2.3. Punto de equilibrio y margen de seguridad	37
	2.4. Punto de equilibrio y porcentaje de capacidad	41
	2.5. Punto de equilibrio y coeficiente de variabilidad	41
	2.6. El caso de la existencia de más de un punto de equilibrio	42
	2.7. El punto de equilibrio en una operación multiproducto	46
3.	**Los costos y la toma de decisiones**	51
	3.1. Opción 1: comprar vs. fabricar	55
	3.2. Opción 2: analizar la capacidad ociosa	59
	3.3. Opción 3: suprimir líneas de fabricación	62
	3.4. Opción 4: incorporar nuevos productos	66
	3.5. Opción 5: reemplazar máquinas y equipos	72
	3.6. Opción 6: comprar o alquilar	77
	3.7. Opción 7: determinar la mezcla óptima de producción	81
	3.8. Opción 8: definir la contribución por hora/equipo	85
	3.9. Opción 9: evaluar el desarrollo de productos	87
	3.10. Opción 10: determinar precios de venta	88
	3.11. Opción 11: calcular el costo de rotación de la mano de obra	90
4.	**Evaluación de proyectos de inversión**	95
	4.1 Introducción	95
	4.2 Criterios de decisión	96
	4.3. Los contenidos del proyecto a evaluar	99
	4.3.1. La consideración de los ingresos	99
	4.3.2 La consideración de los egresos	101

	4.3.3. La consideración del impuesto a las ganancias	103
	4.3.4. La consideración de las tasas de descuento de los flujos	104
4.4.	Aplicación práctica	107
4.5.	Algunas consideraciones finales acerca del ejercicio	123

5. Herramientas adicionales para el manejo de la rentabilidad empresarial — 127
- 5.1. El Método de Inferencia de la Rentabilidad Ajena (M.I.R.A.) — 127
- 5.2. La relación precio/volumen — 131
- 5.3. Los descuentos en especie — 135
- 5.4. La absorción de costos fijos — 137
    - 5.4.1. La absorción de costos fijos por negocio — 137
    - 5.4.2. El esquema A.B.C. ("Activity Based Costing") — 149
- 5.5. Los costos basados en la calidad — 158
- 5.6. La variable económica/patrimonial: el E.V.A. ("Economic Value Added") — 160

6. El Planeamiento — 165
- 6.1. La pirámide Orientación/Gestión/Operación — 165
- 6.2. El ciclo de vida de la empresa — 166
- 6.3. La orientación — 168
- 6.4. El proceso empresarial y la pirámide Orientación /Gestión /Operación — 169
- 6.5. Observando la realidad — 170
- 6.6. Definiendo el planeamiento — 174
- 6.7. El control de gestión es la otra cara del planeamiento — 174
- 6.8. Significados y contenidos de la palabra Control — 174
- 6.9. El proceso de planeamiento — 177
- 6.10. Conclusiones de este capítulo — 192

7. El Presupuesto y el Control Presupuestario — 193
- 7.1. El Presupuesto. Introducción — 193
- 7.2. Estructura del presupuesto — 194
    - 7.2.1 Presupuesto de ventas — 194
    - 7.2.2. Presupuesto de costo de ventas — 195
    - 7.2.3. Presupuesto de niveles de inventario — 195
    - 7.2.4. Presupuesto de producción y de costo estándar variable de fabricación — 196
    - 7.2.5. Presupuesto de compras — 196
    - 7.2.6. Presupuesto de costos variables de ventas — 196
    - 7.2.7. Presupuesto de costos fijos — 197
    - 7.2.8. Presupuesto de resultados financieros — 197
    - 7.2.9. Presupuesto de ingresos — 197
    - 7.2.10. Presupuesto de egresos
    - 7.2.11. Presupuesto económico — 198
    - 7.2.12. Presupuesto financiero — 198
    - 7.2.13. Balance proyectado — 199
    - 7.2.14. Preesupuesto de inversiones
- 7.3. Introducción al control presupuestario — 200
- 7.4. La matriz de posicionamiento — 200
- 7.5. Los presupuestos flexibles — 202

8. Bibliografía — 207

INTRODUCCIÓN

El Capítulo 1 de este libro es un resumen conceptual de nuestro título anterior *Cómo conocer y manejar sus costos para tomar decisiones rentables*. Hemos hecho esto para que, si no lo ha leído, de todos modos las definiciones incluidas en éste tengan sentido para usted y pueda comprenderlo sin necesidad de consultar el primero.

Si, en cambio, ya lo conoce o ha decidido hacerlo, comprobar que ambos se complementan.

Al final de la mencionada publicación mostrábamos la siguiente figura:

y felicitábamos al lector, porque "podríamos decir que se había graduado".

Y la verdad es que... ¡no es cierto!

Esto no significa que lo hayamos engañado, ni mucho menos; pero es tanto el camino que queda por recorrer en esta aventura del conocimiento de costos y otras cuestiones asociadas como Planeamiento, Presupuesto, Sistemas informáticos y Control de gestión, que haber leído el libro anterior, más que un punto de llegada, representa un simple punto de partida.

Y lo mismo sucederá seguramente con el presente, y con el siguiente, si lo hubiera, y con otro más...

Por todo ello, le sugerimos que se siente cómodamente y con cierto tiempo en su casa, acompañado de lápiz, papel y una calculadora, y se disponga a **usar** este libro (no sólo a leerlo), a efectos de aprender y aprehender algo más sobre los costos y la toma de decisiones.

Eso sí: esta vez le prometemos un diploma aún más grande para cuando acabe la lectura.

1. Resumen de los principales conceptos incluidos en el libro *Cómo conocer y manejar sus costos para tomar decisiones rentables*

A continuación vamos a ofrecerle las conclusiones más relevantes alcanzadas en *Cómo conocer y manejar...* al desarrollar con profundidad cada uno de los temas base de su contenido.

Nuestra pretensión es no repetir todo el detalle conceptual que avaló nuestra presentación anterior de cada definición, sino más bien entregarle sólo los resultados finales a los que arribáramos, evitando reiteraciones innecesarias.

Pero al mismo tiempo, ser lo suficientemente explícitos sobre los contenidos de cada tema, para que la información que le presentamos constituya una base sólida en el aprendizaje del temario aquí desarrollado.

Planteado pues este objetivo, nos decimos y le decimos: ¡manos a la obra!

1.1. LOS OBJETIVOS EMPRESARIALES

Toda empresa persigue diversos objetivos al llevar a cabo su actividad primordial.

Esos objetivos determinan el funcionamiento de la organización, marcan el rumbo para sus acciones y definen el "perfil empresarial".

Los objetivos son de muy diferente naturaleza y describen los propósitos de los distintos *stakeholders* relacionados con la empresa, pero fundamentalmente los de los accionistas y dueños.

La descripción de los objetivos se asienta en la conocida "cadena de medios y fines", que describe cómo algunos objetivos son de un orden superior a otros y por lo tanto una consecuencia de estos últimos, y cómo, a su vez y por la misma razón, éstos son medios para alcanzar los primeros.

La identificación de cuál es cuál se logra a partir de la utilización de dos simples preguntas: **¿Para qué?**, que sirve para definir nuevos objetivos de mayor nivel que aquellos de los cuales partimos, y **¿Cómo?**, que se utiliza para encontrar las actividades, acciones, planes y programas que nos permitan lograr las metas propuestas.

Usted podrá encontrar un mayor detalle de este procedimiento en: **Quinto paso: La definición de los objetivos** (El proceso de planeamiento, 6.9).

Si usted no domina este aspecto metodológico, puede ahora adelantarse en la lectura y ahondar en él.

Si, por el contrario, tiene una idea más o menos clara de la cadena de medios y fines, lo invitamos a seguir el orden propuesto en el análisis de los temas.

De entre todos los objetivos posibles, existe uno, **que no necesariamente es el más importante, pero que siempre debe estar presente en toda organización que persigue fines de lucro**, que es el de **rentabilidad**.

La definición de rentabilidad, su utilidad para la empresa y el detalle de sus elementos componentes, forman parte del punto siguiente.

1.2. LA RENTABILIDAD EMPRESARIAL

Rentabilidad es sinónimo de ganancia, utilidad, beneficio. Se trata de un objetivo válido para cualquier empresa, ya que a partir de la obtención de resultados positivos ella puede mirar con optimismo no sólo su presente, que implica la supervivencia, sino también su futuro: es decir, el desarrollo de la organización en el tiempo.

Con esta perspectiva, la rentabilidad asegura el presente empresarial, el aquí y el ahora, y al mismo tiempo provee a su desarrollo futuro.

Los elementos componentes de la rentabilidad son básicamente el *precio de venta* (el "techo" o la recompensa por comercializar un producto) y el *costo* (el "piso" o el sacrificio que hay que hacer para fabricar y vender ese producto).

Como consecuencia de la concurrencia de ambos factores, precio de venta y costo, se obtiene el resultado, que para respetar el criterio de rentabilidad debiera ser positivo, aunque muchas veces no lo sea.

Con resultados positivos, entonces, las organizaciones con fines de lucro "continúan en carrera", algunas mejor que otras, tras los objetivos de perdurar y crecer.

Con resultados negativos, en cambio, no sólo no se tiene seguridad sobre el presente, sino que tampoco existe una clara visión sobre el futuro.

Veamos ahora un poco más detalladamente los ingredientes que componen el "menú rentabilidad".

1.3. EL CONCEPTO DE COSTO

Si se recurre a la acepción amplia del concepto, costo es "el sacrificio que debe realizarse para alcanzar un objetivo, cualquiera sea éste". Esta definición refiere al esfuerzo consciente que es necesario llevar a cabo cuando se trata de lograr un resultado perseguido.

Pero si nos limitamos a su sentido económico más estricto, costo es "el insumo de determinados elementos valorizables económicamente, aplicado a lograr un objetivo también económico".

Sobre la base de esta definición es posible decir que todos los contenidos que forman parte del precio de venta de una operación o producto, más allá de la ganancia, son costos, puesto que se trata de la adquisición y el consumo de "esfuerzos" que pueden ser valuados en dinero y que son imprescindibles para llevar a cabo la operación que nos permita recibir ese precio de venta.

El costo presenta la particularidad de ser relativamente controlable por quienes incurren en él, y esta característica lo diferencia de la *pérdida*, que es menos manejable, se presenta de un modo más inesperado y no conlleva a la consecución del objetivo.

Costo y pérdida, entonces, si bien se parecen, no son una misma cosa, ya que con el costo se alcanza un objetivo mientras que con la pérdida no es posible lograrlo.

Como veremos de inmediato, el concepto de costo se diferencia de otros con los que algunos suelen confundirlo, por lo que es nuestro propósito continuar aclarando dichos conceptos de modo de construir un lenguaje común y comprensible.

1.4. COSTO VERSUS DESEMBOLSO

Costo es un concepto económico que se incluye en el Estado de Resultados.
Desembolso es un concepto financiero que forma parte del Flujo de Caja.

Puede haber costos sin que existan simultáneamente desembolsos, puesto que los primeros se basan en el "criterio de lo devengado", que contabiliza las partidas cuando las mismas aparecen, se hayan pagado o no, mientras que los segundos utilizan el "criterio de lo percibido", que atiende al hecho concreto de la existencia de movimientos de la caja para cancelar obligaciones.

Así, la compra a crédito de materias primas incluida en el costo de ventas, por ejemplo, constituye un costo pero no un desembolso, puesto que aún no ha sido cancelada la obligación derivada de su adquisición.

Otro caso distinto es la compra al contado de maquinaria y equipo, que representa un desembolso porque existe una erogación de caja para pagar la obligación, pero que desde el punto de vista del costo lo será a través de la consideración de las amortizaciones de ese bien de uso, derivadas del hecho de que su vida útil abarca más de un ejercicio económico.

La compra de maquinarias mencionada constituye una *inversión*, concepto que puede definirse como "el costo que se encuentra a la espera de la actividad empresarial que permitirá la consecución del objetivo buscado"; actividad ésta que se dará a lo largo de más de un período de operaciones de la empresa.

Un *gasto*, por su parte, es un costo definido como tal por su no-relación en forma directa con los sectores operativos natos, sino más bien con la estructura de la empresa u *overhead*.

Pero más allá de esta diferenciación, costos y gastos comparten el concepto de inmediatez derivado de la consecución en el corto plazo de los objetivos económicos buscados con su insumo.

1.5. LA UTILIDAD DE LOS COSTOS

¿Para qué sirven los costos? parecería ser una pregunta un tanto ingenua, pero es necesaria.

Además de bromear acerca de que su utilidad consiste en darnos trabajo a los contadores, sobre todo a los que podemos escribir sobre ellos, debemos reconocerles algunos aspectos realmente importantes.

Los costos sirven para **registrar lo ocurrido** en la empresa, atendiendo a **cuándo** se produjeron los acontecimientos que generaron una erogación, a **dónde** se originaron (centros de costos y tipos de gastos) y a **cuánto** se gastó (es decir, el registro de la magnitud del esfuerzo económico).

Con esta última perspectiva, otra utilidad de los costos es **valuar al costo incurrido**, agregando al cuándo antes mencionado el **qué** (¿en qué se utilizó el esfuerzo económico?) y el **para qué** (¿cuál ha sido el propósito perseguido y qué se ha querido lograr con el mismo?).

También sirven los costos para **exponer y demostrar lo ocurrido**, ya sea contable como extracontablemente, en función de **quién** gastó, **en qué** y **por qué** lo hizo, con lo que se sientan las bases para **proyectar** esfuerzos futuros y **tomar decisiones**.

Por último, y como consecuencia de todo lo anterior, la gran utilidad de los costos es que permiten **controlar**.

¿Controlar qué?

La respuesta es: **Controlar la administración global de la empresa**.

1.6. LOS TIPOS DE COSTOS

¿Cuántos tipos de costos existen y cuáles son?

Hay diversas clasificaciones, entre las que podemos destacar las siguientes.

- *En función de los objetivos perseguidos por la operación que los origina.* En esta clasificación encontramos los **costos de adquisición**, los de **producción**, los de **comercialización**, los de **administración** y los de **financiación**.
- *En función del método usado para determinarlos.* Aquí diferenciamos los **costos históricos resultantes** (aquellos basados en la valoración de los hechos tal como éstos sucedieran), los **históricos normalizados** (que eliminan los hechos extraordinarios o no repetitivos) y los **estándar o predeterminados** (que se basan en el "deber ser" de una operación normal).
- *En función de su comportamiento.* Esta clasificación nos permite identificar los **costos fijos**, que son los que permanecen relativamente constantes ante variaciones no significativas del nivel de actividad; los **costos variables**, definidos como aquellos costos que varían en forma más o menos proporcional a la variación del nivel de actividad operativa; y los **costos semifijos y semivariables**, que son categorías intermedias entre las dos anteriores.
- *En función de su asignación o dirección.* En esta última clasificación incluimos los **costos directos y los indirectos**. Los primeros son aquellos asignables a una unidad productiva o mensurables en ella. Los segundos son los que no se asignan directamente, sino que se distribuyen en las diversas unidades productivas o productos. Existe una relación estrecha entre costos directos y variables (to-

dos los costos variables son directos, aunque pueden existir costos fijos también directos), así como entre los fijos e indirectos.

Vamos a recordar ahora el tema de los costos unitarios y totales.

1.7. COSTOS UNITARIOS Y TOTALES

Para el desarrollo de este punto nos centraremos en la consideración de los costos variables y costos fijos.

El **costo variable unitario** es aquel asignable directamente a cada unidad de producto, e incluye conceptos tales como materia prima, materiales directos y mano de obra directa necesarios para fabricar una unidad de producto terminado.

El **costo variable total** es el costo variable unitario multiplicado por la cantidad de productos fabricados o vendidos en un período determinado.

La dirección del análisis de los costos variables sigue el camino de partir de los costos unitarios para obtener los totales.

En los costos fijos, en cambio, el proceso es exactamente el inverso: se parte de los costos totales y se llega a la determinación de los unitarios.

Así, el **costo fijo total** es la suma de todos los costos fijos de la empresa, mientras que el **costo fijo unitario** es la distribución del costo fijo total entre todos los productos fabricados por la empresa en función de diversas llaves de distribución.

Los costos fijos se comportan como tales en el total, pero cuando se asignan a los productos se "variabilizan", ya que según la cantidad de productos tomados como base de asignación, pueden variar en su incidencia por unidad.

Los costos variables, a su vez, varían conforme se incrementa la cantidad de productos, pero un análisis individual nos muestra que son fijos por unidad.

Costo total, por otra parte, es por definición la suma de costos variables y costos fijos; por lo tanto, pueden existir **costos totales unitarios** y **costos totales globales**.

1.8. LOS SISTEMAS DE COSTOS

Por sistemas de costos entendemos los diversos caminos utilizados para lograr una adecuada valorización de los productos en cada una de las etapas de la operación, con especial énfasis en lo relativo al proceso productivo.

Existen fundamentalmente dos categorías de sistemas de costos.

– *Aquellos que ponen de relieve el tratamiento de los costos fijos al momento de valuar los productos.* En esta categoría entra el **costeo por absorción**, que considera que todos los costos –variables y fijos– son asignables a los productos fabricados o distribuibles entre ellos, y el **costeo directo**, base de todo nuestro desarrollo posterior, que establece una diferencia entre los costos asignables directa o indirectamente a la operación y aquellos atribuibles a la estructura de la empresa.

– *Aquellos que atienden a las características de los procesos productivos para recoger los datos y realizar las valuaciones de los artículos.* Aquí encontramos el **costeo por procesos**, que valoriza los productos en función de su paso por cada uno de los centros de costos que representan los diversos procesos productivos, y el **costeo por órdenes específicas**, que carga a cada orden de fabricación todos los costos motivados por la misma y en función de ellos valoriza unitariamente los productos en ella incluidos.

Como dijimos, los puntos siguientes se basan primordialmente en los conceptos del costeo directo como base de la toma de apropiadas decisiones empresariales.

1.9. CONCEPTO DE MARGINALIDAD: EL PUNTO DE EQUILIBRIO

Este tema se constituyó en el "pivote" central de nuestro libro *Cómo conocer y manejar...*, y también lo será del presente, ya que, como hemos sostenido reiteradamente, estamos convencidos de que el concepto de marginalidad es la base de la toma de decisiones empresariales.

Los elementos básicos del concepto de marginalidad son el **costo marginal** y la **contribución marginal**, y de ellos se deriva la explicación del **punto de equilibrio**.

Se define como costo marginal al costo incurrido para obtener una nueva unidad de producto. Debido a ello, el costo marginal es igual al costo variable unitario de esa nueva unidad de producto, ya que los costos fijos permanecen sin cambio ante el incremento de la actividad productiva.

Contribución marginal, por su parte, es el beneficio que trae aparejado esa nueva unidad de producto, y que surge de la ecuación precio de venta menos costo marginal.

La contribución marginal toma este nombre porque su función es "contribuir" a la absorción de costos fijos y a la generación de utilidades.

El punto de equilibrio es el nivel de ventas en el cual el precio total (monto de ventas) absorbe todos los costos (fijos y variables) y no se gana ni se pierde. Dicho de otro modo, es el punto en el cual la contribución marginal iguala al costo fijo.

La fórmula para el cálculo del punto de equilibrio surge de dividir el costo fijo total por la contribución marginal, ya sea absoluta o porcentual.

El resultado del primer cociente (costo fijo sobre contribución marginal absoluta) se expresa en unidades, mientras que cuando se usa la contribución marginal porcentual, los montos resultantes están medidos en valores absolutos.

Dado que dedicaremos todo el capítulo siguiente a la consideración del punto de equilibrio, dejaremos por el momento este tema.

1.10. LOS COSTOS Y LA TOMA DE DECISIONES

Dedicaremos en el Capítulo 3 una sección dirigida específicamente a este tema, por lo que no abundaremos en este momento en su explicación.

Baste recordar, sin embargo, a título de resumen, que **los costos no toman las decisiones por usted, pero contribuyen enormemente a que usted pueda tomar mejores decisiones.**

1.11. COSTOS Y PRECIOS

El costo de los productos es el elemento de la rentabilidad sobre el que es posible ejercer un mayor manejo empresarial, ya sea en función del ejercicio del "poder del comprador" para bajar los precios de adquisición, como del control a ejercitar sobre los volúmenes físicos de producto insumidos. El precio de venta, en cambio, queda en manos del mercado comprador, y la empresa tiene un escaso margen de maniobra para influir en su determinación.

Existen dos métodos esenciales para determinar el precio aproximado de venta de los productos, a saber:

- el método del *mark up* ("marcaje", en español), que consiste en determinar el precio de venta adicionando al costo una utilidad esperada sobre ese costo y medida como un porcentaje del mismo;
- el método del "aporte" o contribución, que se asimila al concepto de contribución marginal y se calcula como un porcentaje del precio de venta (no del costo) mediante un sencillo cálculo matemático basado en razones y proporciones.

A continuación mostramos el esquema de consideración de los elementos que contribuyen a la fijación de un precio de venta adecuado que dimos en llamar "el metro patrón para fijación de precios", y que se explica por sí mismo.

"METRO PATRÓN" PARA FIJACIÓN DE PRECIOS

Prioridad = Rentabilidad	
Decisión estratégica	**Riesgo a asumir por la empresa**
Precio: *Más alto que el valor percibido por el cliente*	*Pérdida de mercado*
Decisión estratégica	**Riesgo a asumir por la empresa**
Precio: *Máximo posible*	*Competencia*
Decisión estratégica	**Riesgo a asumir por la empresa**
Precio: *En línea con la competencia*	*No diferenciación de la competencia*
Decisión estratégica	**Riesgo a asumir por la empresa**
Precio: *Debajo de la competencia*	*Pérdida de rentabilidad*
Decisión estratégica	**Riesgo a asumir por la empresa**
Precio: *Igual al costo variable*	*No cobertura de costos fijos*
Decisión estratégica	**Riesgo a asumir por la empresa**
Precio: *Debajo del costo variable*	*Pérdida programada*
Prioridad = Volumen	

Dado que en el punto 3.10 hacemos un análisis más detallado de todo lo relativo a precios de venta, dejaremos aquí por el momento su consideración.

1.12. UNA HERRAMIENTA EFICIENTE PARA EL MANEJO DE LA RENTABILIDAD EMPRESARIAL

Como último punto de nuestro libro *Cómo conocer y manejar...* introdujimos el concepto de la *matriz de posicionamiento*.

Este desarrollo teórico que hicimos a partir de nuestras experiencias prácticas en el asesoramiento de empresas de diverso tipo, está referido fundamentalmente a la comparación de productos o negocios entre sí, en una suerte de *benchmarking* interno con algunas características particulares.

En los puntos 5.4.1. y 7.4. encontrará un desarrollo adicional al que le presentamos aquí a título de síntesis.

Para confeccionar la matriz es necesario establecer la contribución marginal absoluta y porcentual de cada uno de los productos/negocios a ser incluidos en la comparación y calcular el promedio de cada tipo de contribución marginal.

A continuación, se ordenan los productos en función de su superioridad o inferioridad respecto de las contribuciones marginales promedio, separando en columnas distintas las correspondientes a los valores absolutos y a los valores porcentuales.

Quedan de este modo determinadas cuatro categorías:

– **productos AB**: aquellos con contribución marginal superior al promedio, tanto en valores absolutos como porcentuales;
– **productos AD**: los que tienen una contribución marginal absoluta superior al promedio pero una contribución marginal porcentual inferior al promedio;
– **productos CB**: al revés de la clasificación anterior, estos productos tienen mejor contribución marginal relativa que el promedio, pero están por debajo del mismo en la contribución marginal absoluta;
– **productos CD**: son la antípoda de los AB, puesto que tienen contribuciones marginales absoluta y relativa inferiores a los respectivos promedios.

La ventaja del uso de la matriz de posicionamiento reside en que dirige el análisis hacia los productos que más lo necesitan, lo que permite ganar tiempo al considerar la rentabilidad de la empresa, siendo justamente el tiempo uno de los recursos más escasos y apreciados por los empresarios.

En efecto, como primera gran definición, las acciones a tomar con cada uno de los productos incluidos en cada categoría son las siguientes:

– **productos AB**: "dejar tranquilos", puesto que su rentabilidad es buena y no tiene sentido ejercer acciones que, incluso, podrían tener un efecto perjudicial sobre ellos;
– **productos AD**: "mejorar la rentabilidad" a través de incrementos de precios o rebajas de costos, puesto que el volumen es adecuado pero el beneficio unitario no alcanza el promedio de la matriz;

- **productos CB**: "mejorar el volumen", puesto que estos productos tienen buena rentabilidad pero "se venden poco";
- **productos CD:** "tirar a la basura", dado que estos productos requieren esfuerzos de precio y de volumen para mejorar su rendimiento, y por lo tanto no vale la pena usar el tiempo en ellos.

Por supuesto que, como dijimos, éstas son grandes líneas de acción, que no deben ser tomadas ligeramente y sin considerar otras cuestiones como la existencia de productos emblemáticos, productos complementarios, productos barrera de entrada para la competencia, etcétera.

A partir de ahora complementaremos cada uno de los temas y agregaremos nuevos elementos de juicio a la tarea de conocimiento de los costos.

Esperamos que continúe con nosotros y que sepamos premiar su constancia con un adecuado tratamiento de esos temas.

¡Que así sea!

2. Algunas cuestiones complementarias al tema del punto de equilibrio

2.1. EL PUNTO DE EQUILIBRIO COMO FUNCIÓN MATEMÁTICA

Si usted ha tenido la oportunidad de estudiar "función lineal" en matemática de 4º año del colegio secundario (seguramente ahora está diciendo: "¿Qué era eso?"), a poco que avancemos recordará estos conceptos y entenderá de inmediato la lógica existente en la representación gráfica del punto de equilibrio. Si no lo ha hecho, no se preocupe: procuraremos explicársela del modo más sencillo y comprensible que nos sea posible.

Una función lineal es una igualdad matemática que responde a la fórmula genérica:

$$y = ax + b$$

y que significa que "y" es función de "ax + b"; es decir, que "y" tomará diferentes valores conforme le vayamos asignando valores a cada una de las otras variables.

Cuando representamos gráficamente esta fórmula, lo hacemos en un eje de coordenadas cartesianas como el siguiente:

Eje de coordenadas cartesianas

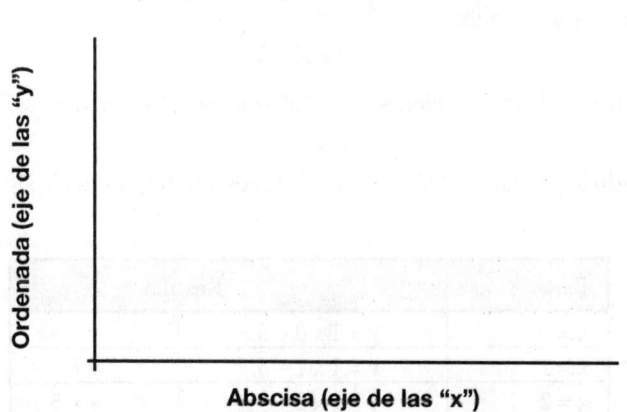

en el que los valores de "x" se dibujan en la coordenada horizontal y los de "y" en la vertical.

Así, como dijimos antes, para diferentes valores de "a", de "x" y de "b", se obtienen distintos valores de "y".

Veamos el siguiente ejemplo, que conforme nuestra reiterada costumbre de tratar de hacerlo participar activamente, le rogamos resuelva en los espacios de página que le reservamos para que usted trabaje.

Dice así:

Hallar los valores de "y" que se correspondan con los siguientes valores de

$a = 1$
$b = 3$
$x = 0, 1, 2, 3, 4, 5$

y luego representarlos gráficamente.

Cálculo numérico	**Gráfico**
(use este espacio para realizar sus cálculos)	(use este espacio para dibujar su gráfico)

¿Cómo le fue? Bien, ¿verdad?

Claro, si es un sencillo sistema de ecuaciones de fácil resolución.

Usted ha ido reemplazando las letras por los valores respectivos y de este modo ha calculado los distintos valores que toma "y".

Contraste ahora sus resultados con los que le proporcionamos a continuación.

Partimos de la fórmula

$$y = ax + b$$

y reemplazando las notaciones "a" y "b" con los datos propuestos, obtenemos

$$y = 1x + 3$$

Haciendo lo propio con "x" para sus distintos valores, nos da la siguiente tabla:

Para	Resulta	
$x = 0$	$y = 1 \times 0 + 3$	$y = 3$
$x = 1$	$y = 1 \times 1 + 3$	$y = 4$
$x = 2$	$y = 1 \times 2 + 3$	$y = 5$
$x = 3$	$y = 1 \times 3 + 3$	$y = 6$
$x = 4$	$y = 1 \times 4 + 3$	$y = 7$
$x = 5$	$y = 1 \times 5 + 3$	$y = 8$

Si representamos el sistema de ecuaciones que hemos calculado, llegamos al siguiente gráfico de coordenadas:

Ahora bien, existen diversas variables que constituyen casos especiales de la fórmula general.

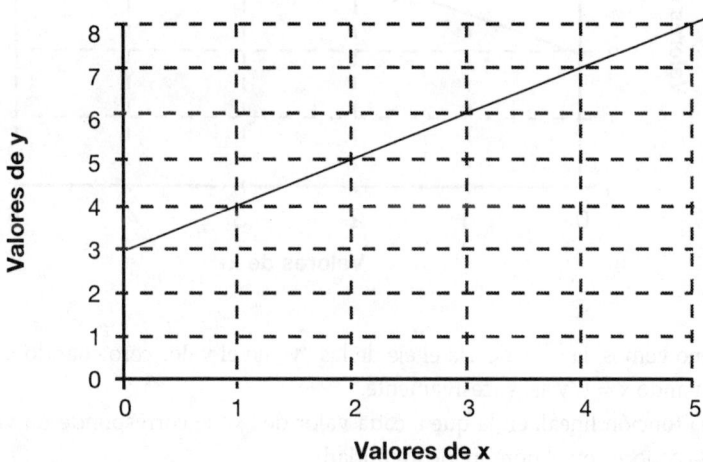

Así tenemos, por ejemplo, que cuando "b" es igual a cero, la curva dibujada no se desplaza hacia arriba, como en el caso anterior, en que cortaba al eje de las "y" en el valor 3 (valor de "b"), sino que pasa por el origen (valor cero).

En este caso, partiendo de la fórmula general

$$y = ax + b$$

como b = 0, entonces $\qquad y = ax$

Pero además, dado que a = 1 (según surge de los datos iniciales)
Resulta $\qquad y = x$

Aplicando ahora los mismos valores de "x" del ejercicio anterior, tendríamos:

Para	Resulta	
x = 0	y = 1 x 0	y = 0
x = 1	y = 1 x 1	y = 1
x = 2	y = 1 x 2	y = 2
x = 3	y = 1 x 3	y = 3
x = 4	y = 1 x 4	y = 4
x = 5	y = 1 x 5	y = 5

Graficando la secuencia anterior, obtenemos la siguiente figura:

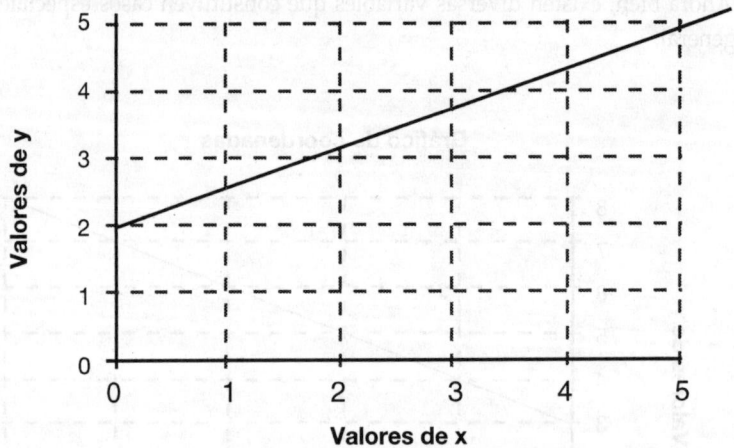

Gráfico de la función de identidad

donde, como vemos, la curva corta el eje de las "y" en el valor cero cuando x = 0, en el valor uno cuando x = 1, y así sucesivamente.

A esta función lineal, en la que a cada valor de "x" le corresponde un valor igual de "y", se la conoce con el nombre de identidad.

¿A qué le hace acordar esta función?

Si, efectivamente, al costo variable, que se grafica con una curva como la presente, que demuestra que a medida que aumentamos la cantidad de productos (coordenada de "x"), va también aumentando en forma simétrica el valor costo variable acumulado (coordenada de "y"). ¿Está claro?

Sigamos entonces un poco más.

Supongamos ahora que el valor de "a" es 2 en vez de 1.

¿Cómo cree usted que quedaría este nuevo sistema de ecuaciones?

Cálculo numérico (use este espacio para realizar sus cálculos)	Gráfico (use este espacio para dibujar su gráfico)

¿Terminó?

Seguramente usted arribó a los siguientes resultados, que son correctos:

Para	Resulta	
x = 0	y = 2 x 0	y = 0
x = 1	y = 2 x 1	y = 2
x = 2	y = 2 x 2	y = 4
x = 3	y = 2 x 3	y = 6
x = 4	y = 2 x 4	y = 8
x = 5	y = 2 x 5	y = 10

Con lo cual, la gráfica se ve así:

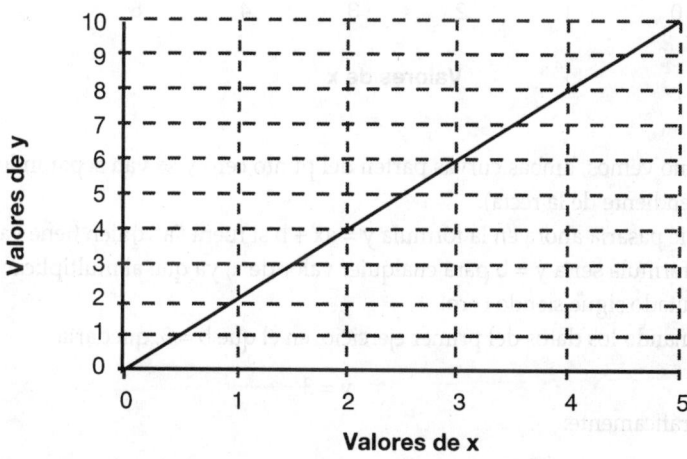

Gráfico de la función "y = ax"

donde puede apreciarse claramente que "y" toma en cada punto un valor distinto al del gráfico anterior, que en este caso es exactamente el doble del valor de "x", debido a la incidencia del valor de "a".

Si basándonos en la fórmula de identidad y = x que explicamos más arriba (y a la que asimilamos al costo variable) definiéramos el precio de venta como "a" cantidad de veces el costo variable, tendríamos:

Costo variable   y = x
Precio de venta   y = ax

Veríamos entonces que este último gráfico que hemos dibujado representa adecuadamente el precio de venta.

Al superponer ambos ejes de coordenadas, obtenemos la siguiente figura:

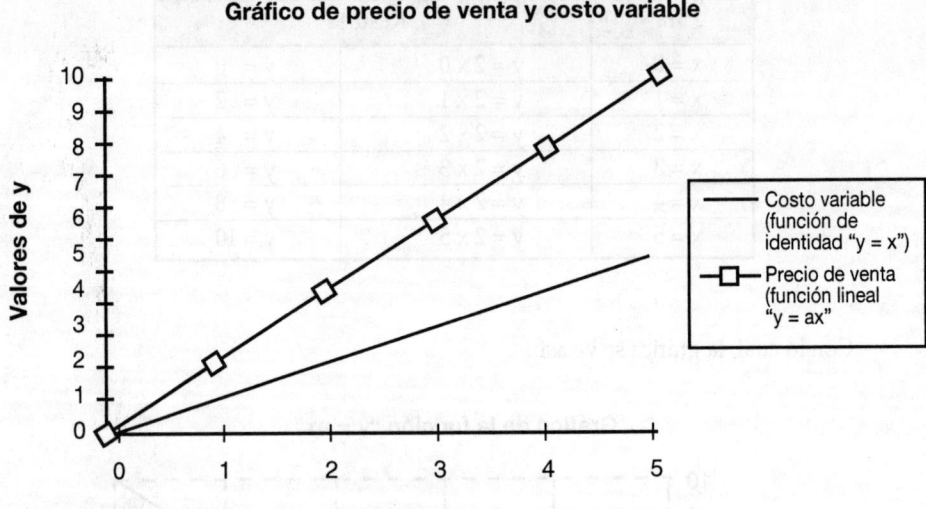

Como vemos, ambas curvas parten del punto cero y se van separando por el valor de "a" (pendiente de la recta).

¿Qué pasaría ahora en la fórmula y = ax + b si fuera "a" quien tiene valor cero?

La formula sería y = b para cualquier valor de x, ya que al multiplicar éstos por cero, el resultado sigue siendo cero.

Tomando los datos del primer ejercicio, en el que b = 3, quedaría

$$y = 3$$

y gráficamente:

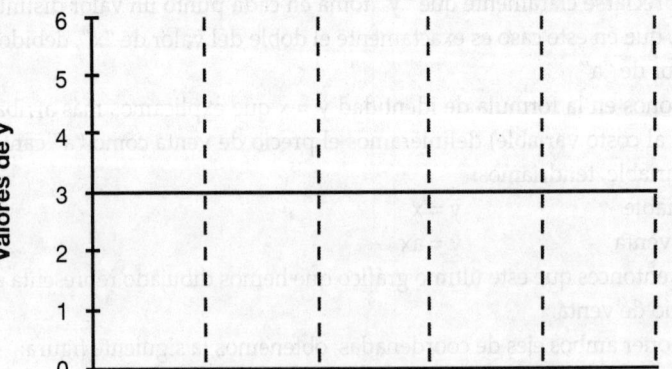

Esta función, llamada **constante,** ¿a qué le hace acordar?

Sí, claro, al **costo fijo,** que es un costo que permanece constante para cualquier valor del **costo variable** ("x"), porque es independiente de aquél.

Si incorporamos en la gráfica este último dato tenemos:

Gráfico de precio de venta, costo variable y costo fijo

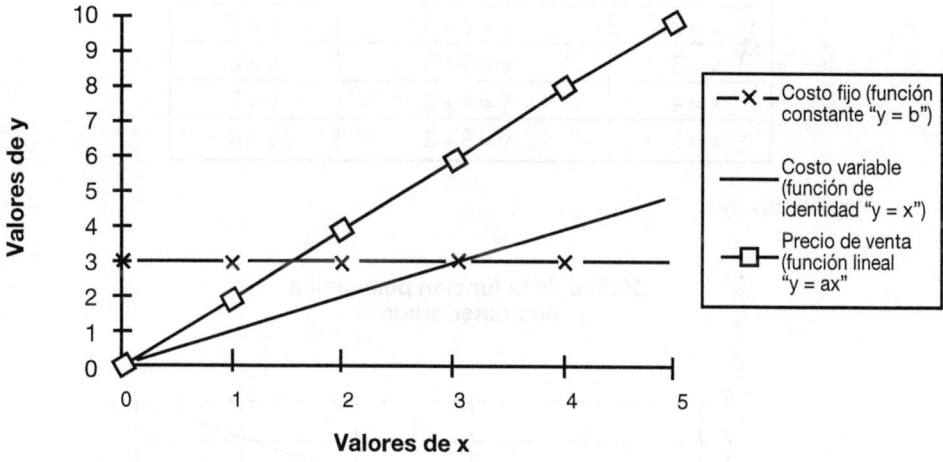

¿Qué pasaría ahora si quisiéramos representar lo que se llama "función polinómica de primer grado", cuya fórmula es y = x + b?

¿Se anima a hacerlo usando los valores conocidos?

Adelante, entonces.

Cálculo numérico	Gráfico
(use este espacio para realizar sus cálculos)	(use este espacio para dibujar su gráfico)

Vamos a contrastar sus respuestas con nuestro propio desarrollo.

Dijimos que   y = x + b

Y como   b = 3

Nos queda   y = x + 3

Armando ahora la tabla para distintos valores de "x", llegamos a las siguientes ecuaciones:

Para	Resulta	
x = 0	y = 0 + 3	y = 3
x = 1	y = 1 + 3	y = 4
x = 2	y = 2 + 3	y = 5
x = 3	y = 3 + 3	y = 6
x = 4	y = 4 + 3	y = 7
x = 5	y = 5 + 3	y = 8

y gráficamente:

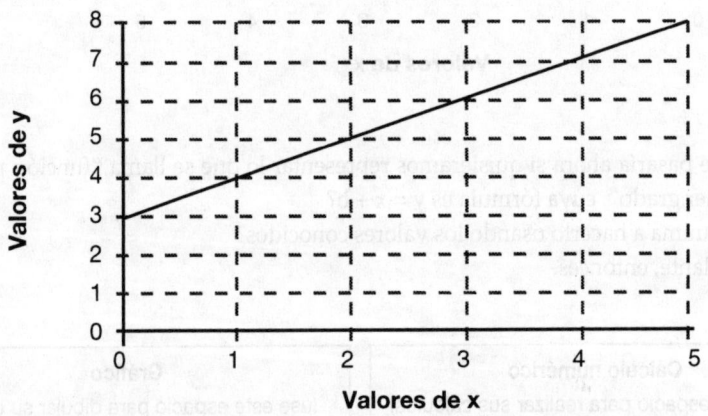

Gráfico de la función polinómica de primer grado

¿Reconoce esta curva?

Claro. Fue la primera que representamos al iniciar este capítulo.

Pero también nos trae a la memoria un concepto que vimos en nuestro libro *Cómo conocer y manejar...* y revisamos en el Capítulo 1 de éste: el de **costo total**.

Efectivamente, si observamos detenidamente, vemos que esta curva es igual a la del costo variable, pero con la diferencia de que en vez de cortar el eje de las "y" en el punto cero, lo hace a la altura del costo fijo.

Trasladando este último dibujo a la gráfica que veníamos completando, tenemos:

Gráfico del punto de equilibrio

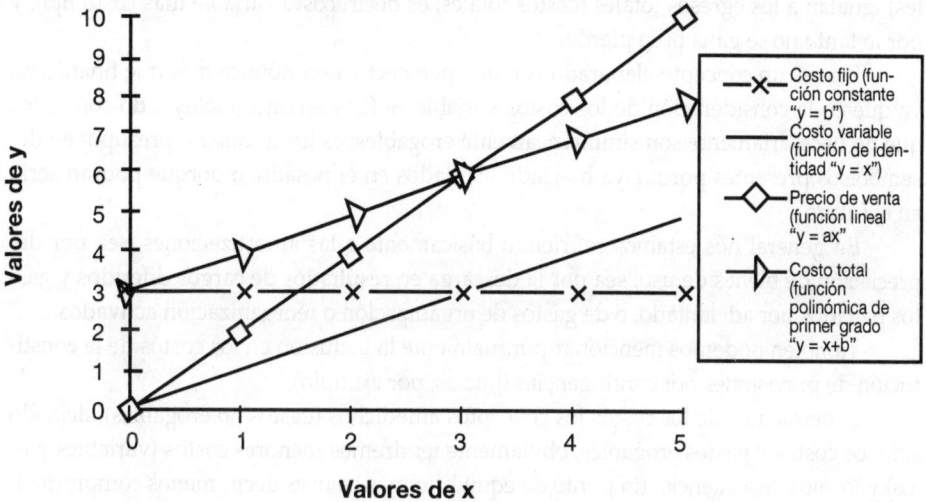

Ahora sí hemos conseguido el dibujo completo del *punto de equilibrio*, al que, como usted ha podido ver, llegamos a través de un método puramente matemático, que da basamento técnico a nuestra adaptación práctica en costos.

2.2. PUNTO DE EQUILIBRIO Y PUNTO DE CIERRE

Volvamos a la gráfica anterior para procurar reconocer el punto de equilibrio.

Gráfico del punto de equilibrio

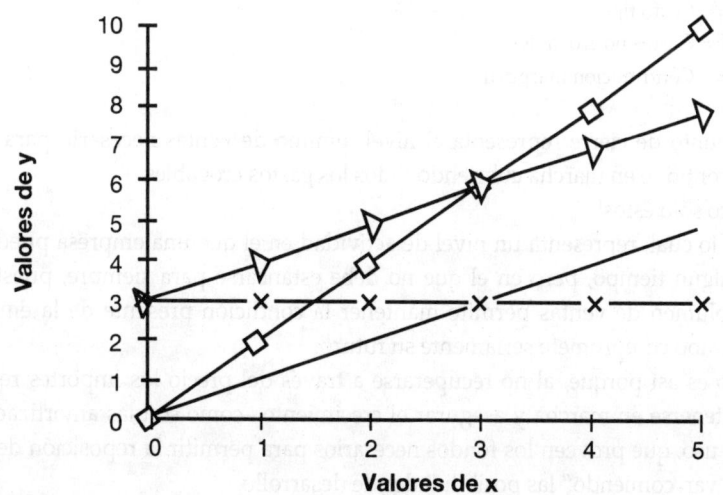

Dijimos que el punto de equilibrio es el punto en el cual los ingresos (ventas totales) igualan a los egresos totales (costos totales; es decir, costo variable más costo fijo), y por lo tanto no se gana ni se pierde.

Este es un concepto elaborado con una perspectiva económica más que financiera, ya que en la consideración de los costos variables y fijos estamos incluyendo conceptos que no necesariamente son simultáneamente erogables; es decir, que no presuponen desembolsos presentes porque ya han sido abonados en el pasado, o porque podrán serlo en el futuro.

En general nos estamos refiriendo básicamente a las amortizaciones, sea por depreciación de bienes de uso, sea por la descarga en resultados de cargos diferidos y gastos pagados por adelantado, o de gastos de organización o reorganización activados.

También podemos mencionar puntualmente la inclusión en los costos de la constitución de previsiones por contingencias (juicios, por ejemplo).

Si detraemos de los costos los conceptos antedichos (gastos no erogables), dejando sólo los costos y gastos erogables, obviamente tendremos menores costos (variables y fijos) y, como consecuencia, un punto de equilibrio más bajo; es decir, menos comprometido en cuanto al volumen de ventas necesario para equilibrar las cuentas.

A este nuevo punto de equilibrio lo llamamos **punto de cierre**.

¿Cómo calcular el punto de cierre?

Partiendo de la fórmula de punto de equilibrio ya conocida

$$PE = \frac{CF}{CM}$$

la fórmula del punto de cierre es alternativamente alguna de las tres siguientes:

$$PC = \frac{CF - GNE}{CM} \quad o \quad PC = \frac{CF}{CM + GNE} \quad o \quad PC = \frac{CF - GNE}{CM + GNE}$$

donde
PC = Punto de cierre
CF = Costo fijo
GNE = Gastos no erogables
CM = Contribución marginal

El punto de cierre representa el nivel mínimo de ventas necesario para que una empresa continúe en marcha cubriendo todos los gastos erogables.

¡Pero sólo éstos!

Por lo cual, representa un nivel de actividad en el que una empresa puede operar durante algún tiempo, pero en el que no debe estancarse para siempre, puesto que si bien el volumen de ventas permite mantener la condición presente de la empresa, al mismo tiempo compromete seriamente su futuro.

Esto es así porque, al no recuperarse a través del precio los importes requeridos para mantenerse en marcha y asegurar el crecimiento –como son las amortizaciones de bienes de uso, que proveen los fondos necesarios para permitir la reposición de los mismos–, se "van comiendo" las posibilidades de desarrollo.

Vamos a realizar una pequeña ejercitación para fijar estos conceptos.

Ejercicio N° 1: Eliminando los gastos no erogables del costo fijo. Dados los siguientes datos
CV = 40 % sobre ventas
CF = $ 60.000
Amortizaciones incluidas en CF = $ 10.000,
calcular: 1) Punto de equilibrio
2) Punto de cierre

Cálculo numérico	**Gráfico**
(use este espacio para realizar sus cálculos)	(use este espacio para dibujar su gráfico)

¿Pudo calcular sendos valores?
Veamos cómo nos va a nosotros.
Decíamos que

$$PE = \frac{CF}{CM}$$

Reemplazando, tenemos que

$$PE = \frac{\$\,60.000}{CM}$$

También sabemos que

$$CM = 1 - \frac{CV}{V}$$

Y como   CV = 40 % sobre ventas,
nos queda   CM = 1 - 0,40
es decir,   CM = 0,60
Por lo tanto

$$PE = \frac{\$\,60.000}{0,60} = \$\,100.000$$

Por su parte, dijimos que

$$PC = \frac{CF - GNE}{CM}$$

Siendo $\qquad$ GNE = $ 10.000

tenemos

$$PC = \frac{\$ 60.000 - \$ 10.000}{0,60} = \$ 83.333$$

Como se ve claramente, el volumen de ventas requerido en el punto de cierre ($ 83.333) es menor al necesario en el punto de equilibrio ($ 100.000).

Y esto es así porque el nivel de costo fijo a absorber en el punto de cierre ($ 50.000) también es menor que el del punto de equilibrio ($ 60.000).

Gráficamente, sería como sigue:

Gráfico de punto de equilibrio y punto de cierre

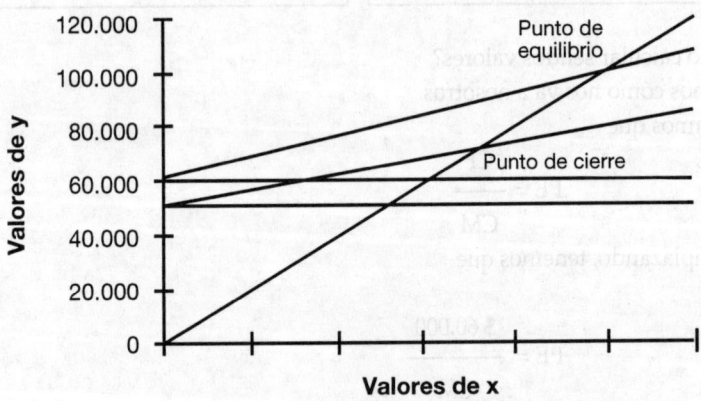

En el gráfico se observa que el corrimiento del PC respecto del PE está directamente relacionado con la baja en los valores absolutos del costo fijo.

¿Está clara esta "porción de la torta", en la que los gastos no erogables se excluyen del costo fijo?

Hagamos ahora un ejercicio levemente distinto, para ver qué sucede con la eliminación de gastos no erogables del costo variable.

Ejercicio Nº 2: Eliminando los gastos no erogables del costo variable. Dados los siguientes datos

PV = $ 10
CV = 40 % sobre ventas
CF = $ 60.000
Amortizaciones incluidas en el CV = 25 % sobre CV,

calcular: 1) Punto de equilibrio en unidades
            2) Punto de cierre en unidades

Como siempre, utilice los siguientes espacios de cálculo

Cálculo numérico	**Gráfico**
(use este espacio para realizar sus cálculos)	(use este espacio para dibujar su gráfico)

No nos diga que le resultó difícil llegar a la solución.

A ver, veamos juntos cómo se resuelve este problema.

Primero que nada sabemos que esta vez los gastos no erogables forman parte del costo variable, no del costo fijo.

En segundo lugar, recordemos que, dado que las respuestas están pedidas en unidades, debemos trabajar con los valores absolutos del margen de contribución y no con los porcentajes.

Así tenemos que:

partiendo de PV = $ 10

calculamos el CV = $ 4 (40 % sobre $ 10)

obtenido el cual, estamos en condiciones de conocer la contribución marginal

$$CM = \$ 6 \text{ que resulta de } (\$ 10 - \$ 4)$$

Ahora sí, vamos a hallar las respuestas pedidas en el enunciado.

Como verá, el punto de equilibrio se calcula como siempre:

$$PE = \frac{CF}{CM} = \frac{\$ 60.000}{\$ 6} = 10.000 \text{ unidades}$$

¿Y el punto de cierre?

Para hallarlo debemos "jugar" un poco con los números.

Así, si el costo variable asciende a $ 4, de los cuales $ 1 (el 25 % de $ 4) corresponde a gastos no erogables (amortizaciones), quiere decir que el costo sin amortizaciones es $ 3 ($ 4 - $ 1, o también $ 4 x 0,75).

Al bajar el CV y permanecer sin cambios el PV, aumenta la CM, como se demuestra a continuación:

Siendo $\quad\quad\quad\quad\quad CM = PV - CV$

tenemos que $\quad\quad\quad CM_1 = \$10 - (\$4 - \$1) = \$10 - \$3 = \$7$

Aplicando la fórmula

$$PC = \frac{\$60.000}{\$7} = 8.571 \text{ unidades}$$

Como vemos aquí, al igual que en el caso anterior, también en éste el punto de cierre requiere un volumen de ventas inferior al determinado para el punto de equilibrio.

Ya obtuvimos los montos de ventas en unidades, determinados para cada uno de los puntos (de equilibrio y de cierre).

Como también tenemos los valores unitarios, disponemos de todos los elementos necesarios para calcular los montos de las variables a graficar.

Así tenemos:

Venta en el punto de equilibrio:	10.000 u x $ 10 = $ 100.000
Venta en el punto de cierre:	8.571 u x $ 10 = $ 85.710
Costo variable en el punto de equilibrio:	10.000 u x $ 4 = $ 40.000
Costo variable en el punto de cierre:	8.571 u x $ 3 = $ 25.713
Costo fijo:	$ 60.000

De este modo, el gráfico queda como se muestra a continuación:

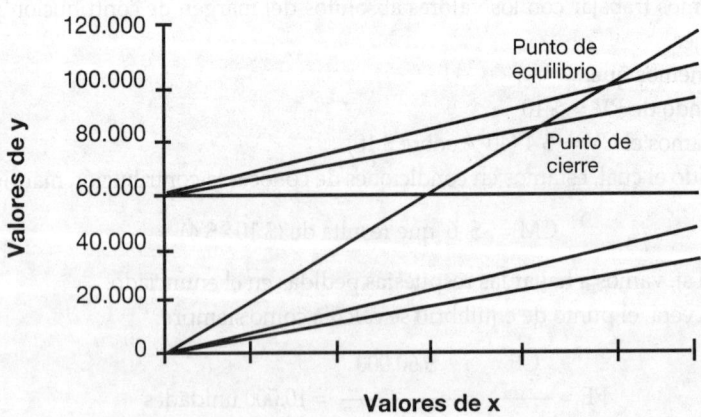

Gráfico de punto de equilibrio y punto de cierre

Como puede verse en este ejercicio, al contrario de lo que sucedía en el anterior, la baja de volumen de ventas desde el punto de equilibrio al punto de cierre tiene una correlación directa con la disminución del costo variable, mientras que el costo fijo permanece inmutable.

La obvia conclusión es que los gastos no erogables pueden incidir en el costo variable, en el costo fijo, o en ambos al mismo tiempo.

¿Se anima a resolver el ejercicio N° 3, incluyendo ambas variables simultáneamente? Allá vamos, entonces.

Ejercicio N° 3: Eliminando los gastos no erogables del costo variable y del costo fijo. Dados los datos siguientes

PV = $ 10

CM = 60 % sobre Ventas

CF = $ 60.000

Amortizaciones incluidas en CF = 16,67 % sobre CF

Amortizaciones incluidas en CV = 10 % sobre ventas,

calcular, en unidades y en valores absolutos:

1) Punto de equilibrio
2) Punto de cierre

Cálculo numérico	Gráfico
(use este espacio para realizar sus cálculos)	(use este espacio para dibujar su gráfico)

Qué tendencia tenemos a complicar las cosas, ¿no es cierto?

Pues bien, veamos cómo nos ha ido.

Tal cual podrá apreciar, le hemos hecho algunas "trampas" al enunciar las variables intervinientes, al solo efecto de no hacerle tan fácil la solución.

Pero los números son los mismos que veníamos manejando hasta ahora.

En efecto:

PV = $ 10

CM = $ 6 que surge de calcular $ 10 x 0,60

Amortización incluida en el CV = $ 1 que resulta del cálculo $ 10 x 0,10

CM_1 = $ 7 como resultado de sumar $ 6 + $ 1

CF = $ 60.000

Amortización incluida en el CF = $ 10.000,

que resulta del producto de $ 60.000 x 0,1667

Con todos estos datos podemos calcular los puntos de equilibrio y de cierre en valores y en unidades:

$$PE_u = \frac{CF}{CM} = \frac{\$60.000}{\$6} = 10.000 \text{ unidades}$$

$$PE_\$ = \frac{CF}{CM\%} = \frac{\$60.000}{0,60} = \$100.000$$

$$PC_u = \frac{CF - GNE}{CM + GNE} = \frac{\$60.000 - \$10.000}{\$6 + \$1} = \frac{\$50.000}{\$7} = 7.143 \text{ unidades}$$

$PC_\$ = 7.143 \text{ u} \times 10 = \$71.430$

He aquí entonces las cuatro respuestas solicitadas, a las que hemos llegado usando una combinación de distintos procedimientos basados en el concepto de punto de equilibrio.

Gráficamente quedaría como sigue:

Gráfico de precio de punto de equilibrio y punto de cierre

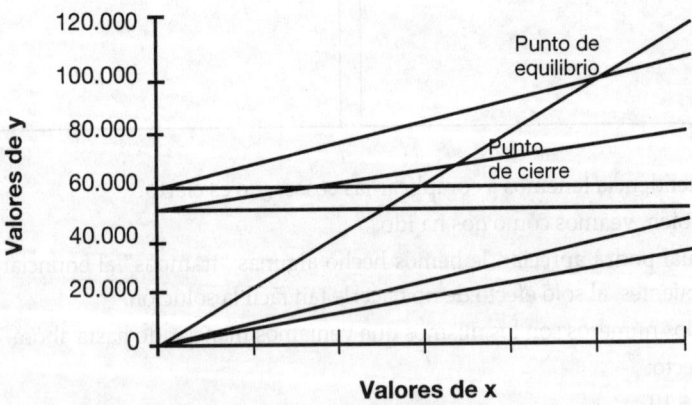

El gráfico muestra claramente el efecto de haber eliminado los gastos no erogables tanto del costo variable como del costo fijo.

Como puede observarse, la venta requerida para el punto de cierre es, en este caso, aún menor que la que habíamos calculado en los dos ejercicios precedentes.

Es de hacer notar que este tipo de gráfico puede dibujarse en función de los valores de la base (cero) y de los del punto de equilibrio, sin necesidad de armar una tabla de valores intermedios.

Esto es así porque, como decíamos al comienzo del capítulo, se trata de una función lineal, en la que conociendo un punto cualquiera de la recta y la base, es posible trazar las curvas en las coordenadas cartesianas.

¿Tiene ganas de seguir trabajando?

Vamos entonces a introducir a continuación un concepto nuevo de gran utilidad.

2.3. PUNTO DE EQUILIBRIO Y MARGEN DE SEGURIDAD

El siguiente ejercicio nos servirá de base para el desarrollo teórico posterior.

Ejercicio N° 4: Dados los datos siguientes
PV = $ 10
MC = 60 % sobre precio de venta
CF = $ 60.000,

calcular y graficar
1) El punto de equilibrio

2) Las ventas y costos para
- 2.000 unidades
- 4.000 unidades
- 6.000 unidades
- 8.000 unidades
- 10.000 unidades
- 12.000 unidades

Cálculo numérico (use este espacio para realizar sus cálculos)	Gráfico (use este espacio para dibujar su gráfico)

¿Terminó ya?

¿Hizo todos los cálculos?

Si los hizo todos, es porque no nos presta la suficiente atención.

Tal como acabamos de decirle, dado que la ecuación a graficar es una función lineal, basta con calcular un solo punto de cada recta, y luego trazar las curvas correspondientes.

De este modo quedan graficados todos los otros valores solicitados.

Vamos a demostrárselo.
Calculemos los valores para 12.000 unidades
Venta = 12.000 u x $ 10 = $ 120.000
CV =   12.000 u x $ 4 = $ 48.000
CF = $ 60.000
Ahora grafiquemos:

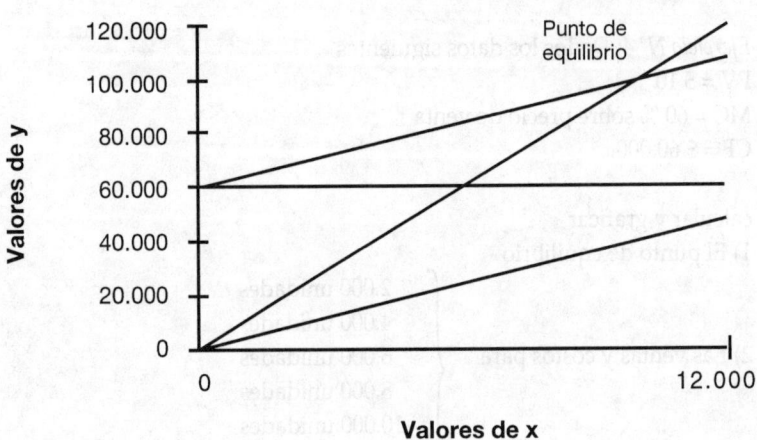

Si trazamos líneas ascendentes desde cada uno de los puntos de la coordenada "x" correspondientes a cada nivel de unidades hasta cortar las curvas determinadas, y desde estos nuevos puntos volvemos con líneas horizontales hacia el eje de los valores (y), veremos que podemos calcular la venta, el costo variable y el costo total a cada nivel por simple aplicación del método gráfico y sin haber realizado un solo cálculo.

Veamos cómo sería:

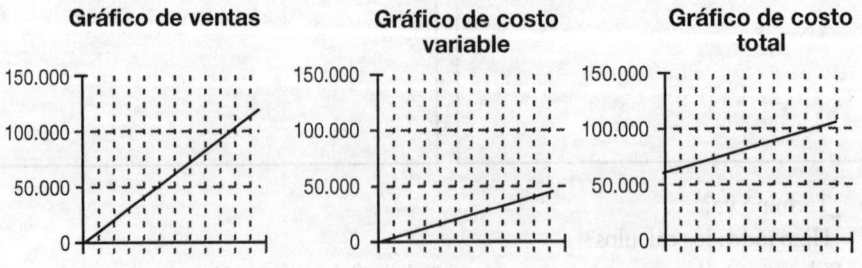

Es decir, que podemos partir de la representación gráfica para determinar los valores aritméticos con toda exactitud

Fácil, ¿verdad?

Pero no nos distraigamos; el propósito del ejercicio no era efectuar esta demostración del uso del método gráfico, sino introducir el concepto de *margen de seguridad*.

Para verlo con mayor claridad extraeremos del gráfico las curvas de venta y de costo total, para presentar el dibujo siguiente:

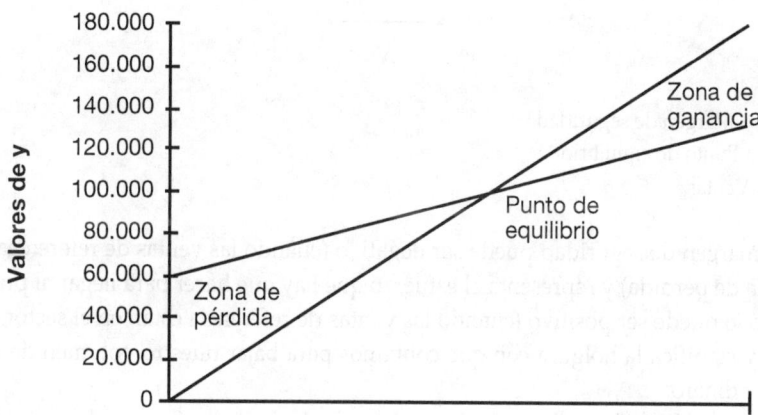

Gráfico de ventas y costo total en el punto de equilibrio

Mirando las curvas a la altura del eje "y", que corresponde al nivel de cero unidades, podemos ver que el monto de venta es menor que el del costo total exactamente en la incidencia de los costos fijos; lo cual es lógico, porque a cero unidades de venta corresponde cero valor de venta, cero costo variable y cero contribución marginal.

A medida que nos desplazamos hacia la derecha sobre el eje de las "x" vemos que la pérdida va disminuyendo exactamente en el monto de la contribución marginal unitaria (PVu - CVu) de cada producto, hasta llegar al punto de pérdida cero (punto de equilibrio).

A partir del punto de equilibrio, comienza a generarse una utilidad equivalente al margen de contribución unitario de cada nueva unidad que agregamos, delineando una zona de ganancia, la que será tanto mayor cuanto más se aleje del punto de equilibrio hacia la derecha.

Este efecto puede verse numéricamente comparando los valores que usamos en el ejercicio con que iniciamos este tema.

	Zona de pérdida	Punto de equilibrio	Zona de ganancia
Unidades	8.000	10.000	12.000
Precio de venta $ 10	$ 80.000	$ 100.000	$ 120.000
Costo variable $ 4	($ 32.000)	($ 40.000)	($ 48.000)
Margen de contribución	$ 48.000	$ 60.000	$ 72.000
Costo fijo	($ 60.000)	($ 60.000)	($ 60.000)
Resultado final	($12.000)	—	$ 12.000

Sobre la base de estos números podemos desarrollar el concepto de margen de seguridad.

El margen de seguridad es el factor porcentual que cuantifica la diferencia entre un nivel de ventas determinado y las ventas de equilibrio.

La fórmula matemática es:

$$MS = \frac{V - PE}{V}$$

donde
MS = Margen de seguridad
PE = Punto de equilibrio
V = Ventas

El margen de seguridad puede ser negativo (cuando las ventas de referencia están en la zona de pérdida) y representa el esfuerzo que hay que hacer para llegar al punto de equilibrio, o puede ser positivo (cuando las ventas de referencia están en el sector de ganancias) y significa la holgura con que contamos para bajar nuestro volumen de ventas sin perder dinero.

Tomando los valores del ejemplo, podemos calcular los márgenes de seguridad de cada nivel:

$$MS_1 = \frac{V - PE}{V} = \frac{\$80.000 - \$100.000}{\$80.000} = \frac{(\$20.000)}{\$80.000} = (25\,\%)$$

Este valor indica que para llegar a una situación de equilibrio debemos aumentar el volumen de ventas en un 25 %. Obviamente, en condiciones *ceteris paribus*; esto es, manteniendo sin cambios el precio de venta, el costo variable y los costos fijos.

El otro caso es el siguiente:

$$MS_2 = \frac{V - PE}{V} = \frac{\$120.000 - \$100.000}{\$120.000} = \frac{\$20.000}{\$120.000} = 16,67\,\%$$

Este índice significa que la empresa puede disminuir hasta un 16,67 % su volumen de ventas sin que ello ocasione una pérdida en los resultados (también *ceteris paribus*).

Y hacemos hincapié en el criterio de *ceteris paribus* porque, de lo contrario, la empresa podría realizar retoques en sus precios o sus costos para modificar la rentabilidad del negocio, en forma independiente del volumen de ventas.

Pero no nos adelantemos; ya hablaremos de ello en el punto referido a "Herramientas adicionales para el manejo de la rentabilidad empresarial" (Capítulo 4).

Entendido el concepto de margen de seguridad, vamos a pasar de inmediato a otro que es, en alguna medida, el complemento de aquél.

2.4. PUNTO DE EQUILIBRIO Y PORCENTAJE DE CAPACIDAD

El porcentaje de capacidad está definido por la fórmula siguiente:

$$\% C = \frac{PE}{V} \times 100$$

donde
% C = Porcentaje de capacidad
PE = Punto de equilibrio
V = Venta

El porcentaje de capacidad mide la magnitud de las ventas en el punto de equilibrio en relación con las ventas reales.

Usando los mismos datos del ejercicio anterior, tenemos:

$$\% C_1 = \frac{PE}{V} \times 100 = \frac{\$ 100.000}{\$ 80.000} \times 100 = 125\%$$

$$\% C_2 = \frac{PE}{V} \times 100 = \frac{\$ 100.000}{\$ 120.000} \times 100 = 83,33\%$$

Como podrá apreciar, este indicador es el complemento matemático del anterior. Efectivamente,

$$100\% - (25\%) = 125\%$$

y por otra parte

$$100\% - 16,67\% = 83,33\%$$

A fuerza de ser sinceros, debemos decir que este indicador no se usa demasiado en la realidad, pero igualmente se lo hemos explicado para su conocimiento.

El índice que sí tiene algún uso práctico es el que mencionaremos a continuación.

2.5. PUNTO DE EQUILIBRIO Y COEFICIENTE DE VARIABILIDAD

Este es un índice complementario al de la contribución marginal, que muestra cómo varían los costos variables con relación a la venta.

Su fórmula es

$$Cv = \frac{CV}{V}$$

donde
Cv = Coeficiente de variabilidad
CV = Costo variable
V = Venta

Dado que por lo general los contadores nos apoyamos mucho en el cálculo del margen de contribución, el coeficiente de variabilidad se torna en un indicador secundario frente a aquél.

Sin embargo, en el punto siguiente veremos que existen algunas aplicaciones prácticas para el mismo.

2.6. EL CASO DE LA EXISTENCIA DE MÁS DE UN PUNTO DE EQUILIBRIO

¿Diría usted que en un negocio monoproducto puede existir más de un punto de equilibrio? La respuesta instintiva es que no.

Sin embargo, esta situación es posible, y está directamente relacionada con el coeficiente de variabilidad de los costos.

En nuestro libro *Cómo conocer y manejar...* definimos a los costos variables como "aquellos que varían en forma más o menos proporcional a la variación del nivel de actividad".

Nótese que dijimos "más o menos proporcional" y no "directamente proporcional". Y esto es así porque el coeficiente de variabilidad de los costos variables puede ser distinto en diferentes niveles de operación.

Estas variaciones del coeficiente de variabilidad suelen estar dadas por diversos grados de eficiencia operativa, distintos niveles de *scrap*, uso de turnos que requieren horas extra, etcétera.

Pongamos un ejemplo para entender mejor lo que decimos.

Suponga por un momento que tiene una fábrica que produce un artículo único, con dos máquinas de diferente velocidad.

Suponga también que la máquina más veloz está al tope de su capacidad operativa y que usted debe completar su operación echando a andar también la máquina más lenta.

Si éste fuera el caso, tendrá dos coeficientes de variabilidad distintos: uno, determinado por la máquina más veloz, hasta un nivel de operación equivalente a la capacidad máxima de la misma; otro, definido por la máquina más lenta para los lotes de producción que excedan la capacidad máxima antedicha.

¿Se entiende lo que queremos expresar?

Vamos a ponerlo a prueba con el siguiente ejercicio.

Ejercicio N° 5: Dados los siguientes datos
PV = $ 10
CV = Hasta   3.000 unidades = $ 8
De 3.001 a   5.000 unidades = $ 7
De 5.001 a   7.000 unidades = $ 11
De 7.001 a 10.000 unidades = $ 9
CF = $ 10.000,

calcular el/los punto/s de equilibrio

Cálculo numérico
(use este espacio para realizar sus cálculos)

Gráfico
(use este espacio para dibujar su gráfico)

¿Cómo le fue?
¿Le resultó muy difícil?
Vamos a ver ahora cómo nos va a nosotros.
En primer lugar, construiremos una tabla que nos permita tener todos los datos a la vista.
Período considerado = 1 mes

Unidades	Costo variable	Costo fijo	Costo total	Venta	Resultado	Coeficiente de variabilidad
1.000	($ 8.000)	($ 10.000)	($ 18.000)	$ 10.000	($ 8.000)	0,800
2.000	($ 16.000)	($ 10.000)	($ 26.000)	$ 20.000	($ 6.000)	0,800
3.000	($ 24.000)	($ 10.000)	($ 34.000)	$ 30.000	($ 4.000)	0,800
4.000	($ 28.000)	($ 10.000)	($ 38.000)	$ 40.000	$ 2.000	0,700
5.000	($ 35.000)	($ 10.000)	($ 45.000)	$ 50.000	$ 5.000	0,700
6.000	($ 66.000)	($ 10.000)	($ 76.000)	$ 60.000	($ 16.000)	1,100
7.000	($ 77.000)	($ 10.000)	($ 87.000)	$ 70.000	($ 17.000)	1,100
8.000	($ 72.000)	($ 10.000)	($ 82.000)	$ 80.000	($ 2.000)	0,900
9.000	($ 81.000)	($ 10.000)	($ 91.000)	$ 90.000	($ 1.000)	0,900
10.000	($ 90.000)	($ 10.000)	($ 100.000)	$100.000	—	0,900

Si graficamos la tabla anterior, tenemos

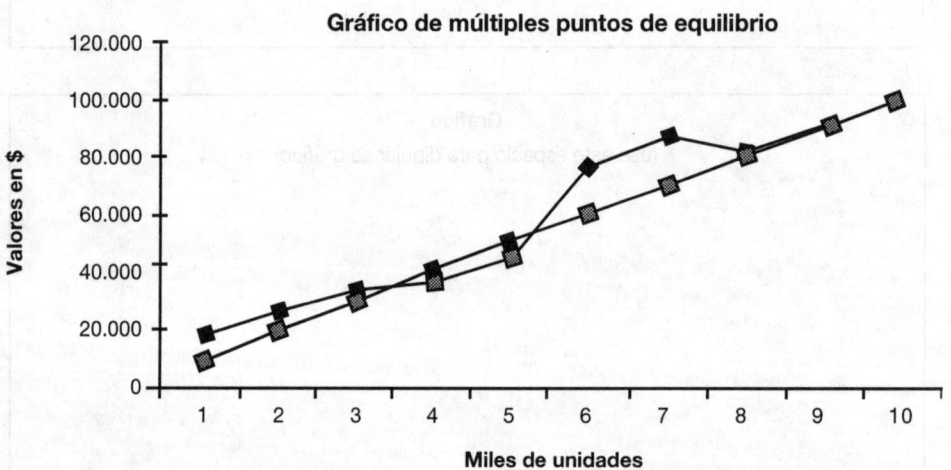

Gráfico de múltiples puntos de equilibrio

Han quedado demostrados tres puntos de equilibrio, a saber:

PE_1 =　　　　a las　　　　3.333 unidades
PE_2 =　　　　a las　　　　5.000 unidades
PE_3 =　　　　a las　　　　10.000 unidades

También quedaron visibles dos zonas de pérdida, que son:

ZP_1 =　　　　entre　　　　0 y 3.332 unidades
ZP_2 =　　　　entre　　　　5.001 y 9.999 unidades

y dos zonas de ganancia:

ZG_1 =　　　　entre　　　　3.334 y 4.999 unidades
ZG_1 = por encima de　　　　10.000 unidades

Por otra parte, si observamos la tabla, veremos que el mayor resultado absoluto se obtiene al nivel de 5.000 unidades que representa al mismo tiempo el más bajo coeficiente de variabilidad.

¿Qué conclusiones podemos sacar de esta ejercitación?

La primera es que, cuando en una operación tenemos costos variables que pueden tener comportamientos diversos a distintos niveles de operación, pueden aparecer varios puntos de equilibrio y diversas zonas de ganancias y de pérdidas.

En esos casos es necesario llevar a cabo el desarrollo completo de los cálculos para definir los niveles adecuados de operación.

La segunda conclusión, derivada directamente de la anterior, consiste en que para evitar las zonas de pérdida deben tomarse algunas decisiones que a primera vista podrían parecer impropias, pero que permitirán mejorar el resultado.

Dos decisiones posibles para este ejemplo son:

1) partir el pedido del cliente;
2) ofrecer algún descuento por cantidades superiores de compra.

De los dos casos, el primero es el más fácil de comprender

Supongamos que el requerimiento del cliente asciende a 10.000 unidades.

Consultamos la tabla, y vemos que no existe ganancia a ese nivel.

Si en lugar de producir 10.000 unidades en un mes pudiéramos convenir con el cliente realizar dos entregas de 5.000 unidades cada una en el curso de dos meses sucesivos, podríamos entonces ganar $ 10.000 (2 veces $ 5.000, que es la ganancia al nivel de 5.000 unidades).

Por supuesto que hay otras cuestiones a tener en cuenta, como ser los costos de la capacidad ociosa, que de variable se torna en fija al estar usando el equipamiento al 50 %, o el costo de oportunidad de perder otro pedido por tener la máquina ocupada dos meses en lugar de uno, etcétera.

Pero más allá de esas realidades, que habrá que evaluar, vale reforzar la idea inicial de "jugar con las cifras" para tomar decisiones rentables.

El segundo caso es una variante del primero.

Supongamos ahora que el cliente hace un pedido de 1.000 unidades a $ 10.

Si le ofreciéramos un 5 % de descuento sobre la totalidad del pedido, para el caso de que en vez de ordenar 1.000 unidades el cliente aceptara ordenar 2.000, podríamos reducir la pérdida total en $ 1.000.

En efecto, veamos la siguiente tabla:

	Unidades	Costo variable	Costo fijo	Costo total	Precio de venta	Resultado
Pedido del cliente	1.000	($ 8.000)	($ 10.000)	($ 18.000)	$ 10.000	($ 8.000)
Oferta de la empresa	2.000	($ 16.000)	($ 10.000)	($ 26.000)	$ 19.000	($ 7.000)

No se preocupe si le resulta un poco confuso, porque volveremos sobre este tema de *costo/precio/utilidad/volumen* un poco más adelante.

2.7. EL PUNTO DE EQUILIBRIO EN UNA OPERACIÓN MULTIPRODUCTO

Toda la teoría del punto de equilibrio pareciera funcionar a la perfección cuando la aplicamos a una operación monoproducto, que no es la situación más habitual en la vida de las empresas.

Las preguntas a hacernos son entonces: ¿funciona el punto de equilibrio cuando la empresa maneja diversidad de productos? Y en ese caso, ¿cómo se lo utiliza?

La respuesta a la primera pregunta es que, en efecto, el punto de equilibrio funciona apropiadamente aun en los casos en que exista más de un tipo de producto simultáneamente en la empresa.

La respuesta a la segunda pregunta es un poco más compleja, y para contestarla adecuadamente desarrollaremos un ejemplo práctico que, como siempre, le pedimos trate de resolver por sí mismo para cotejar más tarde su respuesta con la nuestra.

Supongamos la existencia de tres productos en la empresa, llamados "A", "B" y "C" respectivamente, cuyos datos más importantes son los siguientes:

	Producto "A"	Producto "B"	Producto "C"	Total empresa
Volumen máximo en unidades	1.000	2.000	1.500	
Precio de venta unitario	$ 12	$ 10	$ 20	
Contribución marginal	50%	60%	40%	
Costo fijo				($ 27.000)

Se pide calcular el/los punto/s de equilibrio para la empresa.

Cálculo numérico
(use este espacio para realizar sus cálculos)

Si terminó el ejercicio, comparemos su línea de pensamiento con la nuestra.

Usted puede haber realizado una o varias de las operaciones siguientes, las que evaluaremos de inmediato:

1. no hizo nada porque le pareció muy complicado y fue directamente a buscar nuestra solución;
2. distribuyó el costo fijo entre los tres productos con alguna base de asignación, y luego calculó los puntos de equilibrio de cada producto;
3. promedió la contribución marginal porcentual de los tres productos, y con ese margen de contribución promedio calculó el punto de equilibrio a nivel empresa;
4. calculó la contribución de cada producto, las sumó y halló el punto de equilibrio a nivel empresa;
5. no hizo nada de lo anterior porque le faltan datos.

Veamos ahora nuestra propuesta.

Opción 1: no hizo nada porque le pareció muy complicado

Si adoptó esta actitud, debemos decirle que nos avergonzamos de usted.
¡Al menos podría haberlo intentado!

Opción 2: distribuyó el costo fijo entre los productos

Esta es una solución posible, aunque, si usted leyó nuestro libro *Cómo conocer y manejar...*, seguramente ya sabe que no propiciamos la asignación de costos fijos a los productos, basados en el concepto de que cualquier llave de apropiación (o *driver*, como está de moda llamarla) es cuestionable. No obstante lo cual, procuraremos repetir el procedimiento que ha elegido, asumiendo que la base de distribución del costo fijo es la venta absoluta.

	Producto "A"	Producto "B"	Producto "C"	Total
Unidades	1.000	2.000	1.500	
Precio unitario	$ 12,00	$ 10,00	$ 20,00	
Valores de venta	$ 12.000	$ 20.000	$ 30.000	$ 62.000
Participación %	19,4 %	32,3 %	48,3 %	100,0 %
Margen %	50,0 %	60,0 %	40,0 %	48,4 %
Margen absoluto	$ 6.000	$ 12.000	$ 12.000	$ 30.000
Costo fijo asignado	($ 5.238)	($ 8.721)	($ 13.041)	($ 27.000)
Resultado final	$ 762	$ 3.279	($ 1.041)	$ 3.000
Punto de equilibrio	$ 10.476	$ 14.535	$ 32.603	$ 57.614 vs. $ 55.785 (trabajando con el MC promedio)

Observe que de acuerdo con la distribución de costo fijo que hemos realizado, los productos "A" y "B" tienen resultados positivos, mientras que con el producto "C" se pierde dinero.

¿Qué pasaría, si en vez de distribuir el costo fijo en función de las ventas, lo hiciéramos en relación con los márgenes de contribución?

Entonces tendríamos:

	Producto "A"	Producto "B"	Producto "C"	Total
Margen absoluto	$ 6.000	$ 12.000	$ 12.000	$ 30.000
Participación %	20,0 %	40,0 %	40,0 %	100,0 %
Costo fijo asignado	($ 5.400)	($ 10.800)	($ 10.800)	($ 27.000)
Resultado final	$ 600	$ 1.200	$ 1.200	$ 3.000
Punto de equilibrio	$ 10.800	$ 18.000	$ 27.000	$ 55.800

Como puede apreciarse, el resultado final a nivel total no se altera ($ 3.000), pero cambia la incidencia por producto.

Así, el producto "C", que con la distribución anterior perdía dinero, con esta otra pasa a tener resultados positivos.

Asimismo cambian los PE por producto y también el total que, como veremos de inmediato, se aproxima al calculado con la suma de los márgenes de contribución por producto.

Debido a todo esto, desaprobamos la opción 2 y pasamos a considerar la opción 3. No obstante ello, veremos mejores maneras de tratar los costos fijos cuando hablemos de absorción de costo fijos y de ABC (Capítulo 5).

Opción 3: promedió las contribuciones marginales porcentuales

En esta opción llevó a cabo el cálculo del promedio simple de los márgenes de contribución y con él estableció el punto de equilibrio a nivel total, del modo que se indica a continuación:

	Producto "A"	Producto "B"	Producto "C"	Total
Unidades	1.000	2.000	1.500	
Precio unitario	$ 12,00	$ 10,00	$ 20,00	
Valores de venta	$ 12.000	$ 20.000	$ 30.000	$ 62.000
Margen %	50,0 %	60,0 %	40,0 %	50,0 %
Costo fijo				($ 27.000)
Punto de equilibrio				$ 54.000

Esta opción es matemáticamente incorrecta, ya que al tratarse de un promedio simple (no ponderado) no toma en cuenta las participaciones relativas de cada producto y debido a ello puede conducir a serios errores de apreciación.

Por lo tanto también la descartamos.

Opción 4: trabajó con la suma de las contribuciones de cada producto

Con la aplicación parcial de los mismos cálculos efectuados en la opción 2 podemos calcular la presente.

Veamos la siguiente tabla:

	Producto "A"	Producto "B"	Producto "C"	Total
Unidades	1.000	2.000	1.500	
Precio unitario	$ 12,00	$ 10,00	$ 20,00	
Valores de venta	$ 12.000	$ 20.000	$ 30.000	$ 62.000
Margen %	50,0 %	60,0 %	40,0 %	48,4 %
Margen absoluto	$ 6.000	$ 12.000	$ 12.000	$ 30.000
Costo fijo				($ 27.000)
Resultado final				$ 3.000
Punto de equilibrio				$ 55.785

Esta es la opción que nos parece más adecuada para calcular el punto de equilibrio en operaciones multiproducto, ya que si bien está sujeta a los vaivenes propios derivados de la mezcla de productos, refleja más apropiadamente que cualquier otra la realidad empresarial (además de ser muy fácil de calcular).

Para elegir la mezcla de productos pueden usarse los datos estadísticos de la realidad pasada, el presupuesto anual o cualquier otra base que represente de un modo relativamente fidedigno el surtido promedio de productos para la empresa.

Para lograrlo, muchas veces ayuda en el cálculo el uso de la Curva de Pareto, que como ya dijéramos en nuestro libro *Cómo conocer y manejar...*, establece que "el 80 % de los efectos está motivado por el 20 % de las causas".

Así, no es necesario recurrir la totalidad de los productos de la empresa para definir una mezcla representativa, ya que una cantidad relativamente pequeña de productos suele, en casi todos los casos, representar un importante porcentaje de los ingresos.

Opción 5: no hizo nada porque le faltan datos

Es posible que haya sentido que le faltaron datos para hacer el cálculo, tales como la capacidad máxima operativa de la empresa, la mezcla óptima de productos, etcétera, y por lo tanto haya decidido no hacer nada hasta obtenerlos.

Si éste fue su caso, debemos decirle que algo de razón tiene, ya que no le hemos proporcionado la totalidad de las variables que pueden intervenir en el análisis (las que por lo general no siempre se encuentran visibles en la realidad de los negocios); pero al mismo tiempo queremos pedirle que tenga un poco de paciencia, ya que estos temas los trataremos con mayor profundidad al hablar de mezcla óptima de productos (Capítulo 3).

Mientras tanto, convengamos en que con los datos presentes, la mejor opción de cálculo del punto de equilibrio es la 4, recién explicada.

No es tan difícil, después de todo, ¿verdad?

Bien.

Hemos de salir entonces de la temática del punto de equilibrio para zambullirnos en la consideración de otros aspectos sumamente importantes de nuestro viaje intelectual hacia el conocimiento de los costos.

Nuevamente, ¡allá vamos!

3 Los costos y la toma de decisiones

Vamos a comenzar el presente capítulo con una adivinanza escolar. No se asuste: luego le explicaremos el sentido de esta dinámica, que no implica que nos hayamos vuelto locos de repente, sino que queremos inducirle algunos pensamientos.

Analice la frase siguiente: **"El piloto era inglés y la azafata"**, y díganos de qué nacionalidad era el piloto y de qué nacionalidad era la azafata.

El piloto –que no es un impermeable, sino un conductor de avión– efectivamente era inglés.

¿Y la azafata?

No. No era inglesa, ni tampoco argentina.

Vamos a darle tres opciones: dinamarquesa, española o griega.

¿Ni aun así lo adivinó?

Era griega.

¿Cómo es esto? Muy sencillo.

En la misma frase está la respuesta.

¿No lo ve?

Lea palabra a palabra la frase junto con nosotros.

"El - piloto - era - inglés - **y griega** - la - azafata".

Porque la conjunción copulativa es precisamente la **y griega**.

¿Ahora lo entendió?

Bueno. Perdónenos esta broma.

El sentido que queremos darle es que cuando de tomar decisiones se trata, existen ciertas situaciones que, aunque están a la vista, muchas veces no las vemos, porque acostumbrados a mirar de determinada manera, descartamos otras formas de visualizar la realidad. Es así como solemos decidir en función de las cuestiones que afectan nuestras decisiones en forma directa, pero nos olvidamos de otras que lo hacen en forma indirecta, o aun que se presentan como potenciales: es decir, que están latentes y que pueden manifestarse, o no, en el futuro.

Por ello le proponemos que analice la propuesta que le hacemos a continuación y conteste las preguntas a su leal saber y entender.

En el curso del capítulo iremos respondiendo nuestras propias preguntas, y al final del mismo le entregaremos un resumen con el mismo formato, que contiene nuestra apreciación sobre este tema.

EFECTOS DE LA TOMA DE DECISIONES

Cada vez que usted toma una decisión se suceden una serie de consecuencias derivadas de la misma.

Algunas son **directas**, como por ejemplo un ahorro de costos obtenido por incorporar una máquina que trabaja a una mayor velocidad que la que usted tenía hasta entonces.

Otras son **indirectas**, como las que se relacionan con aumentos de stock por fabricar ahora lo que antes se compraba afuera.

Y la última categoría corresponde a las **potenciales**, como las relativas a la posibilidad de ofrecer productos a costo marginal por tener horas de producción disponibles resultantes de la mayor velocidad de la máquina incorporada.

En la siguiente serie de decisiones identifique los posibles resultados de cada una.

EFECTOS DE LA TOMA DE DECISIONES

DECISIÓN	CONSECUENCIAS		
	DIRECTAS	INDIRECTAS	POTENCIALES
COMPRAR VERSUS FABRICAR			
ANALIZAR LA CAPACIDAD OCIOSA			
SUPRIMIR LÍNEAS DE FABRICACIÓN			

EFECTOS DE LA TOMA DE DECISIONES

DECISIÓN	CONSECUENCIAS (Continuación)		
	DIRECTAS	INDIRECTAS	POTENCIALES
INCORPORAR NUEVOS PRODUCTOS			
REEMPLAZAR MÁQUINAS Y EQUIPOS			
COMPRAR O ALQUILAR			
DETERMINAR LA MEZCLA ÓPTIMA DE PRODUCCIÓN			
DEFINIR LA CONTRIBUCIÓN POR HORA / EQUIPO			

EFECTOS DE LA TOMA DE DECISIONES

DECISIÓN	CONSECUENCIAS (Continuación)		
	DIRECTAS	INDIRECTAS	POTENCIALES
EVALUAR EL DESARROLLO DE PRODUCTOS			
DETERMINAR PRECIOS DE VENTA			
CALCULAR EL COSTO DE ROTACIÓN DE LA MANO DE OBRA			

Guarde ahora por el momento el ejercicio y continuemos con el desarrollo de nuestro tema.

En el Capítulo 10 de *Cómo conocer y manejar...* desarrollamos brevemente la relación entre los costos y la toma de decisiones.

Allí decíamos que "... dada la escasez de espacio disponible en esta publicación para realizar desarrollos demasiado complejos, no abundaremos en su explicación...", y proponíamos una serie de decisiones alternativas sobre las que volveremos ahora.

Nuestro propósito es retomar esa lista, completar con algunos ejemplos los análisis teóricos efectuados y estudiar detalladamente los enunciados que no hubiéramos tratado con anterioridad.

Citando nuestras propias palabras, afirmamos que algunas de las decisiones más importantes a que están expuestos los empresarios y sobre las cuales los costos pueden prestar una asistencia importante son las siguientes:

1. comprar versus fabricar,
2. analizar la capacidad ociosa,
3. suprimir líneas de fabricación,
4. incorporar nuevos productos,
5. reemplazar máquinas y equipos,
6. comprar o alquilar,
7. determinar la mezcla óptima de producción,
8. definir la contribución por hora/equipo,
9. evaluar el desarrollo de productos,
10. determinar precios de venta,
11. calcular el costo de rotación de la mano de obra.

Veamos entonces cada una de ellas:

3.1. OPCION 1: COMPRAR VS. FABRICAR

Antes de dedicarnos a resolver estas cuestiones, vamos a recordar algunos conceptos básicos ya explicados con mayor profundidad en el libro *Cómo conocer y manejar...*

- Llamamos costos fijos a aquellos que permanecen relativamente constantes o invariables cuando el nivel de actividad varía en forma no significativa.

- Llamamos costos variables a aquellos que varían en forma más o menos proporcional a la variación del nivel de actividad.

- En la práctica, no existen costos totalmente fijos ni totalmente variables en condiciones extremas. Un ejemplo de esto es la mano de obra directa de fabricación, la que ante caídas del volumen producido tiende a convertirse en costo fijo, a menos que se proceda a suspender personal sin costo o con pagos de valores parciales (50 % del salario, por ejemplo), adelantar vacaciones, eliminar personal temporario o contratado, etcétera.

- Distinto es el caso de la materia prima o los materiales, que mientras no los consumimos no forman parte del costo del producto, sino que son un activo que descansa en nuestros almacenes a la espera de ser llamados a formar parte de un producto terminado.

- En cambio, la mano de obra que no utilizamos es mano de obra que perdemos, ya que las horas de fabricación ociosas no se pueden recuperar.

Con esta revisión de conceptos, resolveremos la alternativa planteada siguiendo el procedimiento de trabajo que hemos adoptado; esto es, primero ejercita usted solo la opción en base a sus propios cálculos y luego los contrasta con nuestra propuesta.

Los datos a considerar en este problema son los siguientes:

Capacidad total de producción: 10.000 unidades por mes
Eficiencia (buenas/posibles): 90 % (es decir, que por cada 100 unidades fabricadas hay 10 unidades desperdiciadas)

Capacidad utilizada: 60 %
Cantidad de producto a fabricar o comprar: 900 unidades
Costo variable (directo) de cada unidad posible producida: $ 18
Costo de mano de obra incluido en el anterior: $ 8
Costo de compra de cada unidad a comprar (o fabricar): $ 15
Precio de venta de cada unidad comprada o fabricada: $ 25
Velocidad de reposición del stock de materiales: instantánea
Forma de pago de las unidades compradas: contado contra entrega

La pregunta es, ¿qué conviene hacer: comprar o fabricar?

Cálculo numérico

(use este espacio para realizar sus cálculos)

¿A qué conclusión llegó?

Veamos cómo encaramos nosotros este tema.

En primer lugar, establezcamos la capacidad real de producción, en función de la eficiencia de fabricación que hemos puesto como dato del problema.

Esta capacidad es de 9.000 unidades buenas por mes, según se desprende del siguiente cálculo:

Capacidad real: 10.000 u x 0,90 = 9.000 u

Ahora veamos si tenemos suficiente capacidad ociosa para producir las 900 unidades que nuestro cliente nos pide.

Capacidad ociosa = Capacidad real x (1 - Capacidad utilizada)

CO = 9.000 unidades x (1 - 0,60) = 9.000 unidades x 0,40 = 3.600 unidades

Dado que el pedido es de sólo 900 unidades, la empresa cuenta con capacidad ociosa suficiente para atenderlo.

Una vez confirmada la capacidad productiva, comparemos los costos y resultados de cada una de las dos opciones:

	Fabricar	Comprar
Cantidad de unidades posibles	1.000	900
Cantidad de unidades netas	900	900
Valor unitario de venta	$ 25,00	$ 25,00
Costo de la venta	$ 18 x 1.000 u	$ 15 x 900 u
Ventas totales	$ 22.500	$ 22.500
Costo de venta	($ 18.000)	($ 13.500)
Resultado	$ 4.500	$ 9.000

Si tepmináramos aquí nuestro análisis, la conclusión sería obvia: bajo estos supuestos es decididamente más conveniente comprar que fabricar.

Pero veamos ahora el efecto de la mano de obra no utilizada que tendríamos si compramos en vez de fabricar, suponiendo que no podemos evitar su costo, asumiendo que el mismo está constituido totalmente por salarios, sin la existencia de premios por producción.

	Fabricar	Comprar
Costo de mano de obra ociosa ($ 8 x 1000 u)		($ 8.000)
Resultado según cálculo anterior	$ 4.500	$ 9.000
Resultado neto	$ 4.500	$ 1.000

Con lo que resultaría muy claro que conviene más fabricar que comprar.

¡Qué lío!, ¿no?

Esta conclusión es totalmente contradictoria con la anterior.

¿Dónde estará la verdad?

Sigamos imaginando un poco más.

Si en vez de tener que pagar el 100 % de la mano de obra que queda ociosa por efectos de tercerizar la operación (comprar afuera), tuviéramos la posibilidad de abonar sólo el 50 %, los números anteriores se convertirían en los siguientes:

	Fabricar	Comprar
Costo mano de obra ociosa ($ 8 x 1.000 u x 0.50)		($ 4.000)
Resultado según cálculo original	$ 4.500	$ 9.000
Resultado neto	$ 4.500	$ 5.000

Con lo cual, nuevamente, volvería a convenir más comprar que fabricar.

Supongamos ahora que la reposición del inventario de materias primas y materiales, en vez de ser inmediata, tarda 90 días en producirse, con lo que es necesario mantener un stock equivalente a ese lapso, y que el interés a pagar en ese plazo es de un 5 % sobre los valores involucrados.

Tendríamos lo siguiente:

	Unitario	Por 1.000 unidades
Costo variable	$ 18,00	$ 18.000
Costo mano de obra	$ 8,00	$ 8.000
Costo MP y materiales	$ 10,00	$ 10.000
Interés 5 %		$ 500

Al incorporar este nuevo dato a nuestro análisis, obtendríamos lo siguiente

	Fabricar	Comprar
Resultado neto anterior	$ 4.500	$ 5.000
Interés sobre stock	($ 500)	—
Resultado corregido	$ 4.000	$ 5.000

Con lo cual se amplía la diferencia a favor de la compra.

Y así podríamos seguir incorporando otros factores tales como plazo de pago a los proveedores, suspensión de los operarios sin costo alguno, etcétera, que seguirían abonando la conveniencia de comprar en lugar de fabricar.

Pero, ¿qué habría sucedido si los datos, en lugar de ser los que hemos trabajado, fueran los siguientes?

Costo variable (directo) de cada unidad producida = $ 15
Resto de los datos, iguales a los del ejercicio anterior.
Haciendo los cálculos correspondientes, nos quedaría:

	Fabricar	Comprar
Cantidad de unidades posibles	1.000	900
Cantidad de unidades netas	900	900
Valor unitario de venta	$ 25,00	$ 25,00
Costo de la venta	$ 15 x 1.000	$ 15 x 900
Ventas totales	$ 22.500	$ 22.500
Costo de ventas	($ 15.000)	($ 13.500)
Resultado	$ 7.500	$ 9.000
Costo de mano de obra ociosa	—	($ 4.000)
Resultado	$ 7.500	$ 5.000
Intereses sobre stock	($ 500)	—
Resultado corregido	$ 7.000	$ 5.000

En este caso, como vemos, queda demostrado que de acuerdo con los datos propios de este problema, sería más conveniente fabricar que comprar afuera.

Lo que sí surge nítidamente es que **no hay una única respuesta** a la pregunta de qué resulta más conveniente, si comprar o fabricar, sino que dicha respuesta dependerá del caso particular, y del mayor o menor nivel de análisis que realicemos.

Ahora, ¿cómo resolver esta cuestión del uso o no uso de la capacidad ociosa?

3.2. OPCIÓN 2: ANALIZAR LA CAPACIDAD OCIOSA

Un estudio muy importante a realizar, no sólo en los momentos de crisis –aunque especialmente en ellos– sino en toda oportunidad que se presente, es el referido al análisis de la capacidad disponible (ociosa) de fabricación.

Todo elemento no utilizado, si bien no sufre desgaste físico, tiende a perder valor en el tiempo por obsolescencia técnica.

Si a ello le agregamos el costo de oportunidad del capital invertido, o la consideración del margen de contribución no generado por el equipamiento subutilizado, encontramos que es indispensable tender a aprovechar al máximo la capacidad instalada, a efectos de maximizar la rentabilidad global, siempre y cuando el flujo de fabricación esté equilibrado con la demanda, porque no se trata de construir inventarios innecesariamente.

Ningún empresario toma racionalmente la decisión de invertir en equipamiento que no va a utilizar.

Pero, por otra parte, también es cierto que nadie tiende a utilizar permanentemente el cien por ciento de su capacidad instalada, sin reservarse algún margen de seguridad.

Para analizar esta decisión de mayor uso de la capacidad de fabricación es necesario considerar, entre otras cuestiones, las siguientes:

- la consistencia de la demanda con el flujo operativo;
- la contribución marginal de los nuevos productos a incorporar;
- los mayores costos indirectos derivados de dicha incorporación;
- los mayores activos (inventarios) necesarios para atender el incremento de la producción.

Si volvemos sobre los números que hemos manejado al resolver el ejercicio anterior, vemos que al considerar la pérdida por la mano de obra no utilizada (aquélla necesaria para fabricar los 1.000 productos brutos - 900 artículos netos) estamos considerando sólo una parte de los costos a absorber, ya que los correspondientes a las 2.600 unidades restantes (3.600 de capacidad ociosa menos 1.000 del pedido bajo consideración) los hemos omitido deliberadamente para no confundirnos.

Tampoco tuvimos en cuenta los costos fijos que podrían estar asociados al nivel productivo posible de acuerdo con el diseño de empresa que tenemos.

Para compatibilizar todas estas cuestiones vamos a plantear las siguientes hipótesis numéricas y analizar los resultados a que podemos arribar.

Dados los siguientes datos base del ejercicio anterior:
Capacidad total de producción: 10.000 unidades
Capacidad utilizada = 60 %
Margen de contribución de los productos fabricados = 40 %
Precio de venta = $ 25
Costo fijo = $ 60.000,

¿Cuál sería el precio mínimo al que tomaría un nuevo pedido que le permitiera absorber la totalidad de su capacidad ociosa?

Cálculo numérico
(use este espacio para realizar sus cálculos)

Cada vez se complica un poco más, ¿verdad?

Pero no se asuste: verá que si por ahora le cuesta un poco, al llegar al final habrá entendido todo (al menos, eso esperamos).

Existen varias maneras de enfrentar este problema, todas ellas igualmente buenas, así que vamos a optar por la que nos parece más didáctica a los efectos de entender el tema.

En primer lugar, calculamos la contribución marginal unitaria de cada producto en valores absolutos.

Para ello hacemos:
CM = PV x CM %
CM = $ 25 x 0,40 = $ 10

Una vez obtenida la contribución marginal, y al solo efecto de definir la situación, calculamos el punto de equilibrio:

$$PE = \frac{CF}{CM} = \frac{\$ 60.000}{\$ 10} = 6.000 \text{ unidades}$$

Es decir, que en este ejemplo el punto de equilibrio coincide exactamente con la capacidad utilizada.

En efecto:

CU = CT x % de utilización = 10.000 u x 0,60 = 6.000 unidades

Visto desde otro ángulo, esto significa que estamos en el punto en que absorbemos todos los costos (variables y fijos) y no ganamos ni perdemos.

Con lo cual, ya podemos responder que cualquier precio que esté por encima de nuestro costo variable ($ 15) será bienvenido, dado que, una vez absorbidos los costos fijos, la **contribución marginal** adicional se convierte totalmente en ganancia.

Fácil ¿verdad?

Pero, ¿qué habría pasado si los datos fueran otros?

Veamos el siguiente caso:

Capacidad total de producción: 10.000 unidades
Capacidad utilizada: 20 %
Margen de contribución de los productos fabricados: 24 %
Precio de venta: $ 25
Costo fijo: $ 60.000.

Como siempre, primero trabaja usted solo, y luego controlamos juntos los resultados.

Cálculo numérico
(use este espacio para realizar sus cálculos)

¿Así que se copió del ejercicio anterior y comenzó calculando la contribución marginal y el punto de equilibrio?

Muy bien. Así se hace.

CM = PV x CM % = $ 25 x 0,24 = $ 6

$$PE = \frac{CF}{CM} = \frac{\$ 60.000}{\$ 6} = 10.000 \text{ unidades}$$

Dado que 10.000 unidades son el total de nuestra capacidad de fabricación, el 80 % de la capacidad ociosa a ser vendida debe producir un margen de contribución de por lo menos 24 % (a $ 25 de precio de venta) para que no perdamos dinero.

¿Se dio cuenta cómo, con unos pocos cálculos, es posible tomar decisiones inteligentes?

Y una de esas decisiones inteligentes podría ser una "decisión de desinversión", como la que veremos a continuación.

3.3. OPCIÓN 3: SUPRIMIR LÍNEAS DE FABRICACIÓN

Nuevamente lo invitamos a hacer algunos cálculos.
Dados los datos siguientes:

Producto	"A"	"B"	"C"	"D"
Valor de venta en $	$ 5.000	$ 3.000	$ 1.000	$ 1.000
Mano de obra variable: Total empresa: $ 4.000 aplicable a cada producto según los siguientes porcentajes:	10 %	50 %	15 %	25 %
Otros costos variables	($ 100)	($ 800)	($ 400)	($ 200)
Costo fijo: Total empresa: ($ 4.500)				

Usted debe contestar las siguientes preguntas:
1. ¿Eliminaría algún producto?
2. En caso afirmativo, ¿cuál o cuáles?
3. Cualquiera haya sido su decisión, explique por qué la tomó.
4. ¿Qué otras consideraciones adicionales quisiera hacer?

Cálculo numérico
(use este espacio para realizar sus cálculos)

Productos a eliminar		
Producto	Eliminar	
	Sí	No
"A"		
"B"		
"C"		
"D"		

Explicación de su decisión			
Producto "A"	Producto "B"	Producto "C"	Producto "D"

Consideraciones adicionales

Veamos ahora cuál es nuestra propuesta de solución para este ejercicio.

En primer lugar, calculemos los valores correspondientes:

Producto	"A"	"B"	"C"	"D"	Total
Venta	$ 5.000	$ 3.000	$ 1.000	$ 1.000	$ 10.000
MOV	($ 400)	($ 2.000)	($ 600)	($ 1.000)	($ 4.000)
Otros CV	($ 100)	($ 800)	($ 400)	($ 200)	($ 1.500)
CM	$ 4.500	$ 200	—	($ 200)	$ 4.500
CF					($ 4.500)
Resultado					—

Qué empresa desastrosa, ¿verdad?

Ahora sí, con los números a la vista, comencemos a tomar decisiones.

No queda ninguna duda de que el primer producto a eliminar es el "D".

¿Por qué? Porque tiene margen de contribución negativo, con lo que no sólo no absorbe costos fijos, sino que genera una pérdida a nivel del costo variable, la que se incrementará conforme aumentemos la participación de este producto en las ventas.

En otras palabras, cuanto más vendamos, más perderemos.

Tampoco habría dudas en eliminar el producto "C", dado que al tener una contribución marginal neutra no aporta a la absorción de costo fijo y por lo tanto es indistinto tenerlo o no tenerlo.

Sin embargo, en este punto caben algunas consideraciones adicionales que podrían justificar continuar con estos productos.

La primera de ellas es una razón de política comercial que se basa en la posibilidad de que estos productos constituyan una barrera de entrada para la competencia.

En ese caso, la empresa podría decidir perder dinero durante un tiempo (caso producto "D") o tener resultado neutro (producto "C"), pero continuar proveyendo al mercado para que éste no se dirija hacia otros proveedores.

Más adelante volveremos sobre este tema (ver 5.1. Método de Inferencia de la Rentabilidad Ajena).

Una segunda cuestión está relacionada con el concepto de variabilidad de la mano de obra variable.

Si por el hecho de eliminar alguno de los productos mencionados, sin encontrar una alternativa de reemplazo y sin poder disminuir la mano de obra, ésta se transforma en un costo fijo, estaríamos incrementando este último y empeorando los resultados totales.

Este efecto puede observarse en el cuadro siguiente:

Producto	"A"	"B"	Total
Venta	$ 5.000	$ 3.000	$ 8.000
MOV	($ 400)	($ 2.000)	($ 2.400)
Otros CV	($ 100)	($ 800)	($ 900)
CM	$ 4.500	$ 200	$ 4.700
MOV transformada en fija			($ 1.600)
CF			($ 4.500)
Resultado			($ 1.800)

Es decir, que de una situación de equilibrio hemos pasado a otra de pérdida importante, debido a la transformación de costos variables en fijos.

De ese modo, entonces, resultaría conveniente no eliminar ninguno de los productos, a menos que pudiéramos reemplazarlos por otros de mayor contribución marginal, o encontrar formas de aumentar los precios de venta, bajar los otros costos variables u obtener ventajas financieras en el juego cobranzas/pagos que permitan minimizar el impacto negativo de la operación.

Según nuestras decisiones del comienzo, no quedan dudas tampoco de que debemos continuar fabricando los productos "A" y "B".

¿Estamos seguros?

Con los datos que hemos considerado hasta aquí, esa decisión es correcta.

Sin embargo, si introducimos algunos conceptos, como por ejemplo el capital de trabajo requerido por cada producto para operar, podría resultar que nuestras decisiones debieran ser distintas.

Vamos a ejemplificar estas circunstancias con el agregado de algunas cifras, como las siguientes:

Producto	"A"	"B"	"C"	"D"	Total
Venta	$ 5.000	$ 3.000	$ 1.000	$ 1.000	$ 10.000
MOV	($ 400)	($ 2.000)	($ 600)	($ 1.000)	($ 4.000)
Otros CV	($ 100)	($ 800)	($ 400)	($ 200)	($ 1.500)
CM	$ 4.500	$ 200	—	($ 200)	$ 4.500
CF					($ 4.500)
Resultado					—
Inventarios	1 año	6 meses			
Plazo de cobranza	6 meses	4 meses	Contado	Contado anticipado 6 meses	
Tasa de interés	10 % anual				

¿Cómo cree que se modificaría el cuadro anterior con estos nuevos datos?

Calculemos el valor del capital de trabajo para cada caso.

Producto	"A"	"B"	"C"	"D"
Costo variable	$ 500	$ 2.800		
Inventarios	1 año	6 meses		
Inventarios en $	$ 500	$ 1.400		
Interés al 10 %	$ 50	$ 140		
Venta	$ 5.000	$ 3.000	$ 1.000	$ 1.000
Plazo de cobranza	6 meses	4 meses	Contado	Contado anticipado 6 meses
Créditos por venta (con IVA al 21%)	$ 3.025	$ 1.210		($ 605)
Interés al 10 %	$ 303	$ 121		($ 61)
Costo financiero	$ 353	$ 261		($ 61)

Con estos nuevos datos en nuestro cuadro, tendríamos:

Producto	"A"	"B"	"C"	"D"	Total
CM	$ 4.500	$ 200	—	($ 200)	$ 4.500
Costo financiero	($ 353)	($ 261)	—	$ 61	($ 553)
Resultado ajustado	$ 4.147	($ 61)	—	($ 139)	$ 3.947

Es decir que, si tuviéramos que tomar ahora una decisión, deberíamos estar discontinuando también el producto "B", que hasta ahora "se había salvado".

Evidentemente, hay muchos elementos a considerar para tomar una decisión apropiada en cada circunstancia.

Y así como hemos analizado la desinversión, veremos de inmediato cómo tomar una decisión de inversión.

Pero antes de continuar con este punto, deseamos **abrir un gran paréntesis** para llamar su atención acerca de la metodología que estamos siguiendo en nuestra explicación.

> Como habrá podido observar, a medida que avanzamos vamos introduciendo algún elemento nuevo. Y lo hacemos de este modo con el doble propósito de, por una parte, no apabullarlo poniendo todos los datos a considerar de golpe, y por la otra, de ir indicándole el tipo de cosas a tener en cuenta en toda evaluación (aunque ciertos aspectos necesariamente no estarán incluidos en algunos de los ejercicios que le proponemos).
>
> De este modo, esperamos que usted entienda la casuística en general y pueda integrar los datos correspondientes al tipo de decisión particular que deba considerar.

Cerrado el paréntesis, volvamos a nuestro desarrollo conceptual para analizar la siguiente opción.

3.4. OPCIÓN 4: INCORPORAR NUEVOS PRODUCTOS

Estamos hablando ahora de la posibilidad de incorporar nuevos productos a nuestro negocio habitual.

En *Cómo conocer y manejar...* ejemplificábamos este punto (págs. 85 y ss.) con un breve desarrollo numérico destinado a demostrar la conveniencia de incorporar un producto que tenía un margen de contribución inferior a los ya existentes, pero que al no aumentar el nivel de los costos fijos, mejoraba el resultado absoluto, manteniendo los porcentajes de beneficio sobre venta.

Vamos a repetir esa ejercitación, complicándola ligeramente a través de la incorporación de algunos de los nuevos elementos explicados en los puntos previos.

Para ello, tome en cuenta los datos siguientes y establezca si usted:
1) tomaría o rechazaría la incorporación de un nuevo producto en las condiciones que le proponemos;
2) ¿Qué alternativa sugeriría?

Los datos a considerar son:
1. Situación actual
    1.1. Datos generales
        Capacidad de producción utilizada (en %): 80 %
        Ídem en unidades: 10.000 u
        Costo fijo: $ 25.000
    1.2. Datos de los productos
        Precio de venta: $ 10
        Costo variable: $ 6
2. Situación propuesta
    2.1. Datos generales
        Incremento de costo fijo cuando se excede la capacidad de producción total: $ 10.000
    2.2. Datos de los productos
        Cantidad: 4.000 unidades
        Precio de venta: $ 8
        Costo variable: $ 6

Ánimo, no ponga excusas y empiece a trabajar, que no es tan complicado como parece a primera vista.

Cálculo numérico
(use este espacio para realizar sus cálculos)

Después de haber hecho todas sus cuentas, ponga a continuación sus respuestas a ambas preguntas.

Pregunta	Respuesta
1) ¿Tomaría o rechazaría la incorporación del nuevo producto?	
2) ¿Qué alternativa sugeriría?	

Coteje ahora sus respuestas con las que le proponemos a continuación.
En primer término, vamos a establecer la capacidad de producción disponible.
Para ello, un simple cálculo de proporciones nos dará la respuesta.

$$\text{Si} \quad 80\% \underline{\quad} 10.000\ u$$
$$100\% \underline{\quad} x$$

Es decir:

$$x = \frac{100\% \times 10.000\ u}{80\%} = 12.500\ u$$

Siendo la capacidad total = 12.500 u
y la capacidad utilizada = 10.000 u
resulta que la capacidad disponible es de 2.500 u.

Ahora bien, la cantidad de producto adicional es de 4.000 unidades, con lo que la opción se abre en los dos cálculos siguientes:
1. tomar las 4.000 unidades incrementando los costos fijos,
2. aceptar sólo 2.500 unidades sin aumentar los costos fijos.

¿Cómo serían las cuentas en cada caso?
Comenzando con la situación actual, tendríamos:

	Situación actual
Unidades	10.000
Precio de venta	$ 10
Costo variable	$ 6
Venta	$ 100.000
Costo variable	($ 60.000)
Margen de contribución	$ 40.000
Costo fijo	($ 25.000)
Resultado	$ 15.000

Si ahora incorporamos las 4.000 unidades propuestas en la opción 1, nuestro cuadro de resultados se movería hacia las cifras siguientes:

	Situación actual	Opción 1	Total
Unidades	10.000	4.000	14.000
Precio de venta	$ 10,00	$ 8,00	$ 9,40
Costo variable	$ 6,00	$ 6,00	$ 6,00
Venta	$ 100.000	$ 32.000	$ 132.000
Costo variable	($ 60.000)	($ 24.000)	($ 84.000)
Margen de contribución	$ 40.000	$ 8.000	$ 48.000
Costo fijo	($ 25.000)	($ 10.000)	($ 35.000)
Resultado	$ 15.000	($ 2.000)	$ 13.000

Dados estos cálculos, evidentemente la respuesta a la primera pregunta sería decididamente que **no** incorporaríamos el nuevo producto.

Pasaríamos entonces a considerar la segunda opción, consistente en incrementar nuestra operación sólo hasta el límite en que los costos fijos dejen de mantenerse constantes y "den un salto".

Así tendríamos:

	Situación actual	Opción 2	Total
Unidades	10.000	2.500	12.500
Precio de venta	$ 10,00	$ 8,00	$ 9,60
Costo variable	$ 6,00	$ 6,00	$ 6,00
Venta	$ 100.000	$ 20.000	$ 120.000
Costo variable	($ 60.000)	($15.000)	($ 75.000)
Margen de contribución	$ 40.000	$ 5.000	$ 45.000
Costo fijo	($ 25.000)		($ 25.000)
Resultado	$ 15.000	$ 5.000	$ 20.000

Y en este caso, **sí** aceptaríamos esta alternativa.

Sin embargo, podría existir una opción más, si por ejemplo encontráramos un proveedor que quisiera fabricar por nosotros la cantidad faltante de 1.500 unidades (4.000 unidades menos 2.500 unidades) a un costo para nosotros de $ 7, por ejemplo.

Si éste fuera el caso, tendríamos la siguiente situación:

	Fabricación propia	Fabricación tercerizada	Total
Unidades	12.500	1.500	14.000
Precio de venta	$ 9,60	$ 8,00	$ 9,40
Costo variable	$ 6,00	$ 7,00	$ 6,10
Venta	$ 120.000	$ 12.000	$ 132.000
Costo variable	($ 75.000)	($10.500)	($ 85.500)
Margen de contribución	$ 45.000	$ 1.500	$ 46.500
Costo fijo	($ 25.000)		($ 25.000)
Resultado	$ 20.000	$ 1.500	$ 21.500

Con esta opción fabricación propia/tercerización, podríamos, como vemos, optimizar aún más nuestro resultado.

Nos sigue, ¿verdad?

¿Se anima a continuar jugando un rato más con los números?

¡Bravo!

Contéstenos entonces: ¿qué haría si en el momento en que está tomando esta decisión, alguien le ofrece comprarle 12.500 artículos más a $ 7?

Veamos cómo resulta su "olfato empresario" (y su máquina de calcular).

Cálculo numérico
(use este espacio para realizar sus cálculos)

¿Cómo abordamos esta complicación (que creemos que no se aleja demasiado de la realidad cotidiana de los negocios)?

Obviamente, como surge a simple vista, la incorporación de tamaña cantidad de productos como la que hemos propuesto cambia todas las magnitudes del negocio.

Es otra empresa, con un nuevo nivel de demanda que, de mantenerse, obligaría a un replanteo total de la actividad.

Comencemos por lo que más rápidamente surge a nuestra vista, es decir que para la nueva cantidad adicional de producto **no podemos** recurrir a nuestro proveedor en las condiciones que actualmente nos ofrece, dado que el precio de venta de $ 7 requerido por nuestro cliente es igual al costo de su provisión para nosotros, con lo que no ganaríamos nada en la operación.

Descartada entonces esta opción, podemos de inmediato entusiasmarnos con la alternativa siguiente: fabricar nosotros las 12.500 unidades adicionales requeridas, que se venden a $ 7, ya que nuestro costo es de $ 6, y tercerizar las que se venden a $ 10 y a $ 8, ya que en estos casos el costo es de $ 7.

¿Qué le parece la propuesta? Suena interesante, ¿verdad?

Sin embargo, esta opción es una falacia, ya que como veremos de inmediato, los resultados globales no varían respecto de la opción anterior.

	Fabricación propia	Fabricación tercerizada	Total
Unidades	12.500	14.000	26.500
Precio de venta	$ 7,00	$ 9,40	$ 8,30
Costo variable	$ 6,00	$ 7,00	$ 6,50
Venta	$ 87.500	$ 132.000	$ 219.000
Costo variable	($ 75.000)	($ 98.000)	($ 173.000)
Margen de contribución	$ 12.500	$ 34.000	$ 46.500
Costo fijo	($ 25.000)		($ 25.000)
Resultado	($12.500)	$ 34.000	$ 21.500

Es decir, ¡estamos en el mismo lugar del que partimos!

Esto es así porque el error consiste en considerar cada negocio parcial como cerrado en sí mismo, y no tener en cuenta la totalidad, como hemos hecho en el paso anterior.

Más allá de "dónde fabriquemos qué cosa", en este ejemplo la nueva cantidad de producto, si la tercerizamos, se incorpora con una contribución marginal neutra, es decir, igual a cero, con lo que no cambia en nada nuestros resultados previos.

Y así resulta para cualquier combinación que hagamos entre fabricar nosotros y tercerizar, si los parámetros siguen siendo los que hemos propuesto.

Si no nos cree, lo invitamos a que haga la prueba.

Descartada entonces esta segunda opción (que como vimos, **no es** una opción en realidad), veamos ahora la posibilidad de fabricar íntegramente en nuestra empresa las cantidades requeridas.

Para ello, seguimos manteniendo el supuesto inicial establecido en el enunciado del ejercicio, que dice que para fabricar por encima de la capacidad total instalada originariamente se requiere un incremento de los costos fijos de $ 10.000.

Sobre la base de esta premisa, los números quedarían como sigue:

	Situación original	Primer incremento	Segundo incremento	Total
Unidades	10.000	4.000	12.500	26.500
Precio de venta	$ 10,00	$ 8,00	$ 7,00	$ 8,30
Costo variable	$ 6,00	$ 6,00	$ 6,00	$ 6,00
Venta	$ 100.000	$ 32.000	$ 87.500	$ 219.500
Costo variable	($ 60.000)	($ 24.000)	($ 75.000)	($ 159.000)
Margen de contribución	$ 40.000	$ 8.000	$ 12.500	$ 60.500
Costo fijo	($ 25.000)	($ 10.000)		($ 35.000)
Resultado	$ 15.000	($ 2.000)	$ 12.500	$ 25.500

Y ahora vemos que **sí** conviene aceptar el nuevo pedido, a pesar del menor precio de venta, y fabricarlo íntegramente en nuestra empresa, pese a la aparente mayor pérdida motivada por el incremento de costo fijo derivado de la primera incorporación de productos; aumento de costos que es luego absorbido por las mayores cantidades originadas en la segunda incorporación de productos.

Así que, como ya le dijimos varias veces, antes de tomar una decisión, tome primero un lápiz, un papel y una calculadora, y removiendo las telarañas que puedan aún existir en su cerebro, recurra a sus conocimientos de costos para "poner en negro sobre blanco" los números que le ayuden a decidir.

3.5. OPCIÓN 5: REEMPLAZAR MÁQUINAS Y EQUIPOS

¿Por qué plantearnos esta cuestión?

Porque el avance de la tecnología, el desarrollo de nuevos productos y procesos productivos, la necesidad de obtener mejoras en el aprovechamiento de la mano de obra, el incremento de la calidad para lograr una mayor competitividad, el ahorro de costos para conseguir un mejor posicionamiento en el mercado, y muchos otros requerimientos por el estilo, le plantean al empresario en forma recurrente este tipo de decisiones y definiciones.

Para evaluar la presente alternativa es necesario comparar los beneficios que proporciona el equipamiento que se reemplaza con los que se obtienen con la nueva maquinaria y equipo.

En esta comparación, algunos de los elementos sustantivos son los siguientes:

1. el costo económico directo y el costo financiero indirecto de la nueva maquinaria a incorporar;
2. el costo del nuevo proceso productivo, incluyendo la curva de aprendizaje;
3. las mejoras en el margen del producto, motivadas por aumentos posibles de precios –debidos, por ejemplo, a la mejora de la calidad– o por reducciones de costos derivadas de una mayor velocidad de fabricación o de menores gastos de reparaciones de equipo;

4. el beneficio eventual por recupero o disposición de la maquinaria reemplazada.

Para llevar a cabo el análisis se utilizan algunas herramientas que tienden a homogeneizar los diversos valores involucrados, llevándolos a un mismo momento para uniformar el "valor tiempo del dinero" y permitir comparaciones en una moneda relativamente constante.

Las herramientas más usuales son aquellas que tienen en cuenta:

1. los flujos de fondos del proyecto, y
2. la tasa interna de retorno o el valor actual neto a que se llega al descontar los flujos

Usted seguramente se está preguntando: ¿qué es esto de descontar los flujos?

Vamos a tratar de explicárselo de un modo simple antes de entrar de lleno en la consideración del método de evaluación.

Suponga que usted tiene hoy $ 100 en sus manos y le ofrecen ponerlos a interés por un tiempo (digamos un año, por ejemplo), a una tasa de un 10 % anual.

Esto significa que al cabo del año, **en aquel momento**, usted tendrá $ 110.

¿Cómo llegamos a ese valor?

Muy sencillamente.

El interés de 10 % calculado sobre $ 100 es igual a $ 10, que sumados a los $ 100 que usted tenía alcanza a $ 110.

Matemáticamente se expresa como sigue:

$x = \$ 100 + (\$ 100 \times 10\%) = \$ 100 + \$ 10 = \$ 110$

o dicho de otra manera:

$x = \$ 100 \times (1 + i) = \$ 100 \times (1,10) = \$ 110$

para $i = 10\% = 0,10$

De donde la fórmula general para calcular el monto (capital más interés) resulta de multiplicar el capital por 1 más la tasa de interés, o sea $(1 + i)$.

Esto está bien para el primer año, pero ¿qué pasa al año siguiente?

El nuevo capital al término del primer año es, como vimos, de $ 110, y usando la fórmula tenemos:

$x = \$ 110 \times (1,10) = \$ 121$

Visto con la perspectiva del primer momento, la expresión matemática podría escribirse así:

$x = \$ 100 \times (1,10) \times (1,10) = \$ 121$

O de otro modo:

$x = \$ 100 \times (1,10)^2 = \$ 121$

Esta regla que explicamos es válida para cualquier período, por lo que en forma general podemos definirla como:

$x = C \times (1 + i)^n$ para el período "n".

¿Nos sigue hasta aquí?
Bien.
Continuemos entonces.

Con esta fórmula hemos calculado el *valor futuro* de nuestro dinero; es decir, lo que valdrán nuestros $ 100 al fin del año 1, al fin del año 2, etcétera.

Gráficamente podemos expresarlo de la siguiente manera:

Año 0			**Año 1**	**Año 2**	**Año "n"**
$100	x	$(1,10)$	$ 110		
$100	x	$(1,10)^2$		$ 121	
$100	x	$(1,10)^n$			x

Si una vez hecho esto quisiéramos recorrer el camino inverso; es decir, si en lugar de partir del valor presente nos situáramos en los valores futuros, ¿cómo haríamos para calcular el valor actual?

Bueno, la respuesta es obvia.

Si para calcular el valor futuro habíamos partido del valor actual y lo **multiplicábamos** por una fórmula, ahora deberíamos hacer la operación al revés; es decir, partir del valor futuro y **dividirlo** por esa misma fórmula.

De este modo, los $ 110 que tendremos dentro de 1 año, hoy valen $ 100, según surge del cálculo siguiente:

$$x = \frac{\$\,110}{1,10} = \$\,100$$

Y los $ 121 que tendremos al cabo del segundo año son los mismos $ 100 que tenemos hoy, una vez que hacemos la siguiente operación:

$$x = \frac{\$\,121}{(1,10)^2} = \$\,100$$

Y genéricamente:

$$x = \frac{M_n}{(1,10)^n} = \$\,100$$

Lo cual implica que para calcular el *valor actual* de cualquier monto futuro debemos dividir ese monto por un número elevado a una potencia equivalente al período a que corresponde.

Es decir, dividir por $(1 + i)^n$

donde i = tasa de descuento a considerar
n = período a considerar

Si usted pudo seguirnos hasta aquí, ya está en condiciones de encarar la ejercitación que le propondremos.

En caso de no ser así, antes de continuar repase los conceptos anteriores.

Trabajemos entonces con los datos siguientes: suponga que su empresa posee una máquina con la cual fabrica un producto determinado, a un costo variable unitario de $ 6, con una capacidad máxima de fabricación de 5.000 unidades/año.

Adicionalmente, existe un plan de reparaciones de dicha máquina que exige un desembolso de $ 10.000 al año.

Usted tiene la oportunidad de cambiarla por otro equipo que exige una inversión de $ 85.000, con una vida útil de 10 años y una capacidad de producción similar a la anterior.

Con esa nueva unidad, el costo variable de fabricación bajaría a $ 4 por unidad.

Por último, el valor de reventa tanto de la máquina antigua como, en su caso, de la nueva, es de $ 5.000 cada una.

Utilice para sus cálculos una tasa de descuento del 10 % anual.

Con toda esta información, por favor determine la conveniencia o no de cambiar el equipamiento.

Cálculo numérico
(use este espacio para realizar sus cálculos)

¿Cómo encaró el proyecto?
¿Llegó a alguna conclusión?
Compare sus números y su enfoque del problema con los que le proporcionamos a continuación.

Antes que nada, calculemos los ahorros anuales, sacando la diferencia de los costos variables de la producción en ambas máquinas.

Así tenemos:

(Costo en la máquina antigua menos costo en la máquina nueva) por cantidad
($ 6 - $ 4) x 5.000 unidades = $ 2 x 5.000 u = $ 10.000 al año

Si a este importe le sumamos el ahorro por no tener que llevar a cabo el plan anual de reparaciones que exigía la máquina antigua ($ 10.000), el ahorro total asciende a $ 20.000 al año.

Calculemos ahora el monto de la inversión requerida.

En el "año cero", entendiendo por este concepto el momento de la incorporación de la nueva máquina y de disposición de la antigua, ese monto surge de la cuenta siguiente:

Valor de la nueva máquina:	$ 85.000
Recupero por la venta de la máquina antigua:	($ 5.000)
Valor neto de la inversión a realizar	$ 80.000

Adicionalmente tengamos en cuenta que en el año 10 obtendremos $ 5.000 adicionales por la venta del nuevo equipo.

Consideremos ahora la tasa a la que vamos a descontar los flujos futuros para calcular su valor presente y realizar las comparaciones en una moneda homogénea.

Esta tasa puede ser la tasa general de rentabilidad del negocio; una tasa de rentabilidad deseada; una tasa que represente el costo de oportunidad de invertir en otro negocio distinto el monto equivalente al requerido por la compra de la máquina; una tasa que derive del costo de la financiación del proyecto más un porcentaje adicional por el riesgo del negocio; etcétera.

Para nuestro ejercicio consideraremos, como dijimos, una tasa del 10 % anual.

Con todos estos datos construimos la siguiente tabla:

Año	Inversión	Flujos positivos	Flujos netos	Flujos descontados
0	($ 80.000)		($ 80.000)	($ 80.000)
1		$ 20.000	$ 20.000	$ 18.182
2		$ 20.000	$ 20.000	$ 16.529
3		$ 20.000	$ 20.000	$ 15.026
4		$ 20.000	$ 20.000	$ 13.660
5		$ 20.000	$ 20.000	$ 12.418
6		$ 20.000	$ 20.000	$ 11.289
7		$ 20.000	$ 20.000	$ 10.263
8		$ 20.000	$ 20.000	$ 9.330
9		$ 20.000	$ 20.000	$ 8.482
10	$ 5.000	$ 20.000	$ 25.000	$ 9.639
		Valor actual neto		$ 54.818

El Valor Actual Neto (¡el famoso VAN!) positivo que obtuvimos sumando los importes de la columna cinco nos indica que conviene realizar la inversión.

La explicación es que, luego de haber descontado los flujos futuros a una tasa definida por nosotros, la cuenta sigue siendo positiva.

Es decir, que la rentabilidad del proyecto supera la tasa de descuento que hemos elegido.

De haber obtenido un VAN negativo, esto hubiera significado que la tasa propia del proyecto es inferior a la utilizada para hacer el descuento; y en caso de resultar cero el total de la columna *Flujos descontados*, esto indicaría que ambas tasas (la del proyecto y la elegida por nosotros para calcular el VAN) habrían coincidido.

¿Cuál es, en nuestro caso, la Tasa Interna de Retorno (¡la aún más famosa TIR!) del proyecto?

Para calcularla tendremos que llevar a cabo una operación de iteración; esto es, de aproximaciones sucesivas.

Volvamos a nuestro cuadro para hacer ese cálculo.

Año	Flujos netos	Flujos descontados al 20 %	Flujos descontados al 21 %	Flujos descontados al 22 %
0	($ 80.000)	($ 80.000)	($ 80.000)	($ 80.000)
1	$ 20.000	$ 16.667	$ 16.529	$ 16.393
2	$ 20.000	$ 13.889	$13.600	$ 13.437
3	$ 20.000	$ 11.574	$ 11.289	$ 11.014
4	$ 20.000	$ 9.645	$ 9.330	$ 9.028
5	$ 20.000	$ 8.038	$ 7.711	$ 7.400
6	$ 20.000	$ 6.698	$ 6.373	$ 6.066
7	$ 20.000	$ 5.582	$ 5.267	$ 4.972
8	$ 20.000	$ 4.651	$ 4.353	$ 4.075
9	$ 20.000	$ 3.876	$ 3.597	$ 3.340
10	$ 25.000	$ 4.038	$ 3.716	$ 3.422
		$ 4.658	$ 1.825	($ 853)

Buscamos al 20 % y el monto acumulado de los flujos dio positivo.

Buscamos entonces al 21 % y, aunque menor, la suma continuó dando positiva.

Hicimos los cálculos con una tasa del 22 %, y recién allí nos dio un resultado negativo. Es decir, que la TIR del proyecto está entre un 21 % y un 22 % (alrededor de 21,7%).

Con estos resultados, evidentemente la decisión debe ser reemplazar el equipamiento anterior.

Pero, este reemplazo, ¿nos conviene hacerlo comprando una nueva maquinaria, o alquilándola?

Esta es una alternativa distinta, que evaluaremos de inmediato.

3.6. OPCIÓN 6: COMPRAR O ALQUILAR

Esta opción, si bien está relacionada fundamentalmente con el reemplazo de maquinaria y equipo que vimos en la anterior, y guarda algunas similitudes con la correspondiente a la decisión desarrollada en la opción 1 referida a la disyuntiva entre comprar o fabricar, es fundamentalmente una decisión de tipo financiero, que atiende al mejor modo de usar los fondos disponibles, o de obtenerlos en caso de carecer de ellos.

Para evaluar convenientemente esta opción es importante determinar si la decisión se asienta en una situación coyuntural o permanente de la operación, a efectos de definir los plazos tope para efectuar el análisis de alternativas.

Los elementos intervinientes en el estudio de la opción son básicamente los siguientes:

1. el costo de la maquinaria o equipo a incorporar,
2. la duración estimada del bien,
3. los costos de reparación o mantenimiento,
4. el valor residual al cabo del tiempo,
5. el costo del alquiler del equipamiento alternativo,
6. la obsolescencia tecnológica de los equipos requeridos, ya sea que los compremos o los alquilemos,
7. el costo de oportunidad de la inversión necesaria; es decir, el retorno que podría obtenerse si se utilizaran los fondos involucrados en la operación de compra, en otra alternativa rentable.

Como una posibilidad adicional derivada de las anteriores, recordemos la existencia de la figura del *leasing* o alquiler con opción a compra, en la que un tercero, por lo general una institución financiera, compra las máquinas al fabricante y nos las alquila, generando por contrato la posibilidad de que nos las quedemos en nuestro poder mediante el pago de una suma residual en concepto de valor de adquisición.

Vamos a trabajar con algunos de los números ya conocidos del ejercicio anterior, a los que agregaremos algunos datos para definir la conveniencia de comprar o alquilar.

Así, partiendo de la base de que usted ya decidió reemplazar su equipamiento obsoleto por la nueva maquinaria, que tenía un costo neto de adquisición de $ 80.000 y una vida útil de 10 años, se le presenta ahora la opción de hacer un contrato de alquiler, incluyendo el mantenimiento a cargo del proveedor, mediante el pago de una suma anual de $ 12.000.

Si usted decidiera comprar, en lugar de alquilar, tendrá que considerar que a partir del sexto año incluido deberá hacer reparaciones en la nueva máquina por un monto anual equivalente a un 5 % del valor de compra del equipo.

Este plan de reparaciones permitirá que el valor residual de la maquinaria al cabo de los 10 años sea de $ 10.000.

Por último, suponemos que usted no tiene todo el dinero para hacer la inversión al contado, pero encuentra un banco que está dispuesto a financiarle la adquisición en 5 años, contra el pago de una cuota anual de $ 18.000.

La tasa de descuento a utilizar es, una vez más, del 10 % anual.

Con todos estos datos, le pedimos que tome la decisión de comprar o alquilar.

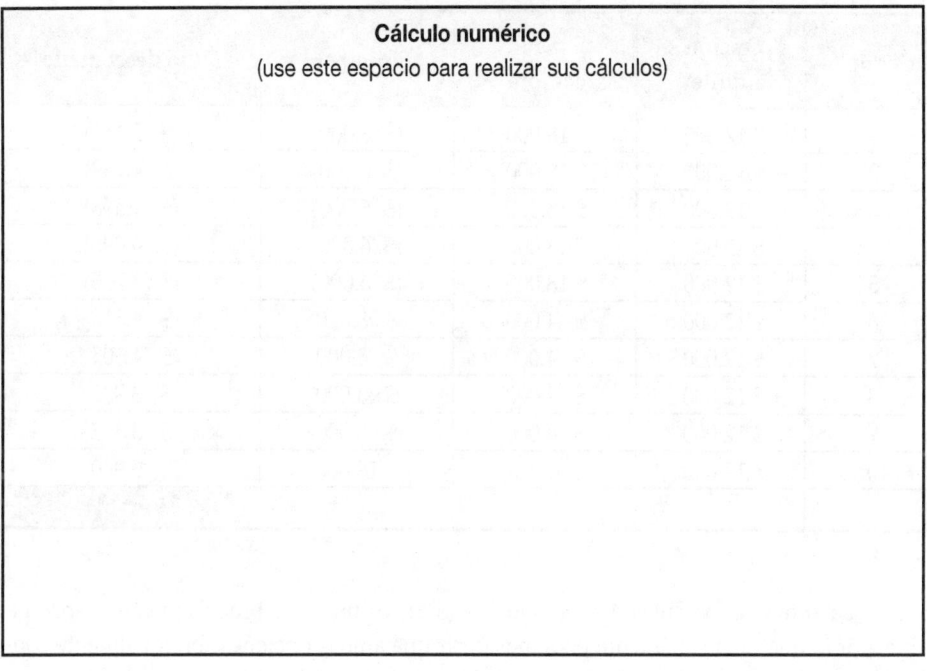

Antes de hacer nuestro propio desarrollo, y remedando al economista argentino Juan Carlos de Pablo, que en un ejercicio similar hacía la primera de las siguientes preguntas, nos gustaría que piense un momento en esto:

1. ¿Quién se robó la TIR?
2. ¿Dónde fue a parar el VAN?

Usted pensará que a esta altura ya estamos totalmente locos y no entenderá el significado de nuestras preguntas.

Pero quédese tranquilo: todavía sabemos lo que decimos.

Si usted quisiera sacar la TIR o calcular el VAN de este proyecto, se encontraría con la dificultad de que lo que usted está haciendo es comparar dos opciones de flujos de fondos futuros, sin tener una referencia cierta en el año cero.

Es decir, que este cálculo **no es igual** al de la opción anterior, sino **complementario** de aquél.

Debido a ello, no hay una TIR para calcular, al menos según la definimos en el ejercicio anterior, y el VAN aparece luego de una sucesión de números positivos y negativos. Veamos esas cifras para entendernos mejor.

Primero que nada, calculemos el costo anual de las reparaciones a partir del sexto año, que es un dato que no teníamos de antemano:

$ 80.000 x 5 % = $ 4.000

Armemos ahora nuestra tabla comparativa de alternativas.

Año	Opción alquiler	Opción compra	Flujo neto	Flujo descontado
1	$ 12.000	$ 18.000	($ 6.000)	($ 5.455)
2	$ 12.000	$ 18.000	($ 6.000)	($ 4.959)
3	$ 12.000	$ 18.000	($ 6.000)	($ 4.508)
4	$ 12.000	$ 18.000	($ 6.000)	($ 4.098)
5	$ 12.000	$ 18.000	($ 6.000)	($ 3.726)
6	$ 12.000	$ 4.000	$ 8.000	$ 4.516
7	$ 12.000	$ 4.000	$ 8.000	$ 4.105
8	$ 12.000	$ 4.000	$ 8.000	$ 3.732
9	$ 12.000	$ 4.000	$ 8.000	$ 3.392
10	$ 12.000	($ 6.000)	$ 18.000	$ 6.940
				($ 61)

La suma de los flujos descontados de ($ 61) es un valor prácticamente despreciable, por lo que razonablemente podemos decir que ambas opciones son igualmente convenientes. En este caso, otras razones inclinarán la decisión hacia uno u otro lado.

A simple título de ejemplo, podría convenirnos pagar una cuota más alta al principio, por "estar líquidos" en los primeros años, y en este caso elegiríamos comprar.

O bien podríamos querer postergar el desembolso y pagar una cuota menor al comienzo; así, elegiríamos el alquiler.

Otra consideración distinta podría estar dada por la conveniencia de que el proveedor se haga cargo de la totalidad de la operación, incluido el mantenimiento; o que el adelanto tecnológico deje obsoleto el equipamiento a corto plazo. En ambos casos, estas razones nos decidirían por la opción de alquilar.

Ejemplos claros de esta decisión pueden ser la adquisición o alquiler de una fotocopiadora o de equipos de computación, en los que la obsolescencia técnica se produce a velocidades que hacen conveniente tercerizar más que comprar.

O, lo que es lo mismo en este caso, comprar un servicio en lugar de un producto.

Esta conclusión proviene de un concepto extraído del marketing: "cuando vamos a comprar un taladro, lo que en realidad buscamos es un agujero".

Entonces, ¿por qué no comprar directamente un agujero? O dicho de otro modo, ¿por qué no adquirir un servicio, en vez de solicitar la provisión de un producto?

Como empresario, profesional que debe asesorar a un empresario, o estudiante en vías de serlo, lo invitamos a pensar seriamente en esta cuestión.

La tercerización (*outsourcing*) es una opción que cada día cuenta con mayor cantidad de adeptos, dado que permite que las empresas dediquen sus esfuerzos a lo que mejor saben hacer, derivando hacia terceros todo aquello que no hace al "corazón del negocio" (*core business*). Para pensarlo, ¿no?

¿Qué análisis de decisiones nos espera ahora?

Uno de sumo interés, como veremos de inmediato.

3.7. OPCIÓN 7: DETERMINAR LA MEZCLA ÓPTIMA DE PRODUCCIÓN

El propósito de este ejercicio es establecer qué cantidades de cada tipo de producto de aquellos fabricados por la empresa conviene elaborar y en qué proporciones, para aprovechar al máximo las instalaciones productivas, con el propósito de generar la mayor utilidad conjunta posible.

Este análisis requiere el conocimiento de al menos algunos rudimentos de programación lineal y teoría de restricciones, de la forma de cálculo de los márgenes de contribución de los productos, y del modo de evaluar la exigencia de recursos productivos por parte de cada uno de ellos.

¿Cómo determinaría usted la mezcla óptima de productos en el ejemplo siguiente (ejercicio desarrollado sobre la base de un modelo del profesor mexicano Rogelio Martínez)?

Suponga que su empresa realiza cuatro procesos diferentes, y con ellos produce dos artículos: el producto "P" y el producto "Q".

Cada producto utiliza una distinta proporción de cada proceso; la capacidad máxima disponible en cada uno de estos procesos es de 9.600 minutos por mes y el costo mensual de operación es de $ 24.000 para el total de los procesos.

Existen tres materias primas, llamadas "1", "2" y "3", cuyos costos son de $ 20 cada una.

Existen también algunas partes compradas a terceros, a un costo de $ 5 cada una.

La información correspondiente a la composición del costo de cada producto es la siguiente:

	Producto "P"	Producto "Q"
Venta mensual en unidades	400	200
Precio de venta	$ 90	$ 100
Costo variable unitario		
Materia prima 1	$ 20	
Materia prima 2	$ 20	$ 20
Materia prima 3		$ 20
Partes	$ 5	
Tiempos de proceso		
Proceso "A"	15'	10'
Proceso "B"	15'	30'
Proceso "C"	15'	5'
Proceso "D"	10'	5'

Sobre la base de todos estos datos, determine la mezcla de productos que produce el mejor resultado económico para la empresa, y calcule a cuánto asciende éste.

Cálculo numérico
(use este espacio para realizar sus cálculos)

Probablemente ha obtenido alguno de los siguientes resultados:
1. $ 6.000 por mes
2. ($ 1.200) por mes
3. $ 1.200 por mes

Cualquier otro está mal. Y también son erróneos dos de los tres resultados enumerados. ¿Cuáles?

Comencemos por el cálculo que más probablemente usted haya realizado.

	Producto "P"	Producto "Q"	Total
Venta mensual en unidades	400	200	600
Precio de venta	$ 90	$ 100	
Costo variable unitario materia prima	$ 45	$ 40	
Venta	$ 36.000	$ 20.000	$ 56.000
Costo variable	($ 18.000)	($ 8.000)	($ 26.000)
Contribución marginal	$ 18.000	$ 12.000	$ 30.000
% sobre venta	50 %	60%	
Costo de operación			($ 24.000)
Resultado			$ 6.000

¿Coincide con lo que usted hizo? Pues, está equivocado.

El problema de este cálculo es que no tiene en cuenta la limitación de los recursos. Veamos el siguiente cuadro de necesidades y posibilidades de fabricación.

Recuerde que, como dijimos en los datos iniciales, la capacidad máxima de operación en cada proceso es de 9.600 minutos por mes.

Proceso		Producto "P" 400 unidades	Producto "Q" 200 unidades	Total requerido	Excedentes (necesidades)
"A"	Unitario	15'	10'		
	Total	6.000'	2.000'	8.000'	1.600'
"B"	Unitario	15'	30'		
	Total	6.000'	6.000'	12.000'	(2.400')
"C"	Unitario	15'	5'		
	Total	6.000'	1.000'	7.000'	2.600'
"D"	Unitario	10'	5'		
	Total	4.000'	1.000'	5.000'	4.600'

Como se manifiesta aquí, tenemos una restricción en el proceso "B", ya que nos faltan 2.400' para completar la cantidad demandada.

Es decir, hemos encontrado un "cuello de botella".

Esto implica que debemos decidir a qué productos les daremos prioridad de fabricación.

Intuitivamente nos preguntamos cuál de ellos tiene el mejor margen de contribución, y del cuadro de resultados que armamos para hallar la primera de las respuestas surge que el producto "P" tiene un 50 % de contribución marginal y el producto "Q" tiene un 60 %.

Por lo tanto, vamos a darle prioridad a este último.

Así, determinamos la cantidad que produciremos de cada uno de ellos, en base al cálculo siguiente:

Proceso	Capacidad máxima	Requerimiento producto "Q"	Excedente para producto "P"
"B"	9.600'	6.000'	3.600'
	Unidades	200	240

Con estos datos reconstruimos nuestro cuadro de resultados.

	Producto "P"	Producto "Q"	Total
Venta mensual en unidades	240	200	440
Precio de venta	$ 90	$ 100	
Costo variable unitario Materia prima	$ 45	$ 40	
Venta	$ 21.600	$ 20.000	$ 41.600
Costo variable	($ 10.800)	($ 8.000)	($ 18.800)
Contribución marginal	$ 10.800	$ 12.000	$ 22.800
% sobre venta	50 %	60%	
Costo de operación			($ 24.000)
Resultado			($ 1.200)

Ésta es la segunda de las respuestas halladas, ...¡y también está mal!, porque no maximiza la utilidad (o minimiza la pérdida).

Probemos la última opción.

Proceso	Capacidad máxima	Requerimiento producto "P"	Excedente para producto "Q"
"B"	9.600'	6.000'	3.600'
	Unidades	400	120

Y ahora, ¿cómo darán los números? Veamos.

	Producto "P"	Producto "Q"	Total
Venta mensual en unidades	400	120	520
Precio de venta	$ 90	$ 100	
Costo variable unitario materia prima	$ 45	$ 40	
Venta	$ 36.000	$ 12.000	$ 48.000
Costo variable	($ 18.000)	($ 4.800)	($ 22.800)
Contribución marginal	$ 18.000	$ 7.200	$ 25.200
% sobre venta	50 %	60%	
Costo de operación			($ 24.000)
Resultado			$ 1.200

Esta tercera respuesta es la correcta. ¿Qué le parece?

Si usted ya se recuperó de su primer impulso de arrojar el libro, la calculadora y demás elementos por la ventana, y está dispuesto a seguirnos un poco más, le explicaremos por qué se produce esta situación.

Tal como dice el mencionado profesor mexicano Rogelio Martínez, "...cuando un sistema tiene una demanda mayor de la que puede satisfacer, lo que vende al mercado son **minutos de restricción**".

Es decir, el valor que se obtiene de dividir la contribución marginal absoluta de cada producto en el nivel correspondiente a la cantidad máxima demandada, **hasta el límite que la restricción permite**, por la cantidad de minutos (tiempo) de la restricción.

De este modo, en nuestro ejemplo, los valores serían:

1. Valor del producto "P" en la restricción = $\dfrac{400 \text{ u} \times \$ 45}{6.000'} = \dfrac{\$ 18.000}{6.000'} = \$ 3$

2. Valor del producto "Q" en la restricción = $\dfrac{200 \text{ u} \times \$ 60}{6.000'} = \dfrac{\$ 12.000}{6.000'} = \$ 2$

Siendo $ 3 mayor que $ 2, elegimos el producto "P", porque siempre conviene dar prioridad al mayor valor absoluto para decidir qué productos fabricar cuando existe una restricción.

Y éste es el concepto que veremos dentro de un momento, cuando hablemos de la contribución marginal por hora/equipo.

Mientras tanto, como conclusión final sobre este tema, queremos puntualizar que cuando existe una restricción, es ella la que marca el ritmo de toda la operación, por lo cual es imprescindible asegurarse de que **ese** equipo –o ese proceso– trabaje al 100 % y todos los demás se subordinen a su ritmo, aun cuando puedan quedar tiempos muertos en otros procesos.

La alternativa consiste en atacar y romper la restricción, incorporando equipamiento adicional u horas extra, por ejemplo, con lo cual es posible que otro proceso, hasta ese momento inocuo, se transforme en la nueva restricción.

Es decir, que se cambia el "camino crítico" de la producción.

3.8. OPCIÓN 8: DEFINIR LA CONTRIBUCIÓN POR HORA/EQUIPO

La definición de la contribución por hora/equipo u hora/máquina es un análisis de conveniencia que toda empresa industrial debe llevar a cabo en forma permanente, como un complemento de los demás análisis aquí planteados, con el propósito de mejorar la rentabilidad global.

Se trata de relacionar fundamentalmente los tiempos de fabricación con la contribución marginal absoluta de los productos elaborados y la utilidad final que los mismos generan.

Es decir: es necesario atender no sólo al concepto de rentabilidad (ganancia por producto), sino también al de rotación (velocidad a que se mueven los productos), dado que una gran ganancia en productos que requieren enormes tiempos de producción puede ser más que compensada con pequeñas ganancias repetidas muchas veces, a través de productos que pueden fabricarse a mayor velocidad.

Suponga que usted posee una maquinaria productiva con una capacidad operativa de 2.000 horas mensuales, que le permite producir alternativamente algunos de los siguientes productos, hasta las cantidades máximas indicadas:

1. Producto "A" = 10.000 unidades/mes
2. Producto "B" = 10.000 unidades/mes
3. Producto "C" = 6.000 unidades/mes
4. Producto "D" = 1.000 unidades/mes

Suponga también que las cantidades demandadas, los precios de venta y las contribuciones marginales de cada uno de ellos son las siguientes:

Producto	Cantidad	Precio de venta	Margen de contribución
"A"	6.000	$ 10	60 %
"B"	6.000	$ 12	50 %
"C"	4.000	$ 20	40 %
"D"	3.000	$ 100	55 %

¿Cuál sería el orden de prioridad que daría usted a la fabricación de cada uno de los cuatro productos enunciados?
¿Qué pasaría si se duplicara la capacidad productiva?
¿Y si se triplicara?
Haga sus cálculos y ponga sus respuestas en los cuadros que siguen:

Cálculo numérico
(use este espacio para realizar sus cálculos)

Por favor, anote su respuesta a continuación:

	Producto	Cantidad
Prioridad 1		
Prioridad 2		
Prioridad 3		
Prioridad 4		

Coteje ahora sus conclusiones con las que le proporcionamos más abajo.

Siguiendo los pasos que habíamos enunciado, calculemos la contribución marginal absoluta de los cuatro productos y la contribución por hora/equipo, en función del tiempo de fabricación requerido por cada producto.

	Producto "A"	Producto "B"	Producto "C"	Producto "D"
Cantidad	6.000	6.000	4.000	1.000
Precio de venta	$ 10	$ 12	$ 20	$ 100
Contribución marginal	60 %	50 %	40 %	55 %
Venta	$ 60.000	$ 72.000	$ 80.000	$ 100.000
Contribución marginal	$ 36.000	$ 36.000	$ 32.000	$ 40.000
Horas mensuales	2.000	2.000	2.000	2.000
Contribución por hora/equipo	$ 18	$ 18	$ 16	$ 20

Con estos números a la vista, la respuesta es que la prioridad de fabricación es para el producto "D", por 1.000 unidades.

Y si se duplicara o triplicara la capacidad productiva, todavía seguiríamos optando por este producto.

Solamente una vez satisfecha la demanda total enunciada (3.000 unidades), seguiríamos con los productos "A" o "B" indistintamente, y luego con el producto "C".

3.9. OPCIÓN 9: EVALUAR EL DESARROLLO DE PRODUCTOS

Llegados a este punto, vamos a dejarlo descansar en cuanto a números se refiere, para avanzar juntos en la teoría.

La evaluación del desarrollo de productos, proyectos o negocios se inscribe dentro de las técnicas que hemos descrito hasta el presente, y las que veremos más detalladamente al hablar de evaluación de proyectos de inversión.

¿Por qué, entonces, dedicamos un espacio a este tema en particular? Sencillamente porque queremos puntualizar la existencia de distintas etapas en el tratamiento del mismo, que pueden ser objeto de diversas consideraciones a la hora de contabilizar las erogaciones y realizar el "apareamiento de costos e ingresos" al que somos tan afectos los contadores.

¿Le parece demasiado técnica esta definición? Vamos a procurar explicarnos de un modo más sencillo y en un lenguaje más cotidiano.

Existen fundamentalmente dos etapas en el desarrollo de nuevos productos, a saber:

1. Etapa preoperativa

Esta etapa incluye básicamente los costos derivados de:
- investigación del mercado,
- diseño del producto,
- desarrollo del producto.

2. Etapa operativa

Esta etapa comprende fundamentalmente los costos de:
- fabricación del producto,
- inserción del producto en el mercado,
- operación propiamente dicha.

Todos los costos mencionados son desembolsos que en algún momento deben ser recuperados a través del precio de venta del producto desarrollado.

En términos generales, los costos incurridos en la etapa preoperativa pueden ser activados (incluidos en el Activo de la empresa, la "parte izquierda" del balance), a la espera de que la operación comience a generar los ingresos contra los cuales asignarlos, sobre la base del ya mencionado criterio de apareamiento de costos e ingresos.

Los costos activados, contabilizados como *gastos preoperativos* (denominación que, junto con *gastos de organización*, son aplicables también al lanzamiento de nuevas empresas o unidades de negocio), por lo general son amortizables en un tiempo predeterminado (tres a cinco años) a partir del momento en que se registra la primera facturación en firme, con el negocio ya estabilizado.

Algo similar suele hacerse con los *gastos de publicidad* y promoción destinados a imponer un producto en el mercado.

Obviamente, esta contabilización produce un efecto económico de diferimiento de costos y gastos, pero no tiene ninguna consecuencia financiera, ya que las erogaciones existen y hay que afrontarlas en los términos y plazos que se hayan convenido con los respectivos proveedores.

Con todas estas consideraciones, resta decir que el análisis decisorio sobre el desarrollo de nuevos productos puede basarse en las herramientas de evaluación de proyectos (determinación del VAN y de la TIR), cuyos fundamentos hemos visto y cuyo desarrollo más detallado abordaremos más adelante.

3.10. OPCIÓN 10: DETERMINAR PRECIOS DE VENTA

Sólo agregaremos aquí algunos conceptos teóricos de refuerzo al tratamiento de este punto contenido en el Capítulo 11 de *Cómo conocer y manejar*...

En primer lugar, recuerde: **quien fija el precio de los productos no es usted, sino el mercado.**

Tal como dijimos, todo cliente tiene una idea acerca del valor de lo que adquiere, y por lo general no está dispuesto a pagar por encima de ese valor percibido.

Si no nos cree, haga la prueba que le proponemos a continuación, que nos enseñó el especialista argentino en marketing Jorge Lipetz.

Suponga que usted está intentando adquirir un equipo de minicomponentes, con las siguientes características técnicas:

- reproductor de 5 CD,
- parlantes de 3 vías, doble platino, karaoke,
- 600 w (PMPO),
- doble casetera,
- control remoto,
- ecualizador gráfico de 3 bandas.

Usted está dispuesto a pagar hasta $ 700 por él; se dirige a un comercio y solicita el producto.

El vendedor, luego de saludarlo, le dice, esbozando su mejor sonrisa: "Lo lamento, señor. No tengo algo así, pero puedo ofrecerle un producto sensiblemente mejor, con:

- reproductor con minisistema cambiador para 50 CD,
- 4 parlantes con sistema de altavoces, con super woofer incorporado y circuito de amplificación doble,
- 2.200 w (PMOP)
- triple casetera, dos de ellas ejecutables simultáneamente,
- analizador de espectro tipo aeropuerto,
- ecualizador espacial integrado".

Ante esa descripción, usted seguramente querrá saber de inmediato cuánto cuesta esa maravilla. La respuesta es: "$ 1.600".

¿Lo compraría a ese precio? Seguramente, **no**.

Por lo que le seguimos preguntando:

¿Y a $ 1.400?

¿Y a $ 1.200?

¿Seguimos con el no?

¿Cuál es su límite: $ 1.000, $ 900, $ 800…?

Tal vez en alguna de estas tres últimas cifras hayamos torcido su voluntad y usted regrese a su casa con el equipo bajo el brazo.

Vamos ahora a cambiar la hipótesis.

Cuando usted le pregunta al vendedor si tiene el equipo que está buscando, esta vez la respuesta, con la misma sonrisa, es: "Lo siento, señor. No tengo algo así, pero puedo ofrecerle otro de características ligeramente inferiores:

- reproductor de 1 CD,
- parlantes de 2 vías,
- 300 w,

- una sola casetera,
- encendido programable,
- ecualizador manual, no sincronizado".

A continuación usted le pide el precio, y el vendedor le contesta: "$ 600".

Nuevamente le preguntamos: ¿lo compraría?

Descontando que también ahora respondió que no, seguimos proponiéndole: ¿y a $ 500? ¿y a $ 400? ¿y a $ 300?

Tal vez hallemos un precio que usted acepte, o tal vez no.

¿Qué podemos inferir de ambos ejemplos?

La conclusión es muy clara: **cualquier cliente está dispuesto a pagar muy poco más por lo que excede sus expectativas, y muchísimo menos por aquello que no las alcanza**.

¿Y qué tiene que ver todo esto con los costos? Mucho.

Porque, como verá, los precios de venta por lo general están más allá de su capacidad de manipulación, y lo único que usted puede controlar –relativamente– son los márgenes de contribución de los productos.

Estos conceptos que hemos introducido nos servirán unas páginas más adelante, cuando hablemos del Método de Inferencia de la Rentabilidad Ajena (M.I.R.A.).

3.11. OPCIÓN 11: CALCULAR EL COSTO DE ROTACIÓN DE LA MANO DE OBRA

La rotación excesiva del personal constituye un toque de atención para el empresario, ya que puede estar indicando que alguno de los parámetros que hacen al factor humano en la empresa no está siendo manejado apropiadamente (sueldos muy por debajo del promedio del mercado, por ejemplo).

La rotación tiene un costo que es necesario conocer, para que las decisiones a tomar sobre cuestiones de personal respondan a las necesidades empresariales de la manera más conveniente para la organización.

Existen costos relacionados con la **adquisición** del personal, como son todos los relativos al análisis de las necesidades de contratación de operarios o empleados, la definición de los perfiles para cubrir los puestos, la búsqueda y selección, el establecimiento de la remuneración y de los beneficios adicionales a proporcionar, los exámenes preocupacionales físico y sicotécnico, el período de inducción e introducción a la cultura organizacional, la capacitación específica en la tarea y la curva de aprendizaje, incluyendo los costos de la producción perdida y la contribución marginal de los productos no vendidos durante el período de entrenamiento.

Existen costos de **mantenimiento** del personal, tales como los derivados de las mediciones de desempeño, la capacitación integral y la específica, el planeamiento de carreras y los cuadros de reemplazo, las comunicaciones internas, los accidentes de trabajo, que suelen ser la expresión externa de la existencia de problemas de liderazgo y motivación, el manejo del conflicto, las escalas de remuneraciones, los planes de promoción y los premios por cumplimiento de objetivos.

Hay también costos de **prevención**, tales como los exámenes periódicos de salud, las encuestas de clima interno, las reuniones de *speak out* llevadas a cabo en horario de trabajo, etcétera.

Y están los costos del **reemplazo**, que pueden ser directos y mensurables como las indemnizaciones por despido, y otros indirectos y no fáciles de medir, como el stock de capacidades y conocimientos que se desperdicia con el personal que se desvincula, el riesgo de la pérdida de confidencialidad a que se expone la empresa con la salida de personal y el impacto negativo que esa desvinculación provoca en el resto de la organización.

Todas estas cuestiones, que van más allá del simple salario o sueldo abonado, deben ser tenidas en cuenta al momento de decidir sobre rotaciones y desvinculaciones de personal.

El cuidado del personal no es solamente una cuestión de ética empresarial, sino que, egoístamente considerado, hace a la economía de recursos y a la obtención y mantenimiento de los resultados económicos.

Dos máximas establecidas por distintas personalidades del marketing y la administración de empresas servirán para sintetizar nuestros asertos acerca del cuidado que es necesario tener en el manejo del factor humano y cerrar esta opción.

Ellas son:

1. "Así como hoy se sienten los empleados, mañana se sentirán los clientes", y
2. "Cuesta cinco veces más conseguir un nuevo empleado que mantener uno existente".

CONCLUSIONES

A continuación le damos nuestra respuesta al ejercicio inicial que le habíamos planteado.

Si quiere, puede compararlo con lo que usted mismo escribió.

Tenga en cuenta que nuestra propuesta **no contiene** todas las situaciones posibles que se plantean al analizarse decisiones, sino que debe interpretarse como una aproximación bastante completa al tema.

¿De acuerdo?

Aquí va nuestra lista, entonces.

EFECTOS DE LA TOMA DE DECISIONES

DECISIÓN	CONSECUENCIAS		
	DIRECTAS	INDIRECTAS	POTENCIALES
COMPRAR VERSUS FABRICAR	Costos de una y otra opción	– Mejora o desmejora de costos por escala de producción – Costos de financiación del proveedor versus costo de mantenimiento de stocks y plazos de pago de los insumos – Cambios en el capital de trabajo – Absorción de costos fijos – Costos de indemnizar al personal	– Riesgos de depender de un proveedor que puede ser al mismo tiempo un competidor – Capacidad ociosa (ver "Analizar la capacidad ociosa")
ANALIZAR LA CAPACIDAD OCIOSA	Margen de contribución no generado debido a la subutilización del equipamiento productivo	– Costo de oportunidad del capital invertido – Margen de seguridad en la operación	Ver "Incorporar nuevos productos"
SUPRIMIR LÍNEAS DE FABRICACIÓN	Ahorro de costos	– Reemplazo de artículos de menor rentabilidad por otros de mayor rentabilidad – Base de ventas para otros artículos – Ahorro de costos financieros por eliminación de capital de trabajo – Costos de indemnizar al personal	– Barrera de entrada para la competencia – Cambio del perfil de los competidores – Costos de oportunidad para la inversión de capital

EFECTOS DE LA TOMA DE DECISIONES

DECISIÓN	CONSECUENCIAS (Continuación)		
	DIRECTAS	INDIRECTAS	POTENCIALES
INCORPORAR NUEVOS PRODUCTOS	Margen de contribución agregado	– Aprovechamiento de capacidad ociosa – Incremento de capital de trabajo – Costos diferenciales	– Aumento de costos fijos – Tercerización de operaciones
REEMPLAZAR MAQUINAS Y EQUIPOS	– Costo de la maquinaria a incorporar – Costos del nuevo proceso productivo	– Curva de aprendizaje – Costo financiero de la compra – Reducción de costos	– Obsolescencia técnica – Desarrollo de nuevos productos – Mejora de procesos productivos – Aprovechamiento de mano de obra – Incremento de calidad – Aumento de precios de venta por mejora de calidad – Recupero de maquinaria reemplazada
COMPRAR O ALQUILAR	– Costo del equipo a incorporar – Costos de reparación y mantenimiento – Costo del alquiler	– Valor residual en el tiempo – Opción de compra – Liquidez de la empresa al momento de la decisión	– Obsolescencia técnica – Costo de oportunidad de la inversión – Tercerización del servicio total
DETERMINAR LA MEZCLA ÓPTIMA DE PRODUCCIÓN	Cuellos de botella en el proceso productivo (teoría de restricciones)		

EFECTOS DE LA TOMA DE DECISIONES

DECISIÓN	CONSECUENCIAS (Continuación)		
	DIRECTAS	INDIRECTAS	POTENCIALES
DEFINIR LA CONTRIBUCIÓN POR HORA / EQUIPO	– Rentabilidad de los productos – Rotación de los productos	Capital de trabajo	
EVALUAR EL DESARROLLO DE PRODUCTOS	*Etapa preoperativa:* – Investigación de mercado – Diseño del producto – Desarrollo del producto *Etapa operativa:* – Fabricación del producto – Inserción en el mercado – Operación propiamente dicha	Inversión en capital fijo y capital de trabajo	Tercerización de operaciones
DETERMINAR PRECIOS DE VENTA	– Valor de mercado – Valor percibido por el cliente – Margen del producto	– Pérdida de mercado – Competencia – Diferenciación respecto de la competencia	– Pérdida de rentabilidad – No cobertura de costos fijos – Pérdida programada
CALCULAR EL COSTO DE ROTACIÓN DE LA MANO DE OBRA	– Costos de adquisición – Costos de mantenimiento – Costos de prevención – Costos del reemplazo	Stock de capacidades y conocimientos perdidos	– Impacto negativo en el resto de la organización – Pérdida de confidencialidad – Renovación de capacidades

¿Está cansado? La culpa es suya, porque es usted quien cometió dos errores. El primero, haber comprado el libro. El segundo, intentar leerlo.
Pero no se desespere: ya falta menos.

4. Evaluación de proyectos de inversión

4.1. Introducción

Como hemos estado sosteniendo, una herramienta muy importante para ayudar a la toma de decisiones empresariales es la relacionada con la evaluación de proyectos de inversión.

Ya anticipamos este tema en los puntos 3.5. "Opción 5: reemplazar máquinas y equipos" y 3.6. "Opción 6: comprar o alquilar" del capítulo anterior. Vamos ahora a profundizar el análisis teórico práctico de la herramienta.

Desde hace prácticamente unos treinta años se están usando técnicas cuantitativas para respaldar el criterio empresarial y reducir la incertidumbre en la toma de decisiones.

Dentro de esta técnicas sobresalen nítidamente los tres conceptos siguientes:

1. el Valor Actual Neto (VAN)
2. la Tasa Interna de Retorno (TIR) y
3. el Período de Repago de la Inversión (*Pay Back*).

Cada una de ellas apunta a comparar en valores homogéneos los flujos de fondos positivos y negativos, actuales y futuros, que todo proyecto de inversión requiere.

¿Qué son flujos de fondos? Son corrientes de dinero que ingresan a nuestra caja o salen de ella. Los positivos son ingresos de dinero, cobranzas... Los negativos, pagos, erogaciones, desembolsos...

Es decir, que en ambos casos estamos considerando los aspectos **financieros** del proyecto.

El Valor Actual Neto (VAN) es el valor presente de los flujos de fondos futuros cuando éstos son descontados a una tasa dada, conforme explicáramos en el ya mencionado punto 3.5. del capítulo anterior.

Si al hacer este cálculo el valor remanente de la suma de los flujos descontados es positivo, el proyecto es viable, porque esto significa que la tasa de retorno implícita en el proyecto es mayor que la que hemos usado para efectuar el descuento.

Si, por el contrario, el valor remanente resultara negativo, el proyecto sería desechable, por las razones opuestas a las del párrafo previo.

Por otra parte, si el resultado final fuese neutro (cero), significaría que la tasa elegida para efectuar el descuento coincide con la tasa implícita del proyecto.

Esta última es conocida como la Tasa Interna de Retorno (TIR) del proyecto, y es la tasa a la cual se igualan los ingresos y los egresos previstos en los flujos del mismo, cuando son descontados para traerlos a un valor presente.

Ahora bien: si la TIR del proyecto es mayor que la tasa usada para el cálculo del VAN, y por lo tanto la igualación de los flujos en cero se produce en un período anterior al del fin de la vida del proyecto (por ejemplo, en la mitad del mismo), para luego continuar generando flujos positivos, esto significa que la inversión realizada es recuperada totalmente a ese momento anterior determinado de igualación de los flujos que hemos mencionado.

Este período en el cual se produce el "punto de equilibrio" entre ingresos y egresos, medido en tiempo, es lo que se conoce como *período de repago* (*Pay Back*); es decir, el tiempo en el cual se recuperan los desembolsos realizados en concepto de inversión.

¿Quedan claras las definiciones anteriores? En unos momentos haremos un ejercicio para ilustrar con mayor precisión los conceptos enunciados. Mientras tanto, sigamos adelante con un poco más de teoría.

4.2. Criterios de decisión

¿Para qué sirven las herramientas de evaluación de proyectos de inversión?

Como todas las técnicas expuestas en este libro, el cálculo del VAN, de la TIR y del período de repago son auxiliares importantes para ayudar a tomar mejores decisiones.

Las preguntas que por lo general debemos responder al analizar alternativas de negocios sobre las que tenemos que decidir, son del tipo de las que exponemos a continuación:

1. dada una opción de inversión de dinero –recurso escaso– en un abanico de posibilidades disponibles, ¿debemos seguirla? ¿Por qué?;
2. ¿existe alguna opción mejor? ¿Cuál es y por qué?

Para dar respuestas apropiadas a las preguntas anteriores, debemos tener en cuenta y referirnos a algunas cuestiones básicas que necesariamente están presentes en toda decisión.

En primer lugar, es importante recordar que los recursos de todo tipo con que cuentan las empresas tienden a ser escasos, o al menos limitados en cantidad o en accesibilidad.

Esto es particularmente cierto cuando hablamos de los recursos monetarios –el dinero necesario para realizar inversiones– ya que la capacidad de endeudamiento o de obtención de financiamiento de las empresas suele tener límites precisos, restricciones que están basadas en cuestiones tales como la habilidad de las empresas para generar utilidades, la relación deuda/patrimonio que presenten, los índices de referencia entre plazos de cobro y de pago que demuestren, la máxima exposición de caja que puedan mantener, etcétera.

Obviamente, si los recursos fueran infinitos, las decisiones serían mucho más simples, ya que se reducirían a invertir en todo aquello que generara ganancia, sin importar demasiado el tamaño de la misma y sin preocuparse en determinar niveles de preferencia o prelación.

El pensamiento empresario se reduciría entonces a: "Ya que tenemos capacidad, ¡invirtamos en todo lo que dé ganancia!".

La realidad de los negocios demuestra que esta presunción no es válida, que los recursos no son ilimitados y que, por lo tanto, es necesario definir con claridad *cuánto invertir y en qué*.

El segundo aspecto a considerar, íntimamente relacionado con el anterior, es que en cada inversión debe existir un nivel mínimo de retorno que obre como un tamiz para el proyecto y por debajo del cual toda propuesta debe ser rechazada.

Una empresa puede definir una *tasa de corte* para aceptar proyectos nuevos, en el orden, por ejemplo, de un 10 %, entendiendo que los negocios que no ofrezcan ese nivel de ganancias no son dignos de ser considerados.

Bajo ese supuesto, cualquier TIR inferior al 10 % haría que los proyectos fueran descartados de plano.

Es evidente que pueden existir otras razones no económicas que morigeren esta decisión, como por ejemplo que la empresa quiera asumir el costo del aprendizaje de incursionar en un negocio totalmente nuevo, desconocido para ella, y por lo tanto decida violar la restricción de la tasa de corte, llegando inclusive a aceptar resultados negativos.

Pero, como ya hemos dicho, esa es otra cuestión, que hace a la política empresarial en su totalidad antes bien que meramente a su economía.

Desde el punto de vista estricto del análisis de la rentabilidad de un proyecto, siempre debe haber una tasa que determine el "pasa/no pasa" del mismo. Dentro de esta perspectiva, es necesario aclarar que en todo proyecto coexisten dos tipos distintos de VAN:

- el VAN del proyecto en sí mismo,
- el VAN del inversionista que está realizando el análisis.

El primero compara los ingresos y egresos del proyecto sin tener en cuenta el modo en que se financiarán los requerimientos de fondos.

Es decir, establece las necesidades reales de financiación con independencia de quién pondrá el efectivo necesario para llevar a cabo el proyecto.

En este plano del análisis surge como un valor importante la Máxima Exposición de Caja (MEC), que es el mayor desfase negativo (necesidades de fondos) que el proyecto requiere a lo largo de su vida.

El VAN del inversionista, por el contrario, se basa exclusivamente en los valores que él debe derivar al proyecto en cuestión, una vez conseguida la financiación externa (bancos, proveedores, etcétera) necesaria para que el proyecto siga su curso.

También aquí existe una MEC, que es propia del inversionista en el proyecto.

Cuando hagamos la ejercitación práctica puntualizaremos con mayor detalle esta doble perspectiva del análisis de proyectos.

En tercer lugar –y ya nos estamos adentrando en los aspectos técnicos más específicos– es importante calificar los ingresos y los egresos desde diversos puntos de vista.

Algunas cuestiones que ayudan a determinar esa calificación son los que siguen:

1. La tangibilidad de los beneficios

Es decir, que los beneficios puedan ser mensurables en dinero.

Como todo análisis de tipo matemático, la valorización de proyectos requiere la evaluación de las variables a considerar.

Obviamente, como ya hemos dicho en otras oportunidades, podrán existir cuestiones adicionales intangibles y no mensurables que influyan en las decisiones; pero a los efectos prácticos del cálculo, los resultados deben ser expresados en valores monetarios.

2. El reconocimiento del valor tiempo del dinero

Ya hemos hablado de este tema en puntos anteriores y lo reforzamos ahora.

Es evidente que una cierta cantidad de dinero en nuestras manos en el momento presente tiene potencialmente un mayor valor que esa misma cantidad dentro de un año o más, porque existen posibilidades de incrementarla a futuro, por ejemplo, colocándola en un certificado de plazo fijo.

Es así como este *valor tiempo del dinero* influye en la comparación de un monto seguro en nuestras manos hoy, con una promesa de mayor cantidad de efectivo mañana, base misma del análisis de proyecto. La forma de considerar los flujos de fondos de un modo homogéneo es darles un mismo valor en el tiempo, a través de su descuento a una tasa determinada.

3. La incidencia de la carga impositiva

Dejando de lado momentáneamente el tema de los impuestos al valor agregado (IVA), a los ingresos brutos y al de sellos, sobre los que volveremos oportunamente, al hablar aquí de la incidencia de la carga impositiva estamos refiriéndonos al impuesto a las ganancias.

Sabemos muy bien que los resultados positivos tienen un costo por el simple hecho de ser positivos y que ese costo es el impuesto a las ganancias. Cualquiera sea la tasa de la carga fiscal (35 %, 40 %, 45 %, etcétera), lo que importa es considerar que los beneficios reales de todo proyecto están determinados por los resultados netos después de impuestos; es decir, por su valor efectivo para la empresa, una vez deducida la participación del Estado, el "socio obligado".

4. La concepción financiera antes que la económica

Estas herramientas que estamos viendo han sido armadas sobre la base de una visión financiera de los flujos más que con relación a una idea económica o contable de los resultados o los gastos. Así, por ejemplo, las inversiones en equipamiento inciden en el modelo decisorio en función de los efectivos desembolsos de fondos realizados para obtenerlas y no sobre la base de la consideración de las amortizaciones de los valores invertidos, ya que éstos son costos o gastos no erogables que, puestos en el análisis financiero, desdibujan la concepción valor tiempo del dinero comentada en el punto 2.

5. La vida útil del proyecto

Existen en general dos tipos de proyectos: los que tienen una vida útil acotada en el tiempo, como pueden ser los derivados de un contrato de concesión por un período determinado, por ejemplo, y los que tienen un plazo incierto o indeterminado, como en el caso de proyectos que ataquen un nuevo mercado abierto a la competencia con el objeto de introducir un nuevo producto.

En estos últimos casos de indefinición de plazos, los análisis de proyectos suelen ser acotados en su extensión a períodos de entre diez y veinte años, bajo el supuesto (convalidado en la práctica) de que los flujos posteriores a esos términos, descontados a una tasa determinada (o a la tasa interna del proyecto) tienen escasa incidencia en la rentabilidad del negocio y, en cambio, presentan un muy alto grado de incertidumbre en lo referido a su real probabilidad de ocurrencia.

6. La consideración de la totalidad de la inversión y no sólo la inmediata

En el análisis de proyectos suele caerse en el error de considerar sólo los desembolsos visibles a corto plazo, dejando de lado los correspondientes a otros egresos a ser realizados dentro de la vida útil del proyecto.

Cuestiones tales como costos de mantenimiento, de actualización tecnológica, de reemplazos por obsolescencia, de incremento de costos fijos, de aumento de capital de trabajo, etcétera, son elementos a tener en cuenta para calificar apropiadamente los flujos negativos del proyecto.

7. La consideración de la totalidad de los ahorros y no sólo de los directos

Efectivamente, en el análisis de cualquier propuesta de inversión, no sólo hay que tener en cuenta los beneficios directos derivados de la misma, sino también aquellos ingresos relacionados con ahorro de costos, reducción de gastos, decrecimiento de capital de trabajo (en sus aspectos financieros), que si bien pueden no ser evidentes en una primera lectura, surgen a la vista cuando se lleva a cabo un análisis con mayor profundidad.

Hay que tener la precaución de asegurarse de que los ahorros que se consideren sean **netos**; esto es, que surjan como diferencia entre los desembolsos que se eliminen y los nuevos egresos en que se deba incurrir para llevar a cabo la operación.

Con todos estos elementos que hemos detallado, estamos en condiciones de calificar adecuadamente los flujos positivos y negativos de los proyectos y entrar más profundamente en el detalle de los contenidos particulares de cada uno de ellos.

Así que, respire profundamente y …¡al ataque!

4.3. Los contenidos del proyecto a evaluar

Para tratar de una manera ordenada cada uno de los contenidos de los proyectos, vamos a considerar sucesivamente los siguientes aspectos:
1. los ingresos (*inflows*),
2. los egresos (*outflows*),
3. el impuesto a las ganancias,
4. las tasas de descuento de los flujos.

4.3.1. La consideración de los ingresos

¿Cuáles son los ingresos de un proyecto? ¿Cómo se les asigna valor?

Una lista más o menos comprensiva es la siguiente.
1. Ventas adicionales obtenidas a partir de la inversión realizada, en cantidades o por aumento de precios derivados de una mejor calidad ofrecida al mercado.
2. Ahorro de costos por mayores eficiencias.
   Entre otros:
   - menor desperdicio de fabricación,
   - mejores índices de productividad,
   - mayor velocidad de producción,
   - menores costos de mantenimiento,
   - menor carga financiera por baja en el nivel requerido de inventarios,
   - menores costos del proceso productivo por reemplazo o disminución de mano de obra o de máquinas de peor rendimiento,
   - menores costos asociados por incorporación de tecnologías más modernas (por ejemplo, menor espacio de edificio necesario para colocar equipos de computación de mayor capacidad en tamaños reducidos).
3. En general, cualquier incremento en los márgenes directos de los productos y negocios, o de los resultados globales de la empresa, derivados de la implantación del proyecto bajo análisis.

Dado que, como ya dijimos, el análisis de proyectos de inversión es una herramienta financiera antes bien que económica, los ingresos deben considerar los impuestos que recaen sobre ellos, como el Impuesto al Valor Agregado (IVA) que se les cobra a los clientes a través de la facturación.

Si bien el IVA no forma parte del cuadro económico de la empresa, no es menos cierto que pueden existir diferencias temporales entre la cobranza y el pago a la Administración Federal de Ingresos Públicos (AFIP) del IVA recaudado de los clientes. A este respecto cabe una aclaración importante.

En la legislación impositiva argentina existe la figura de "agente de retención y percepción", generalmente atribuible a empresas que facturan por encima de un cierto monto anual; es decir, que está reservada a empresas medianas y grandes.

Cuando una empresa que no es agente de retención y percepción le factura a otra que sí lo es, esta última, al realizar sus pagos, debe obligatoriamente retener y depositar un porcentaje del IVA facturado (del 50 % al 80 % según el caso).

Esta retención por lo general produce en la empresa proveedora una curiosa e incómoda situación: como al pagar sus insumos también está pagando el IVA sobre éstos, y al cobrar sus ingresos percibe sólo una parte del IVA respectivo, en la práctica no recupera a través de la caja los importes totales del impuesto que, de un modo directo o indirecto, abonó a la AFIP. Por el contrario, genera créditos a su favor, a ser usados en meses siguientes o transferidos al pago de otros impuestos (anticipos del impuesto a las ganancias, por ejemplo).

Al hacer el análisis del proyecto es necesario tener en cuenta esta situación, ya que la misma puede requerir temporalmente una mayor financiación para el proyecto, producto del "efecto crédito fiscal" (ya que ese mayor crédito representa un menor cobro de efectivo) y, por ende, un más elevado costo financiero.

Otra consideración acerca de los ingresos es que deben ser netos; es decir, que tienen que representar las diferencias entre la actividad previa al proyecto y la que deriva de éste. Por ejemplo, si se trata de analizar una inversión en un equipamiento, los ahorros a considerar podrían ser las diferencias de costos entre el proceso anterior a la inversión y el nuevo.

El otro concepto de neto es que los ingresos deben reconocer de alguna manera la incidencia del impuesto a las ganancias derivado de dichos ingresos. Para calcular esa incidencia es necesario corregir los ingresos por el efecto de la existencia de gastos no erogables, particularmente de las amortizaciones correspondientes a las inversiones del proyecto, a efectos de estimar con mayor precisión el impuesto, como veremos un poco más adelante en el punto 4.3.3.

Otra cuestión muy importante a destacar en este punto es que la visión financiera del análisis exige que tanto los ingresos como los egresos, se consideren al momento de hacerse realmente efectivos.

De este modo es necesario tener en cuenta los plazos de cobranza a los clientes que deban ser incorporados al proyecto, ya que una mala estimación de éstos puede marcar la diferencia entre un prospecto potable y otro que no lo es.

La última consideración acerca de los ingresos es que deben ser realistas; esto es, razonablemente alcanzables y no forzados para avalar el proyecto.

Como el control que se efectúa de las operaciones en la realidad rara vez se realiza con el mismo parámetro con que se evalúan los proyectos (cuestión que abordaremos más a fondo en el punto 5.6., cuando hablemos del EVA), suele pasar que las proyecciones de los ingresos tienden a pecar de optimistas, lo que hace necesario tener un esquema muy crítico de análisis para minimizar los errores de apreciación.

¡Cuántas cosas a tener en cuenta!, ¿verdad?

Pero aún no hemos terminado.

4.3.2. La consideración de los egresos

Nos preguntamos ahora cuáles son los egresos de un proyecto. Estamos hablando en general de las inversiones y gastos a realizar, tanto en forma inmediata, como los que se presenten en el tiempo, derivados del propio proyecto.

Las inversiones suelen ser el punto central del análisis, ya que por lo general hacen referencia a la compra de equipos nuevos para reemplazar maquinaria existente.

Pero no sólo de equipamiento se trata. También son inversiones las inmovilizaciones de capital de trabajo (inventarios, créditos por ventas, etcétera) que el proyecto exija a lo largo de su vida.

Con relación a los gastos futuros (no inmediatos), un ejemplo son los cargos por mantenimiento de equipos, los que si bien al comienzo de todo proyecto pueden no tener una incidencia significativa, a medida que transcurre el tiempo van cobrando una importancia creciente.

En la consideración de los egresos deben tenerse muy en cuenta los plazos de pago a los proveedores de todo tipo de elementos incluidos en el proyecto, a fin de determinar con la mayor precisión posible los montos periódicos adecuados de las erogaciones.

Los egresos también deben incluir la incidencia del IVA, ya que éste financieramente juega un papel de importancia, según los arriba mencionados plazos de pago considerados para la cancelación de los pasivos que se generen.

En estos casos, también puede aparecer una cuestión ligada a la consideración de los créditos impositivos.

Si se diera la situación de que la empresa tuviera simultáneamente actividades gravadas y exentas, el crédito fiscal del IVA debería prorratearse entre ambos tipos de actividades, y la porción destinada a la categoría de exentas representaría una pérdida para la empresa, ya que ésta no puede deducir esos conceptos de su balance impositivo, sino que debe asumirla como un costo adicional.

Las importaciones de todo tipo, tanto de maquinaria y equipo como de repuestos y otros bienes consumibles presentan algunas particularidades a destacar. La más significativa es la relativa a los distintos momentos en que los diversos costos componentes de una importación deben ser erogados. En particular, si se trata de importación de mercaderías o materias primas, más allá de los plazos de pago a los proveedores, existe una suma importante a desembolsar en concepto de recargos, impuestos, gastos de despacho, etcétera, al momento de nacionalizar la mercadería; fecha que suele ser bastante anterior a la de la cancelación de la factura del proveedor.

El IVA que debe ser erogado al momento de nacionalizar la mercadería pasa a formar parte del "paquete" fiscal como un crédito a recuperar. Sin embargo, como de acuerdo con el tipo de producto de que se trate puede corresponder una erogación 50% mayor a la tasa normal del impuesto, ese crédito suele constituirse en otro elemento que la empresa debe financiar hasta poder completar su total compensación.

En el caso de la importación de servicios o software, que por lo general no se hace a través de la aduana como si fuera un producto (excepto el valor del disquete donde se aloja el programa provisto), y por lo tanto suele no pagar derechos de importación, existe sin embargo la figura de la retención del impuesto a las ganancias (*withholding tax*) que opera al momento de hacer efectivo el pago de los honorarios al beneficiario del exterior. Por eso resulta imprescindible aclarar quién se hace cargo del impuesto (la empresa local o el proveedor) y si existe o no un convenio que evite la doble imposición entre nuestro país y el de origen del software.

Si la empresa debiera absorber el impuesto, debe calcularlo con el *grossing up* incluido; esto es, incrementando el impuesto en la proporción que represente sobre el valor teórico que debería haberse pagado de no existir la retención.

Parece complicado, pero no lo es tanto, como veremos a continuación.

Suponga que la deuda con el exterior es de $ 1.000 y que la retención fuera del 30%. Usted debería girar $ 700 y abonar al fisco los $ 300 retenidos, enviando a su proveedor un certificado de retención por ese importe, ya que él, si está habilitado por su legislación impositiva, puede deducir ese importe de su propio pago local de impuesto.

Pero si en la negociación con el proveedor resulta que él no puede aprovechar el crédito fiscal, o simplemente quiere cobrar el valor neto sin deducciones, entonces es su empresa la que debe hacerse cargo del impuesto y girar al exterior los $ 1.000 sin deducción alguna.

En ese caso resulta que para la AFIP, dado que el envío de fondos fue de $ 1.000 **netos**, el valor **bruto** es más alto y se calcula como sigue:

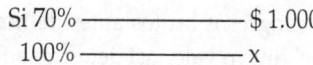

Y como ya hiciéramos en el punto 3.4. "Opción 4: incorporar nuevos productos", obtenemos el valor de "x" multiplicando $ 1.000 por 100% y dividiendo por 70%. Con lo que el valor bruto asciende en este caso a $ 1.429 y el impuesto a pagar al fisco es de $ 429.

Usted se estará diciendo ahora que, al final de cuentas, el tema costos es una simple cuestión de aritmética. La respuesta es que sí. Pero también de sentido común.

Existen –al menos en la Argentina– formas de minimizar las retenciones, por ejemplo inscribiendo los contratos en el INTI (Instituto Nacional de Tecnología Industrial) o registrando el software bajo derecho de autor.

En estos casos, las tasas de retención suelen ser un porcentaje de la tasa general, con lo que disminuyen los costos económicos, financieros o ambos.

Otro caso particular a destacar en esta temática de los egresos es el referido al impuesto de sellos

Dada la legislación argentina, en la medida en que el proyecto implique la firma de algún contrato de provisión de bienes o servicios, conforme al modo en que se lo instrumente estará o no gravado por el impuesto de sellos en las jurisdicciones que aún lo tengan vigente (en este momento, excepto la Capital Federal, todo el país).

La incidencia del impuesto de sellos, que podría llegar a gravar la totalidad del contrato en veintitrés jurisdicciones de la Argentina, representa un costo tan considerable que puede llegar a tornar inviable un proyecto rentable.

Por la complejidad de todos estos temas, le recomendamos que cuando se encuentre ante un proyecto importante, no dude en consultar a un contador (de paso quedamos bien con nuestros colegas, y no cobramos por el consejo).

4.3.3. La consideración del impuesto a las ganancias

Ingresos menos egresos es igual a utilidad.

Como usted ya sabe y hemos revisado, esta fórmula excesivamente simplificada presenta una serie de particularidades.

En general, cualquier utilidad tiene a su vez un costo –el impuesto a las ganancias– que es *el costo de tener utilidad*.

Si nos ceñimos al proyecto en sí mismo, toda nueva operación incide de un modo u otro en el cálculo del impuesto a las ganancias de la empresa.

Dado que, como dijimos, el análisis del proyecto es más bien financiero, para estimar la utilidad bruta sujeta a impuesto y, consecuentemente, el monto de este último, es necesario realizar algunas correcciones en los flujos del proyecto.

Como ya le anticipáramos, la inversión se considera en el flujo de fondos en el momento en que es efectivamente desembolsada –o debiera serlo– sin tener en cuenta la financiación bancaria que fuera necesario obtener para cancelar las facturas del proveedor o los gastos de nacionalización.

Sin embargo, en un estado de resultados económico, su incidencia se refleja a través de las amortizaciones, con lo que es necesario realizar un ajuste de los beneficios en función de estas últimas para determinar el monto correcto del impuesto a las ganancias.

Así pues, a las cifras de los ingresos brutos antes del impuesto se les deducen las amortizaciones anuales, y sobre el nuevo valor así determinado, se calculan la incidencia impositiva y los ingresos netos de impuesto.

Una vez hecho esto, a estos últimos valores se les suman nuevamente las amortizaciones para obtener los ingresos netos ajustados.

Parece un procedimiento sumamente complicado, pero como verá cuando hagamos la ejercitación, en realidad no lo es tanto. Así que, ...¡tenga un poco de paciencia!

La otra cuestión relativa al impuesto a las ganancias consiste en la consideración del momento de su efectivo pago. Si bien las liquidaciones finales a las ganancias son anuales, en la legislación impositiva de la Argentina existe la obligación de que las empresas cliente practiquen retenciones del impuesto a las ganancias a sus proveedores (en los casos de provisión de servicios, por ejemplo), las que constituyen créditos fiscales al momento de la declaración jurada anual.

Por otra parte, cuando se hace efectiva una declaración anual de impuestos, la misma sirve de base para determinar un programa de pagos de anticipos mensuales efectuados a cuenta de la próxima liquidación, los que también constituyen un crédito al momento de la declaración definitiva.

Todas estas cuestiones, obviamente, representan nuevas necesidades de fondeo con frecuencias distintas a las del pago de un impuesto anual.

Por todo ello, el planeamiento impositivo se constituye en un muy importante componente de la evaluación de proyectos de inversión.

4.3.4. La consideración de las tasas de descuento de los flujos

Ya hemos hablado de los ingresos, de los egresos y del impuesto a las ganancias.

Vamos a cambiar brevemente el enfoque para considerar ahora la cuestión de la tasa a utilizar para realizar el descuento de los flujos.

Decíamos en páginas anteriores que toda empresa puede definir una tasa de corte apropiada para ella.

Seguramente después de esta larga exposición teórica usted pensaba que ya habíamos abandonado el estilo dialoguista que quisimos mantener en este libro.

Pero no se haga ilusiones.

Aquí estamos nuevamente para hacerlo trabajar.

Tomando en cuenta su propia experiencia, quisiéramos preguntarle: ¿qué tasa de corte definiría para un proyecto a ser desarrollado en su empresa? Y adicionalmente, ¿qué parámetros tendría en cuenta para fijarla?

Ponga sus respuestas en el cuadro que le suministramos a continuación.

Tasa de corte	Parámetros para fijarla

Como siempre, veamos a continuación las respuestas que nosotros le proponemos.

No vamos a establecer aquí un porcentaje único para la tasa de corte, puesto que ésta seguramente será distinta para las diversas realidades empresariales. Así que, desde ya le decimos que la tasa que haya puesto, seguramente estará bien para usted. Lo que sí haremos a continuación será razonar en conjunto acerca de las bases a utilizar para su determinación.

En primer lugar, debemos decir que la tasa a considerar no debe ser demasiado alta ni excesivamente baja.

La primera puede hacer perder oportunidades de negocios; la segunda puede tender a perjudicar la rentabilidad existente en los negocios habituales de la empresa. A este respecto, el siguiente ejemplo demostrará lo que estamos diciendo:

Suponga que usted debe decidir entre invertir en un proyecto "W" y un proyecto "Z", cuyos flujos anuales positivos son los siguientes:

Año	Proyecto "W"	Proyecto "Z"
1	$ 20.000	$ 1.000
2	$ 20.000	$ 1.000
3	$ 20.000	$ 1.000
4	$ 20.000	$ 1.000
5	$ 20.000	$ 1.000
6	$ 1.000	$ 32.000
7	$ 1.000	$ 32.000
8	$ 1.000	$ 32.000
9	$ 1.000	$ 32.000
10	$ 1.000	$ 32.000

Si su empresa utiliza una tasa de retorno del 8% anual, y su principal competidor una del 12% anual, ¿cuál sería el producto elegido por usted y cuál por su competidor?

Como siempre, use el siguiente espacio para realizar sus cálculos.

Cálculo numérico
(use este espacio para realizar sus cálculos)

Bien: ¿a qué conclusión llegó? ¿Eligieron el mismo proyecto? ¿Fue el "W" o el "Z"?

Veamos cuál sería nuestra decisión:

	Valores Originales		Al 8%		Al 12%	
Año	Proyecto "W"	Proyecto "Z"	Proyecto "W"	Proyecto "Z"	Proyecto "W"	Proyecto "Z"
1	$ 20.000	$ 1.000	$ 18.519	$ 926	$ 17.857	$ 893
2	$ 20.000	$ 1.000	$ 17.147	$ 857	$ 15.944	$ 797
3	$ 20.000	$ 1.000	$ 15.877	$ 794	$ 14.236	$ 712
4	$ 20.000	$ 1.000	$ 14.701	$ 735	$ 12.710	$ 636
5	$ 20.000	$ 1.000	$ 13.612	$ 681	$ 11.349	$ 567
6	$ 1.000	$ 32.000	$ 630	$ 20.165	$ 507	$ 16.212
7	$ 1.000	$ 32.000	$ 583	$ 18.672	$ 452	$ 14.475
8	$ 1.000	$ 32.000	$ 540	$ 17.289	$ 404	$ 12.924
9	$ 1.000	$ 32.000	$ 500	$ 16.008	$ 361	$ 11.540
10	$ 1.000	$ 32.000	$ 463	$ 14.822	$ 322	$ 10.303
Total			$ 82.572	$ 90.949	$ 74.141	$ 69.059

¡Qué problema!, ¿no?

En este ejemplo un poco extremo, usted habría elegido el proyecto "Z" y su principal competidor habría optado por el "W". ¿Quién tendrá la razón?

Más allá de esta pregunta, que nos declaramos incapaces de responder "en el aire", vale el ejemplo para clarificar la importancia de la elección de una tasa adecuada para practicar los descuentos de los flujos, a efectos de tomar decisiones apropiadas.

Sin embargo, podemos darle alguna pista: la tasa a seleccionar debe ser una tasa marginal tal que permita mantener, o incluso incrementar, el promedio general de rentabilidad de la empresa.

En este sentido la rentabilidad actual de la empresa es una base posible de comparación.

¿Cómo calcular esa rentabilidad? Ya hablaremos de ello con mayor profundidad más adelante.

Lo que sí podemos anticipar es que la decisión de la tasa a utilizar por la empresa puede estar referida al retorno sobre el capital total, al retorno sobre el patrimonio neto, al de la rentabilidad de las acciones de la empresa o, incluso, al costo de la financiación que consiga.

Una segunda opción es referir la tasa de corte al promedio de rentabilidad de la industria de la que la empresa forma parte.

Esta posibilidad elimina las distorsiones que la propia empresa puede presentar respecto de sus competidores y establece un retorno aceptable para el conjunto de las industrias del medio.

Esta tasa así calculada es menos discrecional que la mencionada en primer lugar, y permite competir sobre una base común con el resto de los jugadores del mercado.

La tercera base posible de fijación de la tasa de corte es también un promedio de rentabilidades, pero no ya de la propia industria, sino del conjunto de la economía en la que la empresa se desenvuelve. Dada su generalidad y amplitud, esta tasa se vuelve menos recomendable que la anterior. De todos modos, cualquiera de las dos últimas representa una especie de *benchmarking* referido al campo de los análisis de proyectos.

Otra cuestión distinta, pero no menos importante respecto de la tasa de retorno, es que la propia mecánica de la herramienta de análisis de proyecto contiene un *error* en sí misma.

¿En qué consiste este error? En que el sistema presupone que los flujos de fondos positivos que se generan a lo largo del proyecto son reinvertidos en el mismo a la tasa de retorno implícita en él, lo que no es necesariamente cierto, ya que las opciones de inversión suelen ser múltiples y diversas.

Un pequeño ejemplo aclarará lo que estamos diciendo: si la tasa elegida para descontar los flujos fuera la correspondiente a las tasas bancarias vigentes, deberíamos preguntarnos cuál es esa tasa, ¿la activa o la pasiva?

A todos los efectos es claro que existe una diferencia (*spread*) entre las tasas que paga el banco para obtener fondos y los que cobra para prestarlos.

De este modo, no resulta lo mismo colocar los flujos positivos excedentes a una tasa de financiación que a una de ahorro. Se entiende, ¿verdad?

Debido a ello es que en los últimos tiempos se han desarrollado herramientas de análisis complementarias que permiten calcular los descuentos de flujos a más de una tasa por vez.

Sin embargo, a los efectos prácticos, la consideración de una única tasa de retorno es suficientemente adecuada para llevar a cabo el análisis del proyecto.

Con lo dicho hasta aquí creemos haber agregado bastante confusión a su ya menguada (por culpa nuestra) capacidad de absorción de información. Debido a ello, y como una manera de brindarle un merecido descanso, al encarar el ejercicio práctico lo haremos en conjunto, en lugar de hacerlo trabajar a usted primero, como hasta ahora.

Así que, ¡enchúfese y síganos!

4.4. Aplicación práctica

Vamos a partir del supuesto de que usted tiene una empresa que posee una tasa de rendimiento de 10% anual sobre el capital invertido.

Esa rentabilidad le parece bastante buena y desea considerarla como el mínimo que aceptaría en cualquier negocio adicional que quisiera emprender. Por otra parte, usted ha definido que los negocios marginales deben tener retorno dentro de un plazo máximo de cinco años, por lo que todo estudio de factibilidad se hará en los límites de ese período.

Un día cualquiera alguien le propone encarar juntos un negocio que requiere una inversión aproximada de $ 70.000 entre ambos, con el propósito de adquirir un equipamiento importado con el cual producir y vender un producto único en su género en el país.

También se requiere otro equipamiento nacional, pero es posible conseguirlo con un *leasing* (alquiler con opción a compra), por lo que no resulta necesario prever una inversión extra por este concepto.

El negocio, en principio, presenta unas muy interesantes perspectivas de rendimiento económico. Usted le pide a su amigo mayores precisiones, y él le acerca la información siguiente:

CUADRO 1: INVERSIÓN A REALIZAR

	Maquinaria importada	Complementos importados	Equipamiento nacional
Valor CIF Buenos Aires	$ 30.000	$ 10.000	$ 60.000, IVA incluido
Condición de pago	Contado anticipado	Contado anticipado	*Leasing* a 60 meses, con 30% de interés directo por todo el período. Cuota pagadera por mes anticipado
Entrega	A los 60 días de abonada	A los 60 días de abonada	Inmediata
Recargos de importación	10% sobre CIF	10% sobre CIF	
Tasa de estadística	3 % sobre CIF	3 % sobre CIF	
IVA	21 % sobre CIF	31,5 % sobre CIF	
Honorarios y gastos	$ 420	$ 200	
Otros	No requiere tiempo ni gastos de instalación		Instalación dentro del mes de abonada la primera cuota

Lo primero que usted decide es establecer el costo efectivo de la inversión a realizar, considerando los costos y gastos necesarios para nacionalizar los elementos importados, para lo cual desarrolla el siguiente cálculo:

CUADRO 2: COSTO DE LA INVERSIÓN NACIONALIZADA

		Maquinaria importada	Complementos importados	Total
Valor CIF Buenos Aires	Mes 0	$ 30.000	$ 10.000	$ 40.000
Recargos de importación	60 días	$ 3.000	$ 1.000	$ 4.000
Tasa de estadística	60 días	$ 900	$ 300	$ 1.200
IVA	60 días	$ 6.300	$ 3.150	$ 9.450
Subtotal		$ 40.200	$ 14.450	$ 54.650
Honorarios y gastos	60 días	$ 420	$ 200	$ 620
Total inversión		$ 40.620	$ 14.650	$ 55.270
Total gastos sin IVA		$ 4.320	$ 1.500	$ 5.820
Total gastos nacionalización		$ 10.620	$ 4.650	$ 15.270

Ha logrado establecer el costo total de la maquinaria importada, y al mismo tiempo definir **cuándo** debería realizar las respectivas erogaciones (pagos).

Como se desprende del cuadro, el primer pago se realiza en un "período 0", que equivale al punto de partida del análisis de evaluación del negocio, según veremos más adelante. El resto de los pagos por gastos de nacionalización de los equipos y complementos importados se realiza a los 60 días de dicho "período 0", o sea en el período 2.

Ahora usted determina el costo de la maquinaria nacional, estableciendo la cuota mensual a abonar en concepto de leasing y desagregando el IVA para posteriores cálculos.

Para ello aplica la siguiente fórmula:

$$\frac{\text{Costo total de la maquinaria} \times (1 + \text{tasa de interés})}{60 \text{ meses}}$$

$$\frac{\$60.000 \times 1,30}{60} = \frac{\$78.000}{60} = \$1.300 \text{ por mes}$$

Por otra parte determina el IVA contenido en la cuota mediante el siguiente cálculo:

$$\text{Cuota de leasing} - \frac{\text{Cuota leasing}}{1,21} = \$1.300 - \frac{\$1.300}{1,21} = \$1.300 - \$1.074 = \$226$$

Ahora puede entonces armar el cronograma de pago de las cuotas de alquiler e IVA, conforme se expone en la siguiente tabla.

Como veremos, para simplificar se muestra la desagregación del alquiler y el IVA sólo para el primer año, y luego la cuota total para los años siguientes.

CUADRO 3: CUOTA MENSUAL ALQUILER DE LA MAQUINARIA LOCAL							
	Año 1			Año 2	Año 3	Año 4	Año 5
Período	Cuota	IVA	Total	Total	Total	Total	Total
1	$ 1.074	$ 226	$ 1.300	$ 1.300	$ 1.300	$ 1.300	$ 1.300
2	$ 1.074	$ 226	$ 1.300	$ 1.300	$ 1.300	$ 1.300	$ 1.300
3	$ 1.074	$ 226	$ 1.300	$ 1.300	$ 1.300	$ 1.300	$ 1.300
4	$ 1.074	$ 226	$ 1.300	$ 1.300	$ 1.300	$ 1.300	$ 1.300
5	$ 1.074	$ 226	$ 1.300	$ 1.300	$ 1.300	$ 1.300	$ 1.300
6	$ 1.074	$ 226	$ 1.300	$ 1.300	$ 1.300	$ 1.300	$ 1.300
7	$ 1.074	$ 226	$ 1.300	$ 1.300	$ 1.300	$ 1.300	$ 1.300
8	$ 1.074	$ 226	$ 1.300	$ 1.300	$ 1.300	$ 1.300	$ 1.300
9	$ 1.074	$ 226	$ 1.300	$ 1.300	$ 1.300	$ 1.300	$ 1.300
10	$ 1.074	$ 226	$ 1.300	$ 1.300	$ 1.300	$ 1.300	$ 1.300
11	$ 1.074	$ 226	$ 1.300	$ 1.300	$ 1.300	$ 1.300	$ 1.300
12	$ 1.074	$ 226	$ 1.300	$ 1.300	$ 1.300	$ 1.300	$ 1.300
Total	$ 12.888	$ 2.712	$ 15.600	$ 15.600	$ 15.600	$ 15.600	$ 15.600
Total acumulado				$ 15.600	$ 31.200	$ 46.800	$ 62.400	$ 78.000

Otro dato que le interesa conocer es el plazo y el valor de las amortizaciones de los equipamientos.

El equipamiento nacional, al ser un leasing, no tiene amortizaciones ya que la cuota se comporta como un alquiler mensual y se refleja directamente en el estado de resultados.

El equipamiento importado, en cambio, es amortizado en el lapso de la vida útil del proyecto, sobre la base del valor total abonado, incluyendo los costos de nacionalización, **pero sin considerar el IVA**.

Para encontrar el valor correspondiente hay que mirar el Cuadro 2, donde se han establecido los montos de la inversión sin IVA.

Hecho el cálculo, quedan determinadas las siguientes amortizaciones mensuales:

	Maquinaria importada	Complementos importados	Total inversión
CUADRO 4: CÁLCULO DE LAS AMORTIZACIONES			
Valor total	$ 34.320	$ 11.500	$ 45.820
Período de amortización			58 meses
Amortización mensual			$ 790

Una vez determinados los valores anteriores, a usted se le ocurre preguntar si las máquinas compradas necesitarán mantenimiento.

Su amigo le informa que el equipamiento nacional, al ser un leasing, incluye en la cuota un cargo de mantenimiento.

Con relación al equipamiento importado, el mantenimiento es mínimo durante los cinco primeros años y su costo está contemplado dentro del cálculo de los costos de mano de obra de los productos a fabricar y vender.

Entonces le pide a su amigo el detalle de los precios y costos de ventas de los productos, obteniendo la siguiente información:

- precio de venta unitario: $ 120
- plazo de cobranza: 60 días
- costo de ventas: $ 60, que incluye los siguientes conceptos:
- sueldos: $ 30
- cargas sociales: $ 15
- otros costos sujetos a IVA: $ 15
- plazo de pago a proveedores: 30 días
- no hay inventarios a mantener
- tasa de ingresos brutos: 3 % sobre ventas
- tasa de impuesto a las ganancias: 33 %.

Además le informa que las cifras estimadas de ventas en unidades son las que se presentan en la tabla siguiente:

CUADRO 5: VENTAS MENSUALES Y ANUALES EN UNIDADES					
Mes	Año 1	Año 2	Año 3	Año 4	Año 5
1		70	80	100	110
2		70	80	100	110
3		70	80	100	110
4		70	80	100	110
5		70	80	100	110
6		70	80	100	110
7	40	80	100	110	120
8	40	80	100	110	120
9	40	80	100	110	120
10	60	80	100	110	120
11	60	80	100	110	120
12	60	80	100	110	120
Total	300	900	1.080	1.260	1.380
Acum.	300	1.200	2.280	3.540	4.920

Ahora está en condiciones de calcular las cifras de ventas, costos y resultados para cada uno de los niveles de unidades establecidos en el cuadro anterior.

Así, llega a confeccionar esta tabla.

CUADRO 6: VENTAS Y COSTOS POR NIVELES DE OPERACIÓN							
Unid.	Venta	Ing. Btos.	Sueldos	Cargas	Otros	Total Costo	Resultado Bruto
	$ 120	3 % s/Vta.	($ 30)	($ 15)	($ 15)		
40	$ 4.800	($ 144)	($ 1.200)	($ 600)	($ 600)	($ 2.544)	$ 2.256
60	$ 7.200	($ 216)	($ 1.800)	($ 900)	($ 900)	($ 3.816)	$ 3.384
70	$ 8.400	($ 252)	($ 2.100)	($ 1.050)	($ 1.050)	($ 4.452)	$ 3.948
80	$ 9.600	($ 288)	($ 2.400)	($ 1.200)	($ 1.200)	($ 5.088)	$ 4.512
100	$ 12.000	($ 360)	($ 3.000)	($ 1.500)	($ 1.500)	($ 6.360)	$ 5.640
110	$ 13.200	($ 396)	($ 3.300)	($ 1.650)	($ 1.650)	($ 6.996)	$ 6.204
120	$ 14.400	($ 432)	($ 3.600)	($ 1.800)	($ 1.800)	($ 7.632)	$ 6.768

Si aplica estos datos a la tabla de volumen de ventas por mes, obtendrá:

	CUADRO 7: CUADRO DE RESULTADOS RESUMIDO DE LA OPERACIÓN									
	Año 1		Año 2		Año 3		Año 4		Año 5	
M	Ingresos	Egresos	Ingresos	Egresos	Ingresos	Egresos	Ingresos	Egresos	Ingresos	Egresos
1			$ 8.400	($ 4.452)	$ 9.600	($ 5.088)	$ 12.000	($ 6.360)	$ 13.200	($ 6.996)
2			$ 8.400	($ 4.452)	$ 9.600	($ 5.088)	$ 12.000	($ 6.360)	$ 13.200	($ 6.996)
3			$ 8.400	($ 4.452)	$ 9.600	($ 5.088)	$ 12.000	($ 6.360)	$ 13.200	($ 6.996)
4			$ 8.400	($ 4.452)	$ 9.600	($ 5.088)	$ 12.000	($ 6.360)	$ 13.200	($ 6.996)
5			$ 8.400	($ 4.452)	$ 9.600	($ 5.088)	$ 12.000	($ 6.360)	$ 13.200	($ 6.996)
6			$ 8.400	($ 4.452)	$ 9.600	($ 5.088)	$ 12.000	($ 6.360)	$ 13.200	($ 6.996)
7	$ 4.800	($ 2.544)	$ 9.600	($ 5.088)	$ 12.000	($ 6.360)	$ 13.200	($ 6.996)	$ 14.400	($ 7.632)
8	$ 4.800	($ 2.544)	$ 9.600	($ 5.088)	$ 12.000	($ 6.360)	$ 13.200	($ 6.996)	$ 14.400	($ 7.632)
9	$ 4.800	($ 2.544)	$ 9.600	($ 5.088)	$ 12.000	($ 6.360)	$ 13.200	($ 6.996)	$ 14.400	($ 7.632)
10	$ 7.200	($ 3.816)	$ 9.600	($ 5.088)	$ 12.000	($ 6.360)	$ 13.200	($ 6.996)	$ 14.400	($ 7.632)
11	$ 7.200	($ 3.816)	$ 9.600	($ 5.088)	$ 12.000	($ 6.360)	$ 13.200	($ 6.996)	$ 14.400	($ 7.632)
12	$ 7.200	($ 3.816)	$ 9.600	($ 5.088)	$ 12.000	($ 6.360)	$ 13.200	($ 6.996)	$ 14.400	($ 7.632)
T	$ 36.000	($ 19.080)	$ 108.000	($ 57.240)	$ 129.600	($ 68.688)	$ 151.200	($ 80.136)	$ 165.600	($ 87.768)
Ac	$ 36.000	($ 19.080)	$ 144.000	($ 76.320)	$ 273.600	($ 145.008)	$ 424.800	($ 225.144)	$ 590.400	($ 312.912)

Usted sabe que el anterior es un **cuadro económico**: esto es, que se rige por el criterio de lo devengado y por lo tanto no tiene en cuenta los plazos de cobranza y de pago de cada uno de sus elementos.

Para convertirlo en un **cuadro financiero** usted recurre a los datos proporcionados por su amigo con relación a cómo se cobran las ventas y cómo se pagan los insumos, y ve que las condiciones son:

- cobranzas: 60 días
- pagos: 30 días.

Reúne todo para confeccionar el cuadro 8 (ver página siguiente).

En el enfoque financiero los ingresos y egresos difieren del económico por el hecho de tener un distinto manejo de la caja (*cashflow*), excepto al final.

Efectivamente, al comparar las cifras acumuladas de cobranzas y pagos de este cuadro al fin del quinto año con las respectivas cifras acumuladas de ingresos y egresos a la misma época del cuadro anterior, vemos que las mismas son iguales, lo que nos da la certeza de que nuestra conversión del estado económico en financiero fue hecha sin haber omitido ningún elemento.

En este último cuadro, como hemos dicho, la venta se cobra a los 60 días de realizada y la totalidad de los costos (ingresos brutos, sueldos, cargas sociales y otros) se pagan a los 30 días de incurridos.

Para simplificar la tabla de cálculo y no agregar meses, hemos supuesto que las cobranzas de los meses 11 y 12 y los pagos del mes 12 del año 5 se hacen todos juntos en el último mes.

CUADRO 8: INGRESOS Y EGRESOS FINANCIEROS ("CASHFLOW")										
	Año 1		Año 2		Año 3		Año 4		Año 5	
M	Cobranza	Pagos	Cobranza	Pagos	Cobranza	Pagos	Cobranza	Pagos	Cobranza	Pagos
1			$ 7.200	($ 3.816)	$ 9.600	($ 5.088)	$ 12.000	($ 6.360)	$ 13.200	($ 6.996)
2			$ 7.200	($ 4.452)	$ 9.600	($ 5.088)	$ 12.000	($ 6.360)	$ 13.200	($ 6.996)
3			$ 8.400	($ 4.452)	$ 9.600	($ 5.088)	$ 12.000	($ 6.360)	$ 13.200	($ 6.996)
4			$ 8.400	($ 4.452)	$ 9.600	($ 5.088)	$ 12.000	($ 6.360)	$ 13.200	($ 6.996)
5			$ 8.400	($ 4.452)	$ 9.600	($ 5.088)	$ 12.000	($ 6.360)	$ 13.200	($ 6.996)
6			$ 8.400	($ 4.452)	$ 9.600	($ 5.088)	$ 12.000	($ 6.360)	$ 13.200	($ 6.996)
7			$ 8.400	($ 4.452)	$ 9.600	($ 5.088)	$ 12.000	($ 6.360)	$ 13.200	($ 6.996)
8		($ 2.544)	$ 8.400	($ 5.088)	$ 9.600	($ 6.360)	$ 12.000	($ 6.996)	$ 13.200	($ 7.632)
9	$ 4.800	($ 2.544)	$ 9.600	($ 5.088)	$ 12.000	($ 6.360)	$ 13.200	($ 6.996)	$ 14.400	($ 7.632)
10	$ 4.800	($ 2.544)	$ 9.600	($ 5.088)	$ 12.000	($ 6.360)	$ 13.200	($ 6.996)	$ 14.400	($ 7.632)
11	$ 4.800	($ 3.816)	$ 9.600	($ 5.088)	$ 12.000	($ 6.360)	$ 13.200	($ 6.996)	$ 14.400	($ 7.632)
12	$ 7.200	($ 3.816)	$ 9.600	($ 5.088)	$ 12.000	($ 6.360)	$ 13.200	($ 6.996)	$ 43.200	($ 15.264)
T	$ 21.600	($ 15.264)	$ 103.200	($ 55.968)	$ 124.800	($ 67.416)	$ 148.800	($ 79.500)	$ 192.000	($ 94.764)
Ac	$ 21.600	($ 15.264)	$ 124.800	($ 71.232)	$ 249.600	($ 138.648)	$ 398.400	($ 218.418)	$ 590.400	($ 312.912)

Parecería que hubiéramos llegado al final.

Pero, hablando con su contador, usted se da cuenta de que, por un lado, no ha considerado las cuotas del leasing en su cuadro financiero, y que además aún le quedan algunos otros datos pendientes: entre otras cosas, todavía desconoce el balance fiscal del IVA total del proyecto, que comprende tanto el IVA de la inversión como el correspondiente a la operación, y la incidencia del impuesto a las ganancias en los ingresos de la operación.

En primera instancia calcula este último, según se expresa en el Cuadro 9. Para armarlo, parte del resultado bruto de la operación que surge de restar mes a mes las columnas de ingresos y egresos del Cuadro 7, y ajusta dichos resultados brutos con la cuota de leasing del Cuadro 3, con las amortizaciones calculadas en el Cuadro 4 y aplicando la tasa del impuesto a las ganancias que figura en los datos del ejercicio.

Así llega a determinar los valores que muestra el Cuadro 9a.

Como usted sabrá, el impuesto determinado al fin del año 1 debe ser abonado a la AFIP alrededor del mes 5 del año 2 (asumiendo que los meses considerados en el análisis de inversión se corresponden con los meses calendario).

Asimismo, una vez determinado un impuesto a abonar, es necesario calcular los anticipos a pagar durante el año siguiente, dividiendo el total del impuesto determinado para el año en curso por once.

Como en nuestro ejemplo hubo pérdida en el primer año, no hay pago ni anticipos para el año siguiente, y en cambio queda un saldo a favor de $ 1.276 (Cuadro 9b).

CUADRO 9a: IMPUESTO A LAS GANANCIAS - Año 1										
M	Resultado bruto	Cuota del leasing	Amortiz.	Resultado neto	Impuesto ganancias	Resultado final	Impuesto acumul.	Anticipo mensual	Saldo a pagar	Impuesto pagado
1		($ 1.074)		($ 1.074)	$ 354	($ 720)	$ 354			
2		($ 1.074)		($ 1.074)	$ 354	($ 720)	$ 709			
3		($ 1.074)	($ 790)	($ 1.864)	$ 615	($ 1.249)	$ 1.324			
4		($ 1.074)	($ 790)	($ 1.864)	$ 615	($ 1.249)	$ 1.939			
5		($ 1.074)	($ 790)	($ 1.864)	$ 615	($ 1.249)	$ 2.554			
6		($ 1.074)	($ 790)	($ 1.864)	$ 615	($ 1.249)	$ 3.169			
7	$ 2.256	($ 1.074)	($ 790)	$ 392	($ 129)	$ 263	$ 3.040			
8	$ 2.256	($ 1.074)	($ 790)	$ 392	($ 129)	$ 263	$ 2.911			
9	$ 2.256	($ 1.074)	($ 790)	$ 392	($ 129)	$ 263	$ 2.781			
10	$ 3.384	($ 1.074)	($ 790)	$ 1.520	($ 502)	$ 1.018	$ 2.280			
11	$ 3.384	($ 1.074)	($ 790)	$ 1.520	($ 502)	$ 1.018	$ 1.778			
12	$ 3.384	($ 1.074)	($ 790)	$ 1.520	($ 502)	$ 1.018	$ 1.276			
T	$ 16.920	($ 12.888)	($ 7.900)	($ 3.868)	$ 1.276	($ 2.592)	$1.276			
Ac	$ 16.920	($ 12.888)	($ 7.900)	($ 3.868)	$ 1.276	($ 2.592)	$1.276			

CUADRO 9b: IMPUESTO A LAS GANANCIAS - Año 2										
M	Resultado bruto	Cuota del leasing	Amortiz.	Resultado neto	Impuesto ganancias	Resultado final	Impuesto acumul.	Anticipo mensual	Saldo a pagar	Impuesto pagado
0							$ 1.276			
1	$ 3.948	($ 1.074)	($ 790)	$ 2.084	($ 688)	$ 1.396	$ 589			
2	$ 3.948	($ 1.074)	($ 790)	$ 2.084	($ 688)	$ 1.396	($ 99)			
3	$ 3.948	($ 1.074)	($ 790)	$ 2.084	($ 688)	$ 1.396	($ 787)			
4	$ 3.948	($ 1.074)	($ 790)	$ 2.084	($ 688)	$ 1.396	($ 1.474)			
5	$ 3.948	($ 1.074)	($ 790)	$ 2.084	($ 688)	$ 1.396	($ 2.162)			
6	$ 3.948	($ 1.074)	($ 790)	$ 2.084	($ 688)	$ 1.396	($ 2.850)			
7	$ 4.512	($ 1.074)	($ 790)	$ 2.648	($ 874)	$ 1.774	($ 3.724)			
8	$ 4.512	($ 1.074)	($ 790)	$ 2.648	($ 874)	$ 1.774	($ 4.598)			
9	$ 4.512	($ 1.074)	($ 790)	$ 2.648	($ 874)	$ 1.774	($ 5.471)			
10	$ 4.512	($ 1.074)	($ 790)	$ 2.648	($ 874)	$ 1.774	($ 6.345)			
11	$ 4.512	($ 1.074)	($ 790)	$ 2.648	($ 874)	$ 1.774	($ 7.219)			
12	$ 4.512	($ 1.074)	($ 790)	$ 2.648	($ 874)	$ 1.774	($ 8.093)			
T	$ 50.760	($ 12.888)	($ 9.480)	$ 28.392	($ 9.369)	$ 19.023	($ 8.093)		($ 8.093)	
Ac	$ 67.680	($ 25.776)	($ 17.380)	$ 24.524	($ 8.093)	$ 16.431	($ 8.093)	($ 736)		

En el año 2 se ha determinado un impuesto a pagar de $ 8.093, que será abonado en el mes 5 del año 3, que a su vez ha determinado un anticipo de $ 736 para los once meses posteriores a dicho mes (ver Cuadro 9c).

CUADRO 9c: IMPUESTO A LAS GANANCIAS - Año 3									
M	Resultado bruto	Cuota del leasing	Amortiz.	Resultado neto	Impuesto ganancias	Resultado final	Impuesto acumul.	Anticipo mensual	Saldo a pagar	Impuesto pagado
0									($8.093)	
1	$ 4.512	($ 1.074)	($ 790)	$ 2.648	($ 874)	$ 1.774	($ 874)			
2	$ 4.512	($ 1.074)	($ 790)	$ 2.648	($ 874)	$ 1.774	($ 1.748)			
3	$ 4.512	($ 1.074)	($ 790)	$ 2.648	($ 874)	$ 1.774	($ 2.622)			
4	$ 4.512	($ 1.074)	($ 790)	$ 2.648	($ 874)	$ 1.774	($ 3.495)			
5	$ 4.512	($ 1.074)	($ 790)	$ 2.648	($ 874)	$ 1.774	($ 4.369)		($ 0)	($8.093)
6	$ 4.512	($ 1.074)	($ 790)	$ 2.648	($ 874)	$ 1.774	($ 5.243)	($ 736)		($ 736)
7	$ 5.640	($ 1.074)	($ 790)	$ 3.776	($ 1.246)	$ 2.530	($ 6.489)	($ 736)		($ 736)
8	$ 5.640	($ 1.074)	($ 790)	$ 3.776	($ 1.246)	$ 2.530	($ 7.735)	($ 736)		($ 736)
9	$ 5.640	($ 1.074)	($ 790)	$ 3.776	($ 1.246)	$ 2.530	($ 8.981)	($ 736)		($ 736)
10	$ 5.640	($ 1.074)	($ 790)	$ 3.776	($ 1.246)	$ 2.530	($ 10.227)	($ 736)		($ 736)
11	$ 5.640	($ 1.074)	($ 790)	$ 3.776	($ 1.246)	$ 2.530	($ 11.473)	($ 736)		($ 736)
12	$ 5.640	($ 1.074)	($ 790)	$ 3.776	($ 1.246)	$ 2.530	($ 12.720)	($ 736)		($ 736)
T	$ 60.912	($ 12.888)	($ 9.480)	$ 38.544	($ 12.720)	$ 25.824	($ 12.720)	($ 5.152)	($ 7.568)	($ 13.245)
Ac	$ 128.592	($ 38.664)	($ 28.860)	$ 63.068	($ 20.813)	$ 42.255	($ 20.813)		($ 7.568)	($ 13.245)
					($ 1.156)					

Del Cuadro 9c surge claramente que el saldo del impuesto a pagar del segundo año se abona a la AFIP en el mes 5 y que de allí en más comienzan a pagarse anticipos mensuales. Al fin del año se determina el nuevo impuesto y los nuevos anticipos, que comenzarán a regir a partir del mes 6 del año siguiente. En las últimas tres columnas se lleva la cuenta de la deuda impositiva vigente en cada momento.

Continuamos ahora trabajando de la misma manera con el año 4 (Cuadro 9d).

Calculamos, por último, el impuesto a las ganancias para el año 5 (Cuadro 9e).

Como verá, a efectos de no agregar un año más a las tablas, hemos considerado que el saldo del impuesto a las ganancias se abona totalmente en el mes 12 del año 5.

Pero su contador no lo deja descansar, porque todavía está pendiente el cálculo del IVA, que tiene también sus complejidades, como veremos de inmediato.

Ya habíamos determinado el IVA de la inversión (Cuadro 2) y el correspondiente a las cuotas del leasing (Cuadro 3).

Para completar el estudio, en el Cuadro 10 vamos a estimar el IVA de la operación.

El IVA débitos surge de aplicar la tasa del impuesto (21%) sobre los valores de la columna de ingresos del Cuadro de resultados resumido (Cuadro 7). A su vez, el IVA créditos se calcula aplicando la tasa a la columna "Otros" del Cuadro de ventas y costos por niveles de operación (Cuadro 6) y llevándolo a la contabilidad mensual, según se ve en el Cuadro 11.

CUADRO 9d: IMPUESTO A LAS GANANCIAS - Año 4

M	Resultado bruto	Cuota del leasing	Amortiz.	Resultado neto	Impuesto ganancias	Resultado final	Impuesto acumul.	Anticipo mensual	Saldo a pagar	Impuesto pagado
0									($ 7.568)	
1	$ 5.640	($ 1.074)	($ 790)	$ 3.776	($ 1.246)	$ 2.530	($ 1.246)	($ 736)		($ 736)
2	$ 5.640	($ 1.074)	($ 790)	$ 3.776	($ 1.246)	$ 2.530	($ 2.492)	($ 736)		($ 736)
3	$ 5.640	($ 1.074)	($ 790)	$ 3.776	($ 1.246)	$ 2.530	($ 3.738)	($ 736)		($ 736)
4	$ 5.640	($ 1.074)	($ 790)	$ 3.776	($ 1.246)	$ 2.530	($ 4.984)	($ 736)	($ 4.624)	($ 736)
5	$ 5.640	($ 1.074)	($ 790)	$ 3.776	($ 1.246)	$ 2.530	($ 6.230)		($ 0)	($ 4.624)
6	$ 5.640	($ 1.074)	($ 790)	$ 3.776	($ 1.246)	$ 2.530	($ 7.476)	($ 1.156)		($ 1.156)
7	$ 6.204	($ 1.074)	($ 790)	$ 4.340	($ 1.432)	$ 2.908	($ 8.909)	($ 1.156)		($ 1.156)
8	$ 6.204	($ 1.074)	($ 790)	$ 4.340	($ 1.432)	$ 2.908	($ 10.341)	($ 1.156)		($ 1.156)
9	$ 6.204	($ 1.074)	($ 790)	$ 4.340	($ 1.432)	$ 2.908	($ 11.773)	($ 1.156)		($ 1.156)
10	$ 6.204	($ 1.074)	($ 790)	$ 4.340	($ 1.432)	$ 2.908	($ 13.205)	($ 1.156)		($ 1.156)
11	$ 6.204	($ 1.074)	($ 790)	$ 4.340	($ 1.432)	$ 2.908	($ 14.637)	($ 1.156)		($ 1.156)
12	$ 6.204	($ 1.074)	($ 790)	$ 4.340	($ 1.432)	$ 2.908	($ 16.070)	($ 1.156)		($ 1.156)
T	$ 71.064	($ 12.888)	($ 9.480)	$ 48.696	($ 16.070)	$ 32.626	($ 16.070)	($ 8.092)	($ 7.978)	($ 15.660)
Ac	$199.656	($51.552)	($38.340)	$111.764	($36.883)	$ 74.881	($ 36.883)		($ 7.978)	($ 28.905)
								($ 1.461)		

CUADRO 9e: IMPUESTO A LAS GANANCIAS - Año 5

M	Resultado bruto	Cuota del leasing	Amortiz.	Resultado neto	Impuesto ganancias	Resultado final	Impuesto acumul.	Anticipo mensual	Saldo a pagar	Impuesto pagado
0									($ 7.978)	
1	$ 6.204	($ 1.074)	($ 790)	$ 4.340	($ 1.432)	$ 2.908	($ 1.432)	($ 1.156)		($ 1.156)
2	$ 6.204	($ 1.074)	($ 790)	$ 4.340	($ 1.432)	$ 2.908	($ 2.864)	($ 1.156)		($ 1.156)
3	$ 6.204	($ 1.074)	($ 790)	$ 4.340	($ 1.432)	$ 2.908	($ 4.297)	($ 1.156)		($ 1.156)
4	$ 6.204	($ 1.074)	($ 790)	$ 4.340	($ 1.432)	$ 2.908	($ 5.729)	($ 1.156)	($ 3.354)	($ 1.156)
5	$ 6.204	($ 1.074)	($ 790)	$ 4.340	($ 1.432)	$ 2.908	($ 7.161)		($ 0)	($ 3.354)
6	$ 6.204	($ 1.074)	($ 790)	$ 4.340	($ 1.432)	$ 2.908	($ 8.593)	($ 1.461)		($ 1.461)
7	$ 6.768	($ 1.074)	($ 790)	$ 4.904	($ 1.618)	$ 3.286	($ 10.212)	($ 1.461)		($ 1.461)
8	$ 6.768	($ 1.074)	($ 790)	$ 4.904	($ 1.618)	$ 3.286	($ 11.830)	($ 1.461)		($ 1.461)
9	$ 6.768	($ 1.074)	($ 790)	$ 4.904	($ 1.618)	$ 3.286	($ 13.448)	($ 1.461)		($ 1.461)
10	$ 6.768	($ 1.074)	($ 790)	$ 4.904	($ 1.618)	$ 3.286	($ 15.066)	($ 1.461)		($ 1.461)
11	$ 6.768	($ 1.074)	($ 790)	$ 4.904	($ 1.618)	$ 3.286	($ 16.685)	($ 1.461)		($ 1.461)
12	$ 6.768	($ 1.074)	($ 790)	$ 4.904	($ 1.618)	$ 3.286	($ 18.303)	($ 9.537)		($ 9.537)
T	$ 77.832	($ 12.888)	($ 9.480)	$ 55.464	($ 18.303)	$ 37.161	($ 18.303)	($ 18.303)	($ 0)	($ 26.281)
Ac	$ 277.488	($ 64.440)	($ 47.820)	$ 167.228	($ 55.186)	$ 112.042	($ 55.186)		$ 0	($ 55.186)

CUADRO 10: IVA DE LA OPERACIÓN

Mes	Año 1 IVA débitos	Año 1 IVA créditos	Año 2 Iva débitos	Año 2 IVA créditos	Año 3 IVA débitos	Año 3 IVA créditos	Año 4 IVA débitos	Año 4 IVA créditos	Año 5 IVA débitos	Año 5 IVA créditos
1			$ 1.512	($ 189)	$ 2.016	($ 252)	$ 2.520	($ 315)	$ 2.772	($ 347)
2			$ 1.764	($ 221)	$ 2.016	($ 252)	$ 2.520	($ 315)	$ 2.772	($ 347)
3			$ 1.764	($ 221)	$ 2.016	($ 252)	$ 2.520	($ 315)	$ 2.772	($ 347)
4			$ 1.764	($ 221)	$ 2.016	($ 252)	$ 2.520	($ 315)	$ 2.772	($ 347)
5			$ 1.764	($ 221)	$ 2.016	($ 252)	$ 2.520	($ 315)	$ 2.772	($ 347)
6			$ 1.764	($ 221)	$ 2.016	($ 252)	$ 2.520	($ 315)	$ 2.772	($ 347)
7			$ 1.764	($ 221)	$ 2.016	($ 252)	$ 2.520	($ 315)	$ 2.772	($ 347)
8	$ 1.008	($ 126)	$ 2.016	($ 252)	$ 2.520	($ 315)	$ 2.772	($ 347)	$ 3.024	($ 378)
9	$ 1.008	($ 126)	$ 2.016	($ 252)	$ 2.520	($ 315)	$ 2.772	($ 347)	$ 3.024	($ 378)
10	$ 1.008	($ 126)	$ 2.016	($ 252)	$ 2.520	($ 315)	$ 2.772	($ 347)	$ 3.024	($ 378)
11	$ 1.512	($ 189)	$ 2.016	($ 252)	$ 2.520	($ 315)	$ 2.772	($ 347)	$ 3.024	($ 378)
12	$ 1.512	($ 189)	$ 2.016	($ 252)	$ 2.520	($ 315)	$ 2.772	($ 347)	$ 6.048	($ 756)
Total	$ 6.048	($ 756)	$ 22.176	($ 2.775)	$ 26.712	($ 3.339)	$ 31.500	($ 3.940)	$ 37.548	($ 4.697)

CUADRO 11: IVA CRÉDITO DE LA OPERACIÓN

Mes	Año 1 Otros costos	Año 1 IVA créditos	Año 2 Otros costos	Año 2 IVA créditos	Año 3 Otros costos	Año 3 IVA créditos	Año 4 Otros costos	Año 4 IVA créditos	Año 5 Otros costos	Año 5 IVA créditos
1			$ 900	($ 189)	$ 1.200	($ 252)	$ 1.500	($ 315)	$ 1.650	($ 347)
2			$ 1.050	($ 221)	$ 1.200	($ 252)	$ 1.500	($ 315)	$ 1.650	($ 347)
3			$ 1.050	($ 221)	$ 1.200	($ 252)	$ 1.500	($ 315)	$ 1.650	($ 347)
4			$ 1.050	($ 221)	$ 1.200	($ 252)	$ 1.500	($ 315)	$ 1.650	($ 347)
5			$ 1.050	($ 221)	$ 1.200	($ 252)	$ 1.500	($ 315)	$ 1.650	($ 347)
6			$ 1.050	($ 221)	$ 1.200	($ 252)	$ 1.500	($ 315)	$ 1.650	($ 347)
7			$ 1.050	($ 221)	$ 1.200	($ 252)	$ 1.500	($ 315)	$ 1.650	($ 347)
8	$ 600	($ 126)	$ 1.200	($ 252)	$ 1.500	($ 315)	$ 1.650	($ 347)	$ 1.800	($ 378)
9	$ 600	($ 126)	$ 1.200	($ 252)	$ 1.500	($ 315)	$ 1.650	($ 347)	$ 1.800	($ 378)
10	$ 600	($ 126)	$ 1.200	($ 252)	$ 1.500	($ 315)	$ 1.650	($ 347)	$ 1.800	($ 378)
11	$ 900	($ 189)	$ 1.200	($ 252)	$ 1.500	($ 315)	$ 1.650	($ 347)	$ 1.800	($ 378)
12	$ 900	($ 189)	$ 1.200	($ 252)	$ 1.500	($ 315)	$ 1.650	($ 347)	$ 3.600	($ 756)
Total	$ 3.600	($ 756)	$ 13.200	($ 2.775)	$ 15.900	($ 3.339)	$ 18.750	($ 3.940)	$ 22.350	($ 4.697)

Como puede notar, el IVA de la venta está anticipado un mes respecto de la cobranza, porque el devengamiento de la obligación impositiva se produce dentro del mes siguiente al de la venta, aunque la cobranza se produzca sólo a los 60 días.

Por otra parte, usted estimó el IVA que va a cobrar de sus clientes, pero ¿recuerda lo que le dijimos acerca de ser o no agente de retención y percepción según la legislación argentina? Efectivamente, si su cliente lo es y usted no, cuando le pague la factura le retendrá una porción del IVA y lo depositará por usted en la AFIP.

Supongamos que el porcentaje de retención es de un 50 %. En ese caso, usted tendría lo que señala el Cuadro 12.

	CUADRO 12: RETENCIONES DEL IVA DE LA OPERACIÓN									
	Año 1		Año 2		Año 3		Año 4		Año 5	
Mes	Cobrado	Retenido	Cobrado	Retenido	Cobrado	Retenido	Cobrado	Retenido	Cobrado	Retenido
1			$ 756	($ 756)	$ 1.008	($ 1.008)	$ 1.260	($ 1.260)	$ 1.386	($ 1.386)
2			$ 756	($ 756)	$ 1.008	($ 1.008)	$ 1.260	($ 1.260)	$ 1.386	($ 1.386)
3			$ 882	($ 882)	$ 1.008	($ 1.008)	$ 1.260	($ 1.260)	$ 1.386	($ 1.386)
4			$ 882	($ 882)	$ 1.008	($ 1.008)	$ 1.260	($ 1.260)	$ 1.386	($ 1.386)
5			$ 882	($ 882)	$ 1.008	($ 1.008)	$ 1.260	($ 1.260)	$ 1.386	($ 1.386)
6			$ 882	($ 882)	$ 1.008	($ 1.008)	$ 1.260	($ 1.260)	$ 1.386	($ 1.386)
7			$ 882	($ 882)	$ 1.008	($ 1.008)	$ 1.260	($ 1.260)	$ 1.386	($ 1.386)
8			$ 882	($ 882)	$ 1.008	($ 1.008)	$ 1.260	($ 1.260)	$ 1.386	($ 1.386)
9	$ 504	($ 504)	$ 1.008	($ 1.008)	$ 1.260	($ 1.260)	$ 1.386	($ 1.386)	$ 1.512	($ 1.512)
10	$ 504	($ 504)	$ 1.008	($ 1.008)	$ 1.260	($ 1.260)	$ 1.386	($ 1.386)	$ 1.512	($ 1.512)
11	$ 504	($ 504)	$ 1.008	($ 1.008)	$ 1.260	($ 1.260)	$ 1.386	($ 1.386)	$ 1.512	($ 1.512)
12	$ 756	($ 756)	$ 1.008	($ 1.008)	$ 1.260	($ 1.260)	$ 1.386	($ 1.386)	$ 4.536	($ 4.536)
Total	$ 2.268	($ 2.268)	$ 10.836	($ 10.836)	$ 13.104	($ 13.104)	$ 15.624	($ 15.624)	$ 20.160	($ 20.160)

Ahora, uniendo toda la información correspondiente a este impuesto contenida en los cuadros anteriores, podemos llevar a cabo el análisis final del IVA a pagar y del crédito fiscal que obtenemos por este concepto (ver Cuadro 13). El flujo neto representa el real movimiento de fondos que se produce al pagar a los proveedores y cobrar a los clientes. Las columnas de saldo a pagar y saldo acumulado, en cambio, representan la deuda a cancelar con la AFIP.

En la medida que los valores en esta última columna sean negativos, representan un crédito para la empresa y, por ende, no plantean una exigencia de pago al organismo de contralor.

La columna final de flujo de fondos muestra el desembolso total a realizar mes a mes en concepto de IVA, sea que se pague a la AFIP o se haya abonado a proveedores, neto de la cobranza a clientes.

CUADRO 13a: CÁLCULO DEL IVA TOTAL DEL PROYECTO - Año 1

Mes	Flujo de Fondos				Saldo IVA a pagar					Flujo neto de fondos
	IVA pagado	IVA del leasing	IVA cobrado	Flujo neto	IVA de ventas	IVA de compras	Retenc.	Saldo a pagar	Saldo acumul.	
1		($ 226)		($226)		($226)		($ 226)	($ 226)	($ 226)
2	($ 9.450)	($ 226)		($9.676)		($9.676)		($ 9.676)	($ 9.902)	($ 9.676)
3		($ 226)		($ 226)		($226)		($ 226)	($ 10.128)	($ 226)
4		($ 226)		($ 226)		($226)		($ 226)	($ 10.354)	($ 226)
5		($ 226)		($ 226)		($226)		($ 226)	($ 10.580)	($ 226)
6		($ 226)		($ 226)		($226)		($ 226)	($ 10.806)	($ 226)
7		($ 226)		($ 226)		($226)		($ 226)	($ 11.032)	($ 226)
8	($ 126)	($ 226)		($ 352)	$ 1.008	($352)		$ 656	($ 10.376)	($ 352)
9	($ 126)	($ 226)	$ 504	$ 152	$ 1.008	($352)	($ 504)	$ 152	($ 10.224)	$ 152
10	($ 126)	($ 226)	$ 504	$ 152	$ 1.008	($352)	($ 504)	$ 152	($ 10.072)	$ 152
11	($ 189)	($ 226)	$ 504	$ 89	$ 1.512	($ 415)	($ 504)	$ 593	($ 9.479)	$ 89
12	($ 189)	($ 226)	$ 756	$ 341	$ 1.512	($ 415)	($ 756)	$ 341	($ 9.138)	$ 341
Total	($ 10.206)	($ 2.707)	$ 2.268	($ 10.650)	$ 6.048	($ 12.918)	($ 2.268)	($ 9.138)		($ 10.650)

CUADRO 13b: CÁLCULO DEL IVA TOTAL DEL PROYECTO - Año 2

Mes	Flujo de Fondos				Saldo IVA a pagar					Flujo neto de fondos
	IVA pagado	IVA del leasing	IVA cobrado	Flujo neto	IVA de ventas	IVA de compras	Retenc.	Saldo a pagar	Saldo acumul.	
									($ 9.138)	
1	($ 189)	($ 226)	$ 756	$ 341	$ 1.512	($ 415)	($ 756)	$ 341	($ 8.797)	$ 341
2	($ 221)	($ 226)	$ 756	$ 309	$ 1.764	($ 447)	($ 756)	$ 561	($ 8.236)	$ 309
3	($ 221)	($ 226)	$ 882	$ 435	$ 1.764	($ 447)	($ 882)	$ 435	($ 7.801)	$ 435
4	($ 221)	($ 226)	$ 882	$ 435	$ 1.764	($ 447)	($ 882)	$ 435	($ 7.366)	$ 435
5	($ 221)	($ 226)	$ 882	$ 435	$ 1.764	($ 447)	($ 882)	$ 435	($ 6.931)	$ 435
6	($ 221)	($ 226)	$ 882	$ 435	$ 1.764	($ 447)	($ 882)	$ 435	($ 6.496)	$ 435
7	($ 221)	($ 226)	$ 882	$ 435	$ 1.764	($ 447)	($ 882)	$ 435	($ 6.061)	$ 435
8	($ 252)	($ 226)	$ 882	$ 404	$ 2.016	($ 478)	($ 882)	$ 656	($ 5.405)	$ 404
9	($ 252)	($ 226)	$ 1.008	$ 530	$ 2.016	($ 478)	($ 1.008)	$ 530	($ 4.875)	$ 530
10	($ 252)	($ 226)	$ 1.008	$ 530	$ 2.016	($ 478)	($ 1.008)	$ 530	($ 4.345)	$ 530
11	($ 252)	($ 226)	$ 1.008	$ 530	$ 2.016	($ 478)	($ 1.008)	$ 530	($ 3.815)	$ 530
12	($ 252)	($ 226)	$ 1.008	$ 530	$ 2.016	($ 478)	($ 1.008)	$ 530	($ 3.285)	$ 530
Total	($ 2.775)	($ 2.712)	$ 10.836	$ 5.349	$ 22.176	($5.487)	($ 10.836)	$ 5.853		$ 5.349

Como podemos apreciar, en el segundo año todavía persiste el saldo a favor de la empresa respecto de la AFIP.

	CUADRO 13c: CÁLCULO DEL IVA TOTAL DEL PROYECTO - Año 3									
	Flujo de Fondos				Saldo IVA a pagar					Flujo
Mes	IVA pagado	IVA del leasing	IVA cobrado	Flujo neto	IVA de ventas	IVA de compras	Retenc.	Saldo a pagar	Saldo acumul.	neto de fondos
									($ 3.285)	
1	($ 252)	($ 226)	$ 1.008	$ 530	$ 2.016	($ 478)	($ 1.008)	$ 530	($ 2.755)	$ 530
2	($ 252)	($ 226)	$ 1.008	$ 530	$ 2.016	($ 478)	($ 1.008)	$ 530	($ 2.225)	$ 530
3	($ 252)	($ 226)	$ 1.008	$ 530	$ 2.016	($ 478)	($ 1.008)	$ 530	($ 1.695)	$ 530
4	($ 252)	($ 226)	$ 1.008	$ 530	$ 2.016	($ 478)	($ 1.008)	$ 530	($ 1.165)	$ 530
5	($ 252)	($ 226)	$ 1.008	$ 530	$ 2.016	($ 478)	($ 1.008)	$ 530	($ 635)	$ 530
6	($ 252)	($ 226)	$ 1.008	$ 530	$ 2.016	($ 478)	($ 1.008)	$ 530	($ 105)	$ 530
7	($ 252)	($ 226)	$ 1.008	$ 530	$ 2.016	($ 478)	($ 1.008)	$ 530	$ 425	$ 105
8	($ 315)	($ 226)	$ 1.008	$ 467	$ 2.520	($ 541)	($ 1.008)	$ 971	$ 1.396	($ 504)
9	($ 315)	($ 226)	$ 1.260	$ 719	$ 2.520	($ 541)	($ 1.260)	$ 719	$ 2.115	$ 0
10	($ 315)	($ 226)	$ 1.260	$ 719	$ 2.520	($ 541)	($ 1.260)	$ 719	$ 2.834	$ 0
11	($ 315)	($ 226)	$ 1.260	$ 719	$ 2.520	($ 541)	($ 1.260)	$ 719	$ 3.553	$ 0
12	($ 315)	($ 226)	$ 1.260	$ 719	$ 2.520	($ 541)	($ 1.260)	$ 719	$ 4.272	$ 0
Total	($ 3.339)	($ 2.712)	$ 13.104	$ 7.053	$ 26.712	($ 6.051)	($ 13.104)	$ 7.557		$ 2.781

De la misma manera seguimos con el año 4.

	CUADRO 13d: CÁLCULO DEL IVA TOTAL DEL PROYECTO - Año 4									
	Flujo de Fondos				Saldo IVA a pagar					Flujo
Mes	IVA pagado	IVA del leasing	IVA cobrado	Flujo neto	IVA de ventas	IVA de compras	Retenc.	Saldo a pagar	Saldo acumul.	neto de fondos
1	($ 315)	($ 226)	$ 1.260	$ 719	$ 2.520	($ 541)	($ 1.260)	$ 719		$ 0
2	($ 315)	($ 226)	$ 1.260	$ 719	$ 2.520	($ 541)	($ 1.260)	$ 719		$ 0
3	($ 315)	($ 226)	$ 1.260	$ 719	$ 2.520	($ 541)	($ 1.260)	$ 719		$ 0
4	($ 315)	($ 226)	$ 1.260	$ 719	$ 2.520	($ 541)	($ 1.260)	$ 719		$ 0
5	($ 315)	($ 226)	$ 1.260	$ 719	$ 2.520	($ 541)	($ 1.260)	$ 719		$ 0
6	($ 315)	($ 226)	$ 1.260	$ 719	$ 2.520	($ 541)	($ 1.260)	$ 719		$ 0
7	($ 315)	($ 226)	$ 1.260	$ 719	$ 2.520	($ 541)	($ 1.260)	$ 719		$ 0
8	($ 347)	($ 226)	$ 1.260	$ 687	$ 2.772	($ 573)	($ 1.260)	$ 939		($ 252)
9	($ 347)	($ 226)	$ 1.386	$ 813	$ 2.772	($ 573)	($ 1.386)	$ 813		$ 0
10	($ 347)	($ 226)	$ 1.386	$ 813	$ 2.772	($ 573)	($ 1.386)	$ 813		$ 0
11	($ 347)	($ 226)	$ 1.386	$ 813	$ 2.772	($ 573)	($ 1.386)	$ 813		$ 0
12	($ 347)	($ 226)	$ 1.386	$ 813	$ 2.772	($ 573)	($ 1.386)	$ 813		$ 0
Total	($ 3.940)	($ 2.712)	$ 15.624	$ 8.972	$ 31.500	($ 6.652)	($ 15.624)	$ 9.224		($ 252)

Y finalmente calculamos el año 5.

	CUADRO 13e: CÁLCULO DEL IVA TOTAL DEL PROYECTO - Año 5									
	Flujo de Fondos				Saldo IVA a pagar					Flujo
Mes	IVA pagado	IVA del leasing	IVA cobrado	Flujo neto	IVA de ventas	IVA de compras	Retenc.	Saldo a pagar	Saldo acumul.	neto de fondos
1	($ 347)	($ 226)	$ 1.386	$ 813	$ 2.772	($ 573)	($ 1.386)	$ 813		$ 0
2	($ 347)	($ 226)	$ 1.386	$ 813	$ 2.772	($ 573)	($ 1.386)	$ 813		$ 0
3	($ 347)	($ 226)	$ 1.386	$ 813	$ 2.772	($ 573)	($ 1.386)	$ 813		$ 0
4	($ 347)	($ 226)	$ 1.386	$ 813	$ 2.772	($ 573)	($ 1.386)	$ 813		$ 0
5	($ 347)	($ 226)	$ 1.386	$ 813	$ 2.772	($ 573)	($ 1.386)	$ 813		$ 0
6	($ 347)	($ 226)	$ 1.386	$ 813	$ 2.772	($ 573)	($ 1.386)	$ 813		$ 0
7	($ 347)	($ 226)	$ 1.386	$ 813	$ 2.772	($ 573)	($ 1.386)	$ 813		$ 0
8	($ 378)	($ 226)	$ 1.386	$ 782	$ 3.024	($ 604)	($ 1.386)	$ 1.034		($ 252)
9	($ 378)	($ 226)	$ 1.512	$ 908	$ 3.024	($ 604)	($ 1.512)	$ 908		$ 0
10	($ 378)	($ 226)	$ 1.512	$ 908	$ 3.024	($ 604)	($ 1.512)	$ 908		$ 0
11	($ 378)	($ 226)	$ 1.512	$ 908	$ 3.024	($ 604)	($ 1.512)	$ 908		$ 0
12	($ 756)	($ 226)	$ 4.536	$ 3.554	$ 6.048	($ 982)	($ 4.536)	$ 530		$ 3.024
Total	($ 4.697)	($ 2.712)	$ 20.160	$ 12.751	$ 37.548	($ 7.409)	($ 20.160)	$ 9.979		$ 2.772

Ahora sí parece que tenemos todas las piezas para armar el rompecabezas final del análisis del proyecto.

Por lo tanto, antes de continuar, relájese, dé un paseo, juegue un rato a la pelota, tome un café o una gaseosa.

¿Ya está de vuelta, despejado y dispuesto?

Bien.

Vamos a armar un cuadro resumen de los datos que necesitamos para llevar a cabo el análisis de la inversión.

Del Cuadro 2, columna Total extraemos los costos de la inversión nacionalizada, que son:

Mes	Concepto	Importe
0	Inversión a valores CIF Buenos Aires	$ 40.000
2	Gastos de nacionalización, sin IVA	$ 5.820

Del Cuadro 8 tomamos los ingresos y egresos financieros de la operación (cobranzas y pagos) mes a mes.

Del Cuadro 9 de cada año, últimas tres columnas, obtenemos los importes del impuesto a las ganancias a pagar.

Del Cuadro 12 de cada año, última columna, tomamos el IVA a pagar.

Con todos estos datos confeccionamos la tabla definitiva para realizar el cálculo del retorno de la inversión:

Mes	Inversión	Ingresos	Egresos operativos	Egresos por leasing	Impuesto a las ganancias	IVA	Flujos netos
0	($ 40.000)						($ 40.000)
1				($ 1.074)		($ 226)	($ 1.300)
2	($ 5.820)			($ 1.074)		($ 9.676)	($ 16.570)
3				($ 1.074)		($ 226)	($ 1.300)
4				($ 1.074)		($ 226)	($ 1.300)
5				($ 1.074)		($ 226)	($ 1.300)
6				($ 1.074)		($ 226)	($ 1.300)
7				($ 1.074)		($ 226)	($ 1.300)
8			($ 2.544)	($ 1.074)		($ 352)	($ 3.970)
9		$ 4.800	($ 2.544)	($ 1.074)		$ 152	$ 1.334
10		$ 4.800	($ 2.544)	($ 1.074)		$ 152	$ 1.334
11		$ 4.800	($ 3.816)	($ 1.074)		$ 89	($ 1)
12		$ 7.200	($ 3.816)	($ 1.074)		$ 341	$ 2.651
13		$ 7.200	($ 3.816)	($ 1.074)		$ 341	$ 2.651
14		$ 7.200	($ 4.452)	($ 1.074)		$ 309	$ 1.983
15		$ 8.400	($ 4.452)	($ 1.074)		$ 435	$ 3.309
16		$ 8.400	($ 4.452)	($ 1.074)		$ 435	$ 3.309
17		$ 8.400	($ 4.452)	($ 1.074)		$ 435	$ 3.309
18		$ 8.400	($ 4.452)	($ 1.074)		$ 435	$ 3.309
19		$ 8.400	($ 4.452)	($ 1.074)		$ 435	$ 3.309
20		$ 8.400	($ 5.088)	($ 1.074)		$ 404	$ 2.642
21		$ 9.600	($ 5.088)	($ 1.074)		$ 530	$ 3.968
22		$ 9.600	($ 5.088)	($ 1.074)		$ 530	$ 3.968
23		$ 9.600	($ 5.088)	($ 1.074)		$ 530	$ 3.968
24		$ 9.600	($ 5.088)	($ 1.074)		$ 530	$ 3.968
25		$ 9.600	($ 5.088)	($ 1.074)		$ 530	$ 3.968
26		$ 9.600	($ 5.088)	($ 1.074)		$ 530	$ 3.968
27		$ 9.600	($ 5.088)	($ 1.074)		$ 530	$ 3.968
28		$ 9.600	($ 5.088)	($ 1.074)		$ 530	$ 3.968
29		$ 9.600	($ 5.088)	($ 1.074)	($ 8.093)	$ 530	($ 4.125)
30		$ 9.600	($ 5.088)	($ 1.074)	($ 736)	$ 530	$ 3.232
31		$ 9.600	($ 5.088)	($ 1.074)	($ 736)	$ 105	$ 2.807
32		$ 9.600	($ 6.360)	($ 1.074)	($ 736)	($ 504)	$ 926
33		$ 12.000	($ 6.360)	($ 1.074)	($ 736)	$ 0	$ 3.830
34		$ 12.000	($ 6.360)	($ 1.074)	($ 736)	$ 0	$ 3.830
35		$ 12.000	($ 6.360)	($ 1.074)	($ 736)	$ 0	$ 3.830
36		$ 12.000	($ 6.360)	($ 1.074)	($ 736)	$ 0	$ 3.830
37		$ 12.000	($ 6.360)	($ 1.074)	($ 736)	$ 0	$ 3.830
38		$ 12.000	($ 6.360)	($ 1.074)	($ 736)	$ 0	$ 3.830
39		$ 12.000	($ 6.360)	($ 1.074)	($ 736)	$ 0	$ 3.830
40		$ 12.000	($ 6.360)	($ 1.074)	($ 736)	$ 0	$ 3.830
41		$ 12.000	($ 6.360)	($ 1.074)	($ 4.624)	$ 0	($ 58)
42		$ 12.000	($ 6.360)	($ 1.074)	($ 1.156)	$ 0	$ 3.410
43		$ 12.000	($ 6.360)	($ 1.074)	($ 1.156)	$ 0	$ 3.410
44		$ 12.000	($ 6.996)	($ 1.074)	($ 1.156)	($ 252)	$ 2.522
45		$ 13.200	($ 6.996)	($ 1.074)	($ 1.156)	$ 0	$ 3.974
46		$ 13.200	($ 6.996)	($ 1.074)	($ 1.156)	$ 0	$ 3.974
47		$ 13.200	($ 6.996)	($ 1.074)	($ 1.156)	$ 0	$ 3.974
48		$ 13.200	($ 6.996)	($ 1.074)	($ 1.156)	$ 0	$ 3.974
49		$ 13.200	($ 6.996)	($ 1.074)	($ 1.156)	$ 0	$ 3.974
50		$ 13.200	($ 6.996)	($ 1.074)	($ 1.156)	$ 0	$ 3.974
51		$ 13.200	($ 6.996)	($ 1.074)	($ 1.156)	$ 0	$ 3.974
52		$ 13.200	($ 6.996)	($ 1.074)	($ 1.156)	$ 0	$ 3.974
53		$ 13.200	($ 6.996)	($ 1.074)	($ 3.354)	$ 0	$ 1.776
54		$ 13.200	($ 6.996)	($ 1.074)	($ 1.461)	$ 0	$ 3.669
55		$ 13.200	($ 6.996)	($ 1.074)	($ 1.461)	$ 0	$ 3.669
56		$ 13.200	($ 7.632)	($ 1.074)	($ 1.461)	($ 252)	$ 2.781
57		$ 14.400	($ 7.632)	($ 1.074)	($ 1.461)	$ 0	$ 4.233
58		$ 14.400	($ 7.632)	($ 1.074)	($ 1.461)	$ 0	$ 4.233
59		$ 14.400	($ 7.632)	($ 1.074)	($ 1.461)	$ 0	$ 4.233
60		$ 43.200	($ 15.264)	($ 1.074)	($ 9.537)	$ 3.024	$ 20.349
Total	($ 45.820)	$ 590.400	($ 312.912)	($ 64.440)	($ 55.186)	$ 0	$ 112.042

Ya estamos en condiciones de realizar el cálculo del Valor Actual Neto (VAN), de la Tasa Interna de Retorno (TIR) y del Período de Repago del proyecto. Para ello, partimos de la última columna del cuadro anterior y comenzamos a jugar con las opciones.

El "período 0", por ser el del inicio del proyecto, no se ajusta con la tasa de descuento, sino que se toma a su valor nominal. El resto de los meses se ajusta como ya explicáramos, dividiendo las cifras nominales por la fórmula de descuento, a efectos de obtener los valores actuales.

En nuestro caso, calcularemos el VAN sobre la base de una tasa de 10% anual.

Pero, ¿cómo, si los flujos de fondos que tenemos son mensuales?

Para ello debemos calcular la tasa equivalente mensual.

Permítanos pedirle que por el momento acepte el cálculo siguiente, ya que un análisis más pormenorizado de este tema de la equivalencia de tasas requiere un desarrollo que excede el ámbito de este ejemplo, y que seguramente será tratado en un trabajo posterior.

Para hallar la tasa mensual, entonces, debemos obtener la raíz 12 de la tasa anual del 10%.

De este modo, la tasa mensual es de 0,08%, que es la que responde a la fórmula

$(1 + i)^n - 1 = 10\%$
$(1 + 0,08)^{12} - 1 = 10\%$

Dividiremos cada uno de los flujos por $(1,008)$, $(1,008)^2$, $(1,008)^3$, etcétera, y obtendremos los valores que muestra el cuadro de la página siguiente.

Conforme surge de esta tabla, el proyecto es sumamente rentable, y por lo tanto debe aprobarse. Los flujos de fondos descontados a la tasa del 10% dan un valor actual neto de $ 65.903.

La Tasa Interna de Retorno está en alrededor del 41% anual a lo largo de todo el proyecto, suponiendo que los fondos vuelven a invertirse en el mismo a esa tasa. El recupero de la inversión a valores corrientes se realiza entre los 33 y 34 meses de iniciado el negocio.

La máxima exposición de caja, por su parte, se produce en el mes 8 y es de $ 68.340; es decir, cerca de los $ 70.000 que su amigo había estimado que deberían invertir en el proyecto. Con lo cual, ¡adelante con la inversión!

4.5. ALGUNAS CONSIDERACIONES FINALES ACERCA DEL EJERCICIO

Hemos mencionado el VAN del proyecto y el VAN del inversionista.

En el ejercicio recién desarrollado, el VAN obtenido es el del inversionista, dado que la compra de la maquinaria nacional se realiza por medio de un leasing; es decir, que hemos incorporado en el cálculo el efecto de la financiación de esa porción del proyecto.

Si omitiéramos ese efecto, obviamente las cifras se modificarían, porque consideraríamos la inversión en maquinaria nacional como parte del "período 0", con lo que obtendríamos un VAN y una TIR del proyecto distintos a los que hemos calculado.

Mes	Flujos netos	Coef. 0,8 %	VAN al 10 % anual	Coef. 2,9%	TIR 41 % anual	Flujos acumulados	Payback	Máxima exposición de caja
0	($ 40.000)	1,0000	($ 40.000)	1,0000	($ 40.000)	($ 40.000)		
1	($ 1.300)	1,0080	($ 1.290)	1,0290	($ 1.263)	($ 41.300)		
2	($ 16.570)	1,0161	($ 16.308)	1,0588	($ 15.649)	($ 57.870)		
3	($ 1.300)	1,0242	($ 1.269)	1,0895	($ 1.193)	($ 59.170)		
4	($ 1.300)	1,0324	($ 1.259)	1,1211	($ 1.160)	($ 60.470)		
5	($ 1.300)	1,0406	($ 1.249)	1,1537	($ 1.127)	($ 61.770)		
6	($ 1.300)	1,0490	($ 1.239)	1,1871	($ 1.095)	($ 63.070)		
7	($ 1.300)	1,0574	($ 1.229)	1,2215	($ 1.064)	($ 64.370)		
8	($ 3.970)	1,0658	($ 3.725)	1,2570	($ 3.158)	($ 68.340)		($ 68.340)
9	$ 1.334	1,0743	$ 1.242	1,2934	$ 1.031	($ 67.006)		
10	$ 1.334	1,0829	$ 1.232	1,3309	$ 1.002	($ 65.672)		
11	($ 1)	1,0916	($ 1)	1,3695	($ 1)	($ 65.673)		
12	$ 2.651	1,1003	$ 2.409	1,4092	$ 1.881	($ 63.022)		
13	$ 2.651	1,1091	$ 2.390	1,4501	$ 1.828	($ 60.371)		
14	$ 1.983	1,1180	$ 1.774	1,4922	$ 1.329	($ 58.388)		
15	$ 3.309	1,1270	$ 2.936	1,5354	$ 2.155	($ 55.079)		
16	$ 3.309	1,1360	$ 2.913	1,5800	$ 2.094	($ 51.770)		
17	$ 3.309	1,1451	$ 2.890	1,6258	$ 2.035	($ 48.461)		
18	$ 3.309	1,1542	$ 2.867	1,6729	$ 1.978	($ 45.152)		
19	$ 3.309	1,1635	$ 2.844	1,7214	$ 1.922	($ 41.843)		
20	$ 2.642	1,1728	$ 2.253	1,7714	$ 1.492	($ 39.201)		
21	$ 3.968	1,1821	$ 3.357	1,8227	$ 2.177	($ 35.233)		
22	$ 3.968	1,1916	$ 3.330	1,8756	$ 2.116	($ 31.265)		
23	$ 3.968	1,2011	$ 3.304	1,9300	$ 2.056	($ 27.297)		
24	$ 3.968	1,2107	$ 3.277	1,9860	$ 1.998	($ 23.329)		
25	$ 3.968	1,2204	$ 3.251	2,0435	$ 1.942	($ 19.361)		
26	$ 3.968	1,2302	$ 3.226	2,1028	$ 1.887	($ 15.393)		
27	$ 3.968	1,2400	$ 3.200	2,1638	$ 1.834	($ 11.425)		
28	$ 3.968	1,2500	$ 3.175	2,2265	$ 1.782	($ 7.457)		
29	($ 4.125)	1,2600	($ 3.274)	2,2911	($ 1.800)	($ 11.582)		
30	$ 3.232	1,2700	$ 2.545	2,3576	$ 1.371	($ 8.350)		
31	$ 2.807	1,2802	$ 2.193	2,4259	$ 1.157	($ 5.543)		
32	$ 926	1,2904	$ 718	2,4963	$ 371	($ 4.617)		
33	$ 3.830	1,3008	$ 2.944	2,5687	$ 1.491	($ 787)	Entre 33 y	
34	$ 3.830	1,3112	$ 2.921	2,6432	$ 1.449	$ 3.043	34 meses	
35	$ 3.830	1,3217	$ 2.898	2,7198	$ 1.408	$ 6.873		
36	$ 3.830	1,3322	$ 2.875	2,7987	$ 1.369	$ 10.703		
37	$ 3.830	1,3429	$ 2.852	2,8798	$ 1.330	$ 14.533		
38	$ 3.830	1,3536	$ 2.829	2,9634	$ 1.292	$ 18.363		
39	$ 3.830	1,3645	$ 2.807	3,0493	$ 1.256	$ 22.193		
40	$ 3.830	1,3754	$ 2.785	3,1377	$ 1.221	$ 26.023		
41	($ 58)	1,3864	($ 42)	3,2287	($ 18)	$ 25.965		
42	$ 3.410	1,3975	$ 2.440	3,3224	$ 1.026	$ 29.375		
43	$ 3.410	1,4086	$ 2.421	3,4187	$ 997	$ 32.785		
44	$ 2.522	1,4199	$ 1.776	3,5178	$ 717	$ 35.307		
45	$ 3.974	1,4313	$ 2.777	3,6199	$ 1.098	$ 39.281		
46	$ 3.974	1,4427	$ 2.755	3,7248	$ 1.067	$ 43.255		
47	$ 3.974	1,4543	$ 2.733	3,8329	$ 1.037	$ 47.229		
48	$ 3.974	1,4659	$ 2.711	3,9440	$ 1.008	$ 51.203		
49	$ 3.974	1,4776	$ 2.689	4,0584	$ 979	$ 55.177		
50	$ 3.974	1,4895	$ 2.668	4,1761	$ 952	$ 59.151		
51	$ 3.974	1,5014	$ 2.647	4,2972	$ 925	$ 63.125		
52	$ 3.974	1,5134	$ 2.626	4,4218	$ 899	$ 67.099		
53	$ 1.776	1,5255	$ 1.164	4,5500	$ 390	$ 68.875		
54	$ 3.669	1,5377	$ 2.386	4,6820	$ 784	$ 72.544		
55	$ 3.669	1,5500	$ 2.367	4,8178	$ 762	$ 76.213		
56	$ 2.781	1,5624	$ 1.780	4,9575	$ 561	$ 78.994		
57	$ 4.233	1,5749	$ 2.688	5,1012	$ 830	$ 83.227		
58	$ 4.233	1,5875	$ 2.666	5,2492	$ 806	$ 87.460		
59	$ 4.233	1,6002	$ 2.645	5,4014	$ 784	$ 91.693		
60	$ 20.349	1,6130	$ 12.616	5,5581	$ 3.661	$ 112.042		
Total	$ 112.042		$ 65.903		$ 7			

No reharemos las cuentas para analizar este efecto, a fin de no alargar la explicación de este punto, pero queremos reforzar la idea de que existen distintas consideraciones para los diversos criterios (del proyecto o de los inversores en el mismo).

Similares comentarios pueden hacerse respecto del período de repago y de la Máxima Exposición de Caja (MEC), que variarán respecto de los calculados por efecto de la incorporación de la financiación.

También hablamos de la incidencia de los diversos impuestos que gravan la operación y la forma en que los mismos deben ser considerados.

En el ejercicio hemos desarrollado concienzudamente los impuestos a las ganancias e IVA, además de considerar la incidencia del impuesto a los ingresos brutos en la determinación de los resultados.

Hemos omitido deliberadamente el impuesto de sellos, porque su tratamiento exige una profundización en las reglamentaciones fiscales locales.

Sin embargo, una vez más llamamos la atención sobre la incidencia que cada impuesto tiene en el análisis de la inversión e insistimos en su adecuada consideración.

Una cuestión adicional a recordar respecto del ejercicio es el modo en que se calcula la TIR. Como ya dijéramos, la TIR se calcula de un modo iterativo, es decir, de aproximaciones sucesivas, donde vamos probando el efecto de descontar los flujos a tasas que paulatinamente lleven el valor actual neto a cero.

Hoy día, con las planillas electrónicas de cálculo, estas operaciones se realizan con relativa facilidad. Más aún: estos softwares traen macros que, en función de la normalización de los flujos y sobre la base del uso de funciones financieras, calculan el VAN y la TIR mediante la aplicación de fórmulas que lo eximen a usted de conocerlas y manejarlas.

Un último comentario para cerrar esta sección es el referido a los "análisis de sensibilidad", muchas veces incorrectamente traducidos del inglés como "análisis de sensitividad" (*sensitivity analysis*).

El objetivo perseguido con estos análisis es determinar la sensibilidad de un proyecto a los posibles cambios que puedan afectar una o más variables.

Ejemplos de los cambios más habituales son:
- una mejora o desmejora en los plazos de las cobranzas,
- o en los plazos de pago,
- la existencia de un mayor o menor inventario que el considerado,
- la extensión del plazo del análisis en el tiempo,
- la inserción o no de determinadas modalidades de financiación.

Cuando la TIR del proyecto es demasiado exigida, es conveniente llevar a cabo este tipo de análisis de sensibilidad, puesto que una modificación desfavorable en una o más variables podría tornar inviable un proyecto a primera vista rentable.

Para hacerlo, basta con modificar las respectivas variables en el modelo matemático que se esté utilizando y evaluar los resultados de tales modificaciones.

A posteriori será necesario establecer las probabilidades de ocurrencia de cada uno de estos cambios para llegar a definir la conveniencia de la inversión.

5. Herramientas adicionales para el manejo de la rentabilidad empresarial

5.1. EL MÉTODO DE INFERENCIA DE LA RENTABILIDAD AJENA (MIRA)

A esta altura del conocimiento de costos que tenemos es posible realizar algunas nuevas adaptaciones prácticas de la teoría, que nos permitan no sólo analizar la rentabilidad de nuestros negocios y productos, sino también estimar la correspondiente a los de nuestros competidores, para tomar decisiones en consecuencia.

Surge así como uno de esos desarrollos el método que hemos llamado de Inferencia de la Rentabilidad Ajena (MIRA).

¿En qué consiste el MIRA? Como su nombre lo indica, se trata de un recurso que intenta estimar la posible rentabilidad de los competidores, mediante el artilugio de asignar a su probable estructura de costos nuestros propios costos conocidos, para de este modo determinar el punto de corte que defina hasta cuándo nos conviene competir en precios contra ellos en un negocio determinado, o dejar que sean ellos quienes ganen cuando esa rentabilidad no reviste interés para nosotros.

Para ser eficaz, este análisis requiere de un apropiado conocimiento –o una razonable estimación– de la estructura de negocios de aquellos con los cuales competimos, a efectos de que el cálculo matemático que realicemos en la estimación nos dé indicios relativamente seguros de los pasos a seguir en las decisiones.

Por ello, la reiteración del uso del procedimiento en el tiempo y su consecuente registro estadístico y análisis continuo son las claves que permiten su aplicación exitosa.

Como verá, no se trata de un procedimiento sofisticado de aplicación de la contabilidad de costos, sino más bien de un uso inteligente de la información y de una **actitud** personal decidida a utilizar los conocimientos de costos en provecho propio. Vamos a darle un ejemplo para que comprenda mejor nuestra propuesta.

Suponga por un momento que está compitiendo para ganar un negocio de provisión de un determinado producto a una empresa con la cual tiene una relación tal que le permite reajustes a la hora de cotizar.

Los datos básicos de este producto en su empresa son los siguientes:

cantidad solicitada: 1.000 unidades;

precio de venta habitual: $ 100;

costo directo: $ 60;

contribución marginal: $ 40;

contribución marginal porcentual: 40%;

costo fijo asignable a este negocio: $ 30.000 (lo definimos de esta manera para el ejemplo, a fin de no entrar en consideraciones acerca de si es un producto único o no, y si debe ser él quien absorba todo el costo fijo de la organización).

Usted desconoce los costos directos de su competidor, pero estima que la estructura de costos fijos de ambas empresas son similares, con lo que puede suponer que el margen de contribución dirigido a absorber costos fijos y generar utilidades tendrá similar atractivo para ambos.

También tiene en claro que el margen de contribución mínimo que usted requiere es de un 30% sobre esas ventas, el que constituye su punto de equilibrio.

Efectivamente: $PE = \dfrac{\$ 30.000}{30\%}$

PE = $ 100.000, o sea $ 100 x 1.000 unidades

Sin embargo, usted está dispuesto a aceptar una rebaja en los precios, siempre que el margen resultante no esté por debajo de un 15% como mínimo absoluto, ya que menos determinará que usted pierda interés en el negocio.

Pero además sabe que su margen actual es de 40%, o sea de $ 40.000 para esa estructura de precio/volumen, o de $ 15.000 como mínimo absoluto.

Claro: así planteado podemos tener algunos problemas derivados de la confusión entre márgenes porcentuales o relativos y márgenes absolutos. ¿Qué nos interesa realmente: 30% sobre ventas, $30.000, no menos de 15% sobre ventas o no menos de $ 15.000? Dilucidar esta cuestión es el primer paso para el ejercicio posterior.

Si el costo fijo asignado a este negocio es, como habíamos establecido, de $ 30.000, absorber esta cifra **absoluta** debiera ser nuestro objetivo mínimo, puesto que si nos manejamos sólo con porcentajes, al disminuir precios para competir podemos caer en errores de apreciación y notar, tarde ya, que "el negocio no cierra", porque los valores absolutos derivados de un precio de venta menor necesariamente serán menores, aunque los porcentajes se mantengan.

Queremos entonces tener un margen de contribución de $ 30.000 en este negocio, y estamos dispuestos a resignar margen hasta $ 15.000 adicionales –es decir, dejar de absorber $ 15.000 de nuestros costos fijos–, cifra límite que determina nuestro abandono de la puja.

Tampoco queremos, obviamente, regalar utilidades ofreciendo de entrada precios que nos den la pérdida de $ 15.000 cuando, tal vez, podamos ganar más que eso, si es nuestro competidor quien desiste del negocio cuando nuestra cotización esté en un nivel de precios más atractivo que el que determina el mínimo absoluto.

Pero, por otra parte, también nos resistimos a perder un negocio a manos de nuestra competencia por solicitar precios que ellos puedan mejorar sin dejar de obtener un margen atractivo.

Con todas estas restricciones a la vista, debemos tomar una decisión.

Y es entonces cuando el MIRA puede venir en nuestro auxilio.

Para ello armamos la tabla siguiente:

	Nuestra empresa	La competencia
Estructura inicial	Venta $ 100.000 Costo directo $ 60.000 Contribución $ 40.000 Costo fijo $ 30.000 Resultado $ 10.000	
Primera movida: la competencia ofrece un precio de venta de $ 90. Estimamos su cuadro de ingresos		Venta $ 90.000 Costo directo $ 60.000 Contribución $ 30.000 Costo fijo $ 30.000 Resultado $ - - - - -
Segunda movida: ofrecemos un precio de $ 80	Venta $ 80.000 Costo directo $ 60.000 Contribución $ 20.000 Costo fijo $ 30.000 Resultado ($ 10.000)	
Tercera movida: la competencia ofrece un descuento adicional que lleva el precio a $70		Venta $ 70.000 Costo directo $ 60.000 Contribución $ 10.000 Costo fijo $ 30.000 Resultado ($ 20.000)

Dado que ese valor ofrecido por el competidor lleva el precio por debajo del mínimo absoluto que estamos dispuestos a soportar (una pérdida de $ 15.000), ha llegado el momento de desistir del negocio y dejarlo en manos de nuestro competidor.

Sin embargo, podemos comenzar a ensayar algunas interpretaciones de lo sucedido. En primer lugar, si la estructura de costos del competidor es tal como la imaginamos, él no está cubriendo todos los costos fijos del negocio con el precio establecido. Esto significa que está perdiendo dinero –o ganando menos del necesario para subsistir y crecer–, y nosotros debemos plantearnos que ojalá todos sus negocios presenten una característica similar a éste.

Pero puede pasar que el negocio para él sea rentable, con lo que nosotros debemos revisar nuestros supuestos acerca de su estructura de costos. También puede suceder que tenga menores costos variables, menores costos fijos, ambas cosas a la vez, o haya decidido tomar el negocio a cualquier precio para fijar una barrera de entrada a la competencia (en este caso, nosotros).

Si logramos obtener mejor información que la que poseemos, replanteamos las ecuaciones del negocio y nos quedamos a la espera de una segunda oportunidad.

Mientras tanto, revisamos también nuestros propios costos para intentar descubrir nuestros errores y encontrar caminos para mejorar nuestra propia rentabilidad.

Registramos todas estas variantes, propias y ajenas, y la próxima vez que se presenta un negocio similar, volvemos a llenar la tabla con los nuevos datos que poseemos o estimamos, de un modo similar al siguiente:

	Nuestra empresa	La competencia
Última movida del juego anterior: ganó la competencia a un precio de $ 70		Venta $ 70.000 Costo directo $ 60.000 Contribución $ 10.000 Costo fijo $ 30.000 Resultado ($ 20.000)
Nuestra primera oferta actual: $ 80	Venta $ 80.000 Costo directo $ 60.000 Contribución $ 20.000 Costo fijo $ 30.000 Resultado ($ 10.000)	
Segundo momento: la competencia ofrece ahora un precio de venta de $ 75		Venta $ 75.000 Costo directo $ 60.000 Contribución $ 15.000 Costo fijo $ 30.000 Resultado ($ 15.000)

Nuevamente nuestro competidor ganó la puja "perdiendo dinero", pero esta vez lo hizo a un precio mejor que la primera.

Debemos revisar nuestra política de precios y nuestros costos variables y fijos, así como la asignación de estos últimos a cada uno de nuestros negocios, para verificar que no estamos penalizando este negocio en particular (que es la dificultad que ofrece la asignación de costos fijos).

Registramos asimismo este nuevo límite al cual perdimos otra vez un negocio, y así volvemos a empezar.

Al cabo de algún tiempo de perder y ganar negocios a distintos precios y con diferentes grados de rentabilidad, habremos trazado un mapa de nuestro negocio y del de la competencia, que nos permita cotizar con mayores probabilidades de acertar, en un esquema similar al siguiente:

TABLA DE PRECIOS MÍNIMOS DE VENTA PARA COMPETIR				
	Producto A	Producto B	Producto N	Total
Precio de venta	$ 75	$ 100	$ 90	
Cantidad	1.000	1.000	1.000	
Margen contribución	$ 15.000	$ 40.000	$ 60.000	$ 100.000
Costo fijo asignado	$ (30.000)	$ (30.000)	$ (30.000)	$ (90.000)
Resultado	$ (15.000)	$ 10.000	$ 30.000	$ 10.000
Ganador	Competidor	Empresa	Empresa	
Margen contribución adicional competidor				$ 15.000
Resultado total				$ 25.000

Si analizamos el conjunto, es posible que decidamos que la próxima vez que esté en juego el Producto "A", ofreceremos un precio más bajo para ganar el negocio, aunque no absorbamos **todo** el costo fijo asignado, ya que al haber resignado el negocio a manos del competidor perdimos el costo fijo no absorbido por ese negocio ($ 15.000).

¿Se entiende la propuesta? No es tan difícil, después de todo.

Tal como le habíamos dicho, se trata de disciplinar la información para usarla positivamente en el momento apropiado, comprendiendo nuestro negocio y teniendo una estimación relativamente adecuada del de nuestro competidor.

Haga la prueba en su empresa. ¡Mucha suerte!

5.2. LA RELACIÓN PRECIO/VOLUMEN

Otro aspecto en el manejo de la rentabilidad empresarial es la relación entre los precios unitarios de los productos –que sirven de base para determinar los márgenes unitarios tanto absolutos como porcentuales– y los volúmenes de venta, que forman parte de la contribución marginal absoluta total.

Como ya hemos visto reiteradamente, a cada volumen de venta le corresponde un margen de contribución que es función de los valores unitarios absolutos y de las cantidades respectivas vendidas. ¿Qué sucede cuando, partiendo de un determinado nivel operativo, se plantean variaciones de precios en más o en menos?

La respuesta inmediata es que se afectan los márgenes unitarios absolutos y porcentuales en forma directa, con su consiguiente efecto sobre los márgenes absolutos totales, y que probablemente, en un efecto balancín, se afecten inversamente estos últimos por modificaciones en los volúmenes operados.

En este juego de la relación precio/volumen es necesario tener en cuenta la relación de alzas y bajas para que las decisiones sobre precios no tengan efectos negativos sobre la rentabilidad global.

Algunos ejemplos nos aclararán esta cuestión.

Dada la siguiente estructura de costos y precios:

Precio de venta: $ 100
Costos variables directamente relacionados con el precio de venta: 10%
Costo directo (excluido el anterior): $ 50
Unidades que se venden al precio anterior: 1.000,

determinar:

1. ¿Qué aumento de volumen debemos tener para compensar bajas de precios de 10%, 20%, 30% y 40%?
2. ¿Cuál es el precio mínimo al que debemos vender para no perder dinero?

Haga sus cálculos en el siguiente espacio de trabajo.

Cálculo numérico
(use este espacio para realizar sus cálculos)

Compare ahora sus resultados con los nuestros.

En primera instancia presentamos nuestro estado de ingresos y egresos unitarios como sigue:

Precio de venta unitario:	$ 100
Costos asociados al PV:	($ 10)
Subtotal	$ 90
Costo directo	($ 50)
Contribución marginal	$ 40
Contribución marginal	40 %

Veamos a continuación el cuadro de los ingresos y egresos totales.

Para completarlo, calculamos la contribución marginal absoluta unitaria a cada nivel de precio establecido, y luego dividimos el margen total obtenido con el precio de venta al 100%, por cada uno de los márgenes absolutos unitarios antedichos.

De este modo, obtenemos la cantidad de unidades necesarias para mantener el margen total.

Dado que las unidades pierden el redondeo (porque no podemos vender partes de cada unidad de producto), al comprobar las cifras, corregimos el margen total, llevándolo al valor absoluto que el producto de los márgenes unitarios por las unidades nos proporciona. Así tenemos:

(A) Precio venta	(B) Costos variables	(C) Costos directos	(D =A–B–C) Contribución marginal	(E=D/A) Contribución marginal %	(F=G/D) Unidades	(G) Margen total
$ 100	$ 10	$ 50	$ 40	40,0%	1.000	$ 40.000
$ 90	$ 9	$ 50	$ 31	34,4%	1.290	$ 39.990
$ 80	$ 8	$ 50	$ 22	27,5%	1.818	$ 39.996
$ 70	$ 7	$ 50	$ 13	18,6%	3.077	$ 40.001
$ 60	$ 6	$ 50	$ 4	6,7%	10.000	$ 40.000

Es decir que la respuesta a la primera pregunta es la siguiente:

Para una baja de precios del	Corresponde un aumento de volumen del	Que surge del siguiente cálculo
10 %	29 %	(1.290/1.000)-1
20 %	82 %	(1.818/1.000)-1
30 %	208 %	(3.077/1.000)-1
40 %	900 %	(10.000/1.000)-1

Los porcentajes de baja de precios y de aumento de volumen parecieran no tener ninguna relación entre sí, ¿verdad?

Sin embargo, si las cuentas están bien hechas, estas son las respuestas correctas frente a cada disminución de precios. Debido a lo cual, es muy importante hacer las cuentas **antes** de tomar las decisiones, porque las estimaciones intuitivas suelen ser engañosas ("Bajemos un 10% los precios, y los compensamos con un aumento de volumen de 10%", por ejemplo).

Y antes de cambiar un precio, exploremos el mercado para ver si es posible conseguir los volúmenes que compensen el menor ingreso derivado de la baja. Lo dicho también es válido para analizar aumentos de precios, como veremos de inmediato.

Pero antes respondamos a la segunda pregunta que nos habíamos formulado: ¿cuál es el precio mínimo al que podemos vender sin perder dinero? Sabemos que el costo directo es, en este caso, inmodificable; por lo tanto, partiremos de él para armar nuestra ecuación. Si el resto de costos variables asociados representan un 10% del precio de venta, y el margen de contribución es cero (para no perder ni ganar dinero), entonces nuestro costo directo de $ 50 representa el 90% restante.

Así tenemos:

$$90\% \longrightarrow \$ 50$$
$$100\% \longrightarrow x$$

De donde

$$x = \frac{\$ 50 \times 100\%}{90\%}$$

Y

$$x = \$ 55,55$$

Comprobamos:

Precio de venta unitario:	$ 55,55
Costos asociados al PV:	($ 5,55)
Subtotal	$ 50,00
Costo directo	($ 50,00)
Contribución marginal	--------
Contribución marginal %	--------

Veamos ahora cuáles son los cálculos que tenemos que hacer, partiendo de los mismos datos del problema anterior, para responder a la pregunta siguiente: ¿Qué volumen de ventas podemos perder para mantener la rentabilidad, si aumentamos los precios 10%, 20%, 30% y 40%?

Haga sus cálculos y luego nos vemos.

Cálculo numérico
(use este espacio para realizar sus cálculos)

Con un esquema similar al usado en el ejercicio anterior, obtenemos la siguiente tabla:

Precio de venta	Costos variables	Costos directos	Contribución marginal	Contribución marginal %	Unidades	Margen total
$ 100	$ 10	$ 50	$ 40	40,0%	1.000	$ 40.000
$ 110	$ 11	$ 50	$ 49	44,5%	816	$ 39.984
$ 120	$ 12	$ 50	$ 58	48,3%	690	$ 40.020
$ 130	$ 13	$ 50	$ 67	51,5%	597	$ 39.999
$ 140	$ 14	$ 50	$ 76	54,3%	526	$ 39.976

De donde la respuesta es:

Una suba de precios del	Admite una baja de volumen del	Que surge del siguiente cálculo
10 %	18,4 %	(816/1.000)-1
20 %	31,0 %	(690/1.000)-1
30 %	40,3 %	(597/1.000)-1
40 %	47,4 %	(526/1.000)-1

Con estos dos ejercicios completamos la consideración de la relación precio/volumen. Vamos a ver ahora otro tema que puede ayudarnos a mejorar aun más nuestra rentabilidad.

5.3. LOS DESCUENTOS EN ESPECIE

Respecto del tema anterior aparece esta nueva posibilidad. ¿Cuál es su propuesta implícita?

Si se trata de generar un beneficio para el cliente que nos pide un descuento, podemos rebajar nuestros precios, que es la opción que vimos en el punto anterior, u ofrecer la alternativa de darle más unidades de producto por el mismo precio.

Seguramente usted se estará preguntando cuál es la ventaja de hacer esto. Se lo explicaremos de inmediato con un ejemplo.

Nuevamente sobre los datos dados para el ejercicio del punto anterior, veamos cuál es la diferencia entre dar un descuento de un 10% sobre el precio de venta y otorgar un descuento equivalente en mercadería.

Analicemos los siguientes cálculos:

	Descuento sobre PV	Descuento en mercadería
Unidades entregadas	1.000	1.100
Venta	$ 90.000	$ 100.000
Costos asociados al PV	($ 9.000)	($ 10.000)
Subtotal	$ 81.000	$ 90.000
Costos directos	($ 50.000)	($ 55.000)
Contribución marginal	$ 31.000	$ 35.000
Contribución marginal %	34,4 %	35,0%

Como vemos, tanto la contribución marginal absoluta como la porcentual son más altas en el segundo caso que en el primero. ¿Por qué se producen estas diferencias?

En primer lugar, porque asumimos que un descuento de 10% sobre el precio de venta se asimila a un incremento de 10% sobre la cantidad entregada.

Y esto es una falacia, porque la primera es una **tasa de descuento** (se calcula "de arriba hacia abajo") mientras que la segunda es similar a una **tasa de interés** (se calcula "de abajo hacia arriba").

La equivalencia real entre ambas es que para una tasa de descuento del 10% corresponde una tasa de interés del 11,11% (10% dividido 90%).

En otras palabras, en lugar de entregar un 10% más en volumen de mercadería deberíamos haber entregado un 11,11%.

Veamos qué pasa si hacemos esa corrección.

	Descuento sobre PV	Descuento en mercadería
Unidades entregadas	1.000	1.111
Venta	$ 90.000	$ 100.000
Costos asociados al PV	($ 9.000)	($ 10.000)
Subtotal	$ 81.000	$ 90.000
Costos directos	($ 50.000)	($ 55.550)
Contribución marginal	$ 31.000	$ 34.450
Contribución marginal %	34,4 %	34,4%

Con lo cual se iguala la contribución marginal porcentual de ambas opciones. Pero aun así sigue dándonos más alta la contribución marginal absoluta. ¿Por qué será?

Porque en el primer caso hemos bajado la contribución marginal de **todo el pedido** de $ 40 a $ 31 por unidad, mientras que en el segundo hemos mantenido los $ 40 unitarios para todo el pedido, deduciendo tan sólo el **costo de las unidades marginales adicionales que entregamos**, con lo que tenemos un margen diferencial de $ 3.450 ($ 9.000 menos $ 5.550). Es decir, no hemos aplicado el descuento sobre la contribución marginal de esos nuevos productos entregados.

Obviamente, como hemos dicho a lo largo del libro, estas decisiones hay que tomarlas en contexto, porque aisladas pueden conducir a errores. ¿Cuál es el posible error implícito en la propuesta?

El suponer que la entrega de una mayor cantidad de producto no afectará los pedidos futuros de la misma mercadería, cuando en la práctica puede suceder que el cliente ordene menos más adelante por haber recibido una mayor cuota en el presente.

Aun así, sin embargo, esta opción resulta conveniente, porque es de suponerse que una mayor cantidad a fabricar y entregar podría generar ahorros de costos adicionales, una mejor dispersión de la curva de puesta en marcha entre una mayor cantidad de productos (y consecuente mejora en el costo), etcétera.

Por otra parte, no habremos transigido en una rebaja de precios frente al cliente, lo que nos mantendrá en una posición de fuerza en futuras negociaciones.

Por último, aunque en el futuro se compensara con un menor pedido, financieramente habremos mejorado nuestra situación presente al obtener una mejor rentabilidad global y un mayor ingreso actual.

Sigamos ahora con un tema un poco distinto.

5.4. LA ABSORCIÓN DE COSTOS FIJOS

Vamos a entrar en un tema, estimado lector, que usted sabe que nos cuesta tratar, porque conoce nuestro natural rechazo a los sistemas del tipo de costeo por absorción y a la distribución de costos fijos, cuando se trata de toma de decisiones.

Sin embargo, a fuer de ser sinceros y con la idea de dar una amplia cobertura al tema de los costos, no podemos dejar de lado la cuestión, ya que reviste un alto grado de importancia, tanto sea que se la adopte como que se la deseche.

¿Por qué nos declaramos poco afectos –no enemigos, entiéndase bien– a la distribución de costos fijos? Porque en nuestra experiencia, no existe ninguna llave, base, clave o *driver* de distribución que asigne apropiadamente los costos fijos a los costos unitarios de los artículos producidos, y creemos que esta asignación, sobre cualquier base que se realice, confunde más que aclara la exposición de los resultados.

Hemos asistido a muchas reuniones de discusión sobre ello, y hemos comprobado que según fuera la base de distribución elegida para asignar costos fijos a los negocios, éstos se tornaban de positivos en negativos, de mejores a peores, de más importantes en menos importantes.

Pero dejemos de lado estos reparos y abordemos nuestro punto de vista sobre dos cuestiones que hemos focalizado y que nos parecen esenciales:

1. la consideración de la mezcla de negocios a la luz de los costos fijos que son capaces de absorber;
2. el esquema ABC (*Activity Based Costing*), como una técnica novedosa dirigida a realizar una mejor valorización de los productos, sobre la base de una más apropiada distribución de costos fijos.

Veremos ambos temas con cierto grado de detalle.

5.4.1. La absorción de costos fijos por negocio

En el Capítulo 12 de *Cómo conocer y manejar...* presentamos como novedad una herramienta que hemos llamado la "Matriz de Posicionamiento de Productos".

Este análisis matricial es útil para analizar productos, negocios, inventarios, clientes, etcétera, ya que propone una suerte de benchmarking interno, con datos propios de la empresa y, por lo tanto, relativamente fáciles de obtener.

Además presenta la ventaja adicional de permitir acortar los tiempos del análisis, ya que se concentra en los productos (negocios, inventarios, clientes, etcétera) que requieren de una mayor atención, produciendo *shortcuts* para aprovechar mejor el escaso tiempo del que generalmente disponemos.

Sobre la base de esa matriz introduciremos ahora el concepto de la absorción de costos fijos por negocio.

Para eliminar cualquier discusión acerca de la base de distribución de costos fijos, vamos a variabilizarlos, distribuyéndolos en función de los costos variables de cada producto. Es decir que la base de distribución de los costos fijos serán los costos variables.

Con esto hemos de presentar una nueva matriz, en la que no sólo veremos la contribución marginal de cada producto, sino que la complementaremos con la absorción de costos fijos que cada negocio produce.

Una advertencia: no estamos renegando de nuestra matriz original, ni la estamos cambiando ni sustituyendo. Estamos intentando darle un valor adicional, usándola para un propósito nuevo y distinto al que hasta ahora le habíamos asignado. Veamos cómo sería esta nueva visión.

En el mencionado capítulo 12 de *Cómo conocer y manejar...* habíamos llegado a establecer una clasificación de los productos en función de las contribuciones marginales absoluta y relativa de cada uno de ellos respecto del promedio calculado sobre ellas mismas. Así teníamos los siguientes datos base:

	Productos							TOTAL	% S/Vtas
	"M"	"N"	"O"	"P"	"Q"	"R"	"S"		
Precio venta unitario	10	8	5	1000	50	25	50		
Costo variable unitario	8	4	2	900	45	5	40		
Contribución marginal unitaria	2	4	3	100	5	20	10		
Contribución marginal %	20,0 %	50,0 %	60,0 %	10,0 %	10,0 %	80,0 %	20,0 %		
Cantidad	1.000	500	1.600	10	1.500	500	700		
Venta total	10.000	4.000	8.000	10.000	75.000	12.500	35.000	154.500	100,0 %
Participación %	6,5 %	2,6 %	5,2 %	6,5 %	48,5 %	8,1 %	22,7 %	100,0 %	
Costo variable total	8.000	2.000	3.200	9.000	67.500	2.500	28.000	120.200	77,8 %
Contribución marginal total	2.000	2.000	4.800	1.000	7.500	10.000	7.000	34.300	22,2 %
Participación %	5,8 %	5,8 %	14,0 %	2,9 %	21,9 %	29,2 %	20,4 %	100,0 %	
Contribución marginal %	20,0 %	50,0 %	60,0 %	10,0 %	10,0 %	80,0 %	20,0 %	22,2 %	

De los cuales se desprendía la siguiente clasificación:

	Producto	Cantidades	Venta $	Contribución marginal $	Contribución marginal %
1	"M"	1.000	10.000	2.000	20,0 %
2	"N"	500	4.000	2.000	50,0 %
3	"O"	1.600	8.000	4.800	60,0 %
4	"P"	10	10.000	1.000	10,0 %
5	"Q"	1.500	75.000	7.500	10,0 %
6	"R"	500	12.500	10.000	80,0 %
7	"S"	700	35.000	7.000	20,0 %
			154.500	34.300	22,2 %
			Promedio	4.900	22,2 %

Que derivaba en los siguientes cuadros finales, donde clasificábamos cada uno de los productos en función de que superaran o no los respectivos promedios de *contribución marginal absoluta* y *porcentual*:

Contribución Marginal Absoluta		Contribución Marginal Porcentual	
A	Producto "R" $10.000 Producto "Q" $ 7.500 Producto "S" $ 7.000	B	Producto "R" 80,0% Producto "O" 60,0% Producto "N" 50,0%
	$ 4.900 Promedio		22,2%
C	Producto "O" $ 4.800 Producto "M" $ 2.000 Producto "N" $ 2.000 Producto "P" $ 1.000	D	Producto "M" 20,0% Producto "S" 20,0% Producto "P" 10,0% Producto "Q" 10,0%

		Contribución Marginal Absoluta	
		Alta	Baja
Contribución Marginal %	Alta	AB Producto "R"	CB Producto "N" Producto "O"
	Baja	AD Producto "Q" Producto "S"	CD Producto "M" Producto "P"

Si ahora agregamos la variable costo fijo, suponiendo un importe de $ 25.000 a ser distribuido, como dijimos, en función del costo variable, veamos qué sucede con los cuadros anteriores:

	Productos							Total	% S/Vtas
	"M"	"N"	"O"	"P"	"Q"	"R"	"S"		
Precio venta unitario	10	8	5	1000	50	25	50		
Costo variable unitario	8	4	2	900	45	5	40		
Contribución marginal unitaria	2	4	3	100	5	20	10		
Contribución marginal %	20,0 %	50,0 %	60,0 %	10,0 %	10,0 %	80,0 %	20,0 %		
Cantidad	1.000	500	1.600	10	1.500	500	700		
Venta total	10.000	4.000	8.000	10.000	75.000	12.500	35.000	154.500	100,0 %
Participación %	6,5 %	2,6 %	5,2 %	6,5 %	48,5 %	8,1 %	22,7 %	100,0 %	
Costo variable total	8.000	2.000	3.200	9.000	67.500	2.500	28.000	120.200	77,8 %
Contribución marginal total	2.000	2.000	4.800	1.000	7.500	10.000	7.000	34.300	22,2 %
Contribución marginal %	20,0 %	50,0 %	60,0 %	10,0 %	10,0 %	80,0 %	20,0 %	22,2 %	
Costo fijo total	1.664	416	665	1.871	14.039	520	5.823	25.000	16,2 %
Costo fijo total %	16,6 %	10,4 %	8,3 %	18,7 %	18,7 %	4,2 %	16,6 %	16,2 %	
Resultado final total	336	1.584	4.135	(871)	(6.539)	9.480	1.177	9.300	6,0 %
Resultado final %	3,4 %	39,6 %	51,7 %	- 8,71 %	- 8,72%	75,8 %	3,4 %	6,0 %	

Trasladando los valores correspondientes al cuadro resumido tenemos:

	Producto	Cantidades	Venta $	Contrib. marginal $	Contrib. marginal %	Costo fijo $	Costo fijo %
1	"M"	1.000	10.000	2.000	20,0 %	1.664	16,6 %
2	"N"	500	4.000	2.000	50,0 %	416	10,4 %
3	"O"	1.600	8.000	4.800	60,0 %	665	8,3 %
4	"P"	10	10.000	1.000	10,0 %	1.871	18,7 %
5	"Q"	1.500	75.000	7.500	10,0 %	14.039	18,7 %
6	"R"	500	12.500	10.000	80,0 %	520	4,2 %
7	"S"	700	35.000	7.000	20,0 %	5.823	16,6 %
			154.500	34.300	22,2 %	25.000	16,2 %
		Promedio	4.900	22,2 %		3.571	16,2 %

Con lo cual podemos establecer un cuadro complementario a aquel en el que mostrábamos los productos ordenados de acuerdo con su contribución marginal, armando otro parecido, pero esta vez en función del costo fijo absoluto y porcentual asignado a cada uno. De este modo quedarían determinadas las siguientes cuatro categorías:

Matriz de Asignación de Costos Fijos	Conclusiones
Productos AB: con costos fijos asignados superiores al promedio, tanto absolutos como porcentuales.	Estos productos son aquellos a los que se les asignaron mayor cantidad de costos fijos absolutos, que a su vez impactan fuertemente sobre la venta.
Productos CB: con costos fijos asignados superiores al promedio porcentual sobre la venta, pero inferiores al promedio en valores absolutos.	Estos productos son aquellos a los que se les asignaron menor cantidad de costos fijos absolutos que el promedio, pero que impactaron fuertemente sobre la venta.
Productos AD: con costos fijos asignados inferiores al promedio porcentual sobre la venta, pero superiores al promedio en valores absolutos.	Estos productos son aquellos a los que se les asignaron mayor cantidad de costos fijos absolutos, pero cuyo impacto sobre la venta es inferior al promedio.
Productos CD: con costos fijos asignados inferiores al promedio tanto absolutos como porcentuales.	Estos productos son aquellos a los que se les asignaron menor cantidad de costos fijos absolutos, y cuyo impacto sobre la venta es inferior al promedio general.

¿Nos dice algo por sí misma esta clasificación? Para entender el sentido de las categorías y decidir posibles medidas a tomar sobre cada una de ellas, es necesario considerar esta Matriz juntamente con la elaborada a partir de las contribuciones marginales de los productos, cosa que veremos más adelante.

Hagamos en primer lugar nuestra clasificación de los productos de acuerdo con el costo fijo que les es asignado.

Así tenemos:

	Costo fijo absoluto			Costo fijo porcentual	
A	Producto "S"	$ 5.823	B	Producto "M"	16,6%
	Producto "Q"	$ 14.039		Producto "P"	18,7%
				Producto "Q"	18,7%
				Producto "S"	16,6%
	$ 3.571		Promedio	16,2%	
C	Producto "O"	$ 665	D	Producto "N"	10,4%
	Producto "M"	$ 1.664		Producto "O"	8,3%
	Producto "N"	$ 416		Producto "R"	4,2%
	Producto "P"	$ 1.871			
	Producto "R"	$ 520			

Y de este cuadro podemos pasar al último de la serie, como sigue:

		Costo fijo absoluto	
		Alta absorción	**Baja absorción**
Costo fijo %	**Alta absorción**	AB Producto "Q" Producto "S"	CB Producto "M" Producto "P"
	Baja absorción	AD	CD Producto "N" Producto "O" Producto "R"

Esta tabla nos muestra una ubicación de productos totalmente distinta a aquella que confeccionáramos en función de los márgenes de contribución.

¿Por qué ocurre esto?

Lo que sucede es que en el primer caso estamos analizando la mezcla de productos desde el punto de vista de la contribución marginal, y en el segundo solamente se visualiza la cantidad de costo fijo que cada producto recibe por asignación (siempre de acuerdo con la llave de distribución de los costos fijos elegida).

Si comparamos ambas tablas, podemos establecer la siguiente clasificación de los productos:

Producto	Clasificación según margen de contribución	Clasificación según absorción de costos fijos
"M"	CD	CB
"N"	CB	CD
"O"	CB	CD
"P"		CD CB
"Q"	AD	AB
"R"	AB	CD
"S"	AD	AB

Las clasificaciones, complementarias entre sí, nos están indicando que debemos tener cuidado al momento de decidir eliminar algún producto, puesto que los mismos absorben en alguna medida una porción de costos fijos que dejarían de ser apropiados y aumentarían la pérdida o disminuirían la ganancia.

Veamos qué sucede con cada uno de los productos en particular.

Si partimos de "R", que es un producto AB desde el punto de vista de su contribución marginal absoluta y porcentual, vemos que se ha transformado en un producto CD, desde la óptica de la absorción de costos fijos.

Esta nueva clasificación es lógica dado que al haber asignado el costo fijo en función del costo variable, el producto "R" (que tiene el menor costo variable relativo y por lo tanto la mayor contribución marginal) recibe una baja asignación de costos fijos absolutos, que impactan suavemente sobre las ventas.

Esta situación nos permite ensayar una primera conclusión: **si la base de distribución de los costos fijos es el costo variable, a mayor contribución marginal corresponde una menor asignación de costos fijos.**

En el caso particular de los productos "M" y "P", que eran descartados con la perspectiva de la Matriz de Posicionamiento basada en el margen de contribución, serían vueltos a mirar con más detenimiento desde este nuevo punto de vista, ya que de ser productos **CD** en la primera, pasan a ser **AB** en esta última.

Y lo mismo puede ser dicho para cada uno de los otros productos considerados.

Lo que debería destacarse es que en el primer cuadro, la contribución marginal total ($ 34.300), se imputa contra los costos fijos totales ($ 25.000) a los cuales absorbe en su totalidad, dejando un resultado positivo de $ 9.300 que representa el 6 % de la venta.

Pero al distribuir los costos fijos entre los productos, se determinan asimismo resultados para cada uno de ellos, observándose algunos muy altos (caso del producto "R" debido a su menor porcentaje de costo variable) y algunos otros incluso negativos (caso de los productos "P" y "Q", que justamente son los de mayor porcentaje de costo variable).

¿Son estos resultados comparables entre sí? ¿Implica esto un nuevo ranking de productos basado en su resultado neto? Dejamos en este punto al lector en libertad momentánea de acción para sacar sus propias conclusiones, sobre las que volveremos más adelante.

Ahora bien, ¿qué pasaría si cambiáramos la llave de distribución de los costos fijos? Veamos cuáles serían los resultados si dicha distribución se hiciera, por ejemplo, sobre la base de las ventas totales.

	Productos							Total	% S/Vtas
	"M"	"N"	"O"	"P"	"Q"	"R"	"S"		
Precio venta unitario	10	8	5	1000	50	25	50		
Costo variable unitario	8	4	2	900	45	5	40		
Contribución marginal unitaria	2	4	3	100	5	20	10		
Contribución marginal %	20,0 %	50,0 %	60,0 %	10,0 %	10,0 %	80,0 %	20,0 %		
Cantidad	1.000	500	1.600	10	1.500	500	700		
Venta total	10.000	4.000	8.000	10.000	75.000	12.500	35.000	154.500	100,0 %
Participación %	6,5 %	2,6 %	5,2 %	6,5 %	48,5 %	8,1 %	22,7 %	100,0 %	
Costo variable total	8.000	2.000	3.200	9.000	67.500	2.500	28.000	120.200	77,8 %
Contribución marginal total	2.000	2.000	4.800	1.000	7.500	10.000	7.000	34.300	22,2 %
Contribución marginal %	20,0 %	50,0 %	60,0 %	10,0 %	10,0 %	80,0 %	20,0 %	22,2 %	
Costo fijo total	1.618	647	1.294	1.616	12.136	2.023	5.663	25.000	16,2 %
Costo fijo total %	16,2 %	16,2 %	16,2 %	16,2 %	16,2 %	16,2 %	16,2 %	16,2 %	
Resultado final total	382	1.353	3.506	-616	-4.638	7.977	1.337	9.300	6,0 %
Resultado final %	3,8 %	33,8 %	43,8 %	-6,2 %	-6,2 %	63,8 %	3,8 %	6,0 %	

Al trasladar nuevamente los valores obtenidos al cuadro resumido, tenemos:

	Producto	Cantidades	Venta $	Contrib. marginal $	Contrib. marginal %	Costo fijo $	Costo fijo %
1	"M"	1.000	10.000	2.000	20,0 %	1.618	16,2 %
2	"N"	500	4.000	2.000	50,0 %	647	16,2 %
3	"O"	1.600	8.000	4.800	60,0 %	1.294	16,2 %
4	"P"	10	10.000	1.000	10,0 %	1.616	16,2 %
5	"Q"	1.500	75.000	7.500	10,0 %	12.136	16,2 %
6	"R"	500	12.500	10.000	80,0 %	2.023	16,2 %
7	"S"	700	35.000	7.000	20,0 %	5.663	16,2 %
			154.500	34.300	22,2 %	25.000	16,2 %
		Promedio	4.900		22,2 %	3.571	16,2 %

Cuando elegimos como llave de distribución las ventas totales, hemos asignado proporcionalmente a las mismas los costos fijos, y por lo tanto el porcentaje de absorción de cada uno de los productos es igual al promedio.

También en este caso puede observarse un efecto similar al ocurrido cuando distribuíamos los costos fijos sobre la base de los costos variables totales de cada producto: esto es, productos que arrojan resultados netos negativos (otra vez "P" y "Q", pero en este caso debido a que tienen la menor contribución marginal y reciben el mismo porcentaje de costos fijos sobre ventas que los demás). También "R" aparece nuevamente como el de mayor resultado neto porcentual, porque al tener una mayor contribución marginal porcentual, se beneficia ya que recibe el mismo porcentaje de costos fijos sobre ventas que el resto. Si volvemos a clasificar a todos los productos sobre la base de su costo fijo absoluto y porcentual de acuerdo con la nueva llave de distribución utilizada, observamos lo siguiente:

	Costo fijo absoluto			Costo fijo porcentual
A	Producto "Q" $ 12.136 Producto "S" $ 5.663		B	Todos los productos 16,2%
	$ 3.571	Promedio		16,2%
C	Producto "M" $ 1.618 Producto "N" $ 647 Producto "O" $ 1.284 Producto "P" $ 1.618 Producto "R" $ 2.023		D	

Y con este cuadro podemos armar la Matriz de posicionamiento con respecto a la absorción de costos fijos, que resulta como sigue:

		Costo fijo absoluto	
		Alta absorción	Baja absorción
Costo fijo %	Alta absorción	AB Producto "Q" Producto "S"	CB Producto "M" Producto "N" Producto "O" Producto "P" Producto "R"
	Baja absorción	AD	CD

Mediante la comparación de esta nueva Matriz con la elaborada originalmente sobre la base de las contribuciones marginales, podemos establecer la siguiente clasificación de los productos:

Producto	Clasificación según margen de contribución	Clasificación según absorción de costos fijos
"M"	CD	CB
"N"	CB	CB
"O"	CB	CB
"P"	CD	CB
"Q"	AD	AB
"R"	AB	CB
"S"	AD	AB

Lo que ahora se observa es que, al distribuir los costos fijos proporcionándolos a las ventas, desaparecen los casos de productos calificados como CD según su absorción de costos fijos. Por lo demás, estos resultados son bastante parecidos a los que se obtuvieron al distribuir los costos fijos sobre la base de los variables. Y a usted, estimado lector: ¿le parece más correcta esta distribución?

Vamos a ver si hay otra forma de distribuir los costos fijos. Ya lo hemos hecho sobre la base de las ventas y los costos variables. Probemos ahora qué sucede si lo hacemos sobre la base de la contribución marginal aportada por cada uno de los productos:

	Productos							Total	% S/Vtas
	"M"	"N"	"O"	"P"	"Q"	"R"	"S"		
Precio venta unitario	10	8	5	1000	50	25	50		
Costo variable unitario	8	4	2	900	45	5	40		
Contribución marginal unitaria	2	4	3	100	5	20	10		
Contribución marginal %	20,0 %	50,0 %	60,0 %	10,0 %	10,0 %	80,0 %	20,0 %		
Cantidad	1.000	500	1.600	10	1.500	500	700		
Venta total	10.000	4.000	8.000	10.000	75.000	12.500	35.000	154.500	100,0 %
Participación %	6,5 %	2,6 %	5,2 %	6,5 %	48,5 %	8,1 %	22,7 %	100,0 %	
Costo variable total	8.000	2.000	3.200	9.000	67.500	2.500	28.000	120.200	77,8 %
Contribución marginal total	2.000	2.000	4.800	1.000	7.500	10.000	7.000	34.300	22,2 %
Contribución marginal %	20,0 %	50,0 %	60,0 %	10,0 %	10,0 %	80,0 %	20,0 %	22,2 %	
Costo fijo total	1.458	1.458	3.499	729	5.466	7.289	5.102	25.000	16,2 %
Costo fijo total %	14,6 %	36,4 %	43,7 %	7,3 %	7,3 %	56,3 %	14,6 %	16,2 %	
Resultado final total	542	542	1.301	271	2.034	2.711	1.898	9.300	6,0 %
Resultado final %	5,4 %	13,6 %	16,3 %	2,7 %	2,7 %	21,7 %	5,4 %	6,0 %	

Trasladamos otra vez estos valores al resumen:

	Producto	Cantidades	Venta $	Contrib. marginal $	Contrib. marginal %	Costo fijo $	Costo fijo %
1	"M"	1.000	10.000	2.000	20,0 %	1.458	14,6 %
2	"N"	500	4.000	2.000	50,0 %	1.458	36,4 %
3	"O"	1.600	8.000	4.800	60,0 %	3.499	43,7 %
4	"P"	10	10.000	1.000	10,0 %	729	7,3 %
5	"Q"	1.500	75.000	7.500	10,0 %	5.466	7,3 %
6	"R"	500	12.500	10.000	80,0 %	7.289	56,3 %
7	"S"	700	35.000	7.000	20,0 %	5.102	14,6 %
			154.500	34.300	22,2 %	25.000	16,2 %
			Promedio	4.900	22,2 %	3.571	16,2 %

La primera observación que surge es que en este caso ninguno de los productos presenta un resultado final negativo. Esto es así por la llave de distribución elegida: al tomar como base la contribución marginal, todos los resultados finales por producto son positivos, porque el resultado total del ejercicio es positivo (y las contribuciones marginales de cada producto también lo son).

Otra consideración: como hemos venido diciendo en este trabajo y también en nuestro libro *Cómo conocer y manejar...* con la contribución marginal se pagan los costos fijos y se puede generar utilidad. O sea, que en tren de distribuir los costos fijos, parecería que (en este caso por lo menos) se cuenta con un elemento teórico al cual recurrir a la hora de las justificaciones. Si ahora clasificamos nuevamente los productos sobre la base de su costo fijo absoluto y porcentual de acuerdo con la nueva distribución, observamos:

	Costo fijo absoluto			Costo fijo porcentual	
A	Producto "R" $ 7.289		B	Producto "R"	58,3 %
	Producto "Q" $ 5.466			Producto "O"	43,7 %
	Producto "S" $ 5.102			Producto "N"	36,4 %
	$ 3.571		Promedio	16,2%	
C	Producto "M" $ 1.456		D	Producto "M"	14,6 %
	Producto "N" $ 1.456			Producto "S"	14,6 %
	Producto "O" $ 3.499			Producto "P"	7,3 %
	Producto "P" $ 729			Producto "Q"	7,3 %

La nueva matriz de posicionamiento, esta vez con la distribución de los costos fijos sobre la base de las distintas contribuciones marginales de cada producto, es la que se observa a continuación:

		Costo fijo absoluto	
		Alta absorción	Baja absorción
Costo fijo %	Alta absorción	**AB** Producto "O" Producto "R"	**CB** Producto "N"
	Baja absorción	**AD** Producto "Q" Producto "S"	**CD** Producto "M" Producto "P"

Vamos ahora a comparar esta matriz con la original (aquella donde los costos fijos no se habían distribuido):

Producto	Clasificación según margen de contribución	Clasificación según absorción de costos fijos
"M"	CD	CD
"N"	CB	CB
"O"	CB	AB
"P"	CD	CD
"Q"	AD	AD
"R"	AB	AB
"S"	AD	AD

Al distribuir los costos fijos sobre la base de la contribución marginal, el resultado ha sido una calificación de los productos según la absorción que realizan de los costos fijos casi idéntica a la que resultaba de calificarlos según su margen de contribución.

¿Conseguimos confundirlo?

Bueno, vamos a ver si ahora lo logramos del todo.

Lo hemos consultado repetidamente con respecto a cuál de los resultados por producto, derivados de otras tantas distribuciones de costos fijos le parecía que reflejaba mejor la realidad de la empresa.

Suponemos que a esta altura del desarrollo ya tiene una respuesta, pero si no es así le mostramos el siguiente cuadro comparativo de los resultados finales por artículo de acuerdo con las distintas formas de distribuir los costos fijos.

Pro-ducto	Distribuido según costos variables	% sobre ventas	Distribuido según ventas	% sobre ventas	Distribuido según contribución marginal	% sobre ventas
"M"	336	3,4 %	382	3,8 %	542	5,4 %
"N"	1.564	39,6 %	1.353	33,8 %	542	13,6 %
"O"	4.134	51,7 %	3.506	43,8 %	1.301	16,3 %
"P"	-872	-8,7 %	-618	-6,2 %	271	2,7 %
"Q"	-6.539	-8,7 %	-4.636	-6,2 %	2.034	2,7 %
"R"	9.480	75,8 %	7.977	63,8 %	2.711	21,7 %
"S"	1.176	3, 4 %	1.337	3,8 %	1.898	5,4 %
Total	9.300	6,0 %	9.300	6,0 %	9300	6,0 %

Seguramente ahora no tiene dudas: ¡sencillamente no sabe cuál elegir!

Pero, bromas aparte, lo que queremos mostrar es que dado que se están distribuyendo los costos fijos de acuerdo con distintas bases, los resultados son disímiles, y si se utilizaran para juzgar la performance de los productos, podrían cometerse gruesos errores de interpretación.

De esta forma, si por ejemplo juzgáramos el rendimiento del producto "Q" según la primera distribución (costos variables) podríamos escuchar comentarios como los siguientes:

—¡El producto "Q" está perdiendo el 8,7 % de las ventas!

—Sí... ¡pero no sabes cómo absorbe costos fijos!

El problema para dar validez a estos análisis estriba en el mismo hecho que motiva nuestra prevención frente a la asignación de costos fijos a los productos, y que es que las llaves de distribución no necesariamente reflejan la realidad de la operación.

¿Habrá alguna forma mejor de adjudicar los costos fijos?

Para cubrir este desfase han aparecido algunas técnicas nuevas, entre las que se destaca la que presentamos en el punto siguiente.

5.4.2. El esquema ABC (Activity Based Costing)

¿En qué consiste esta metodología?

Vamos a hacer un breve resumen de sus contenidos, puesto que un desarrollo más detallado requeriría una cantidad de páginas que excedería largamente el tamaño de este libro.

En términos generales, las bases que se utilizan para la distribución de los costos entre los productos están generalmente relacionadas con los volúmenes, ya sea unidades de producto, horas máquina, horas hombre u otro similar.

Por supuesto que este criterio es adecuado cuando se trata de asignar materias primas o mano de obra directa (es decir, conceptos que en general se consideran variables y directos). Pero cuando se trata de distribuir costos indirectos de fabricación y de comercialización y de asignar costos fijos a los productos, nos encontramos con problemas como los que se desarrollaron en el punto anterior y que terminan resolviéndose con soluciones de compromiso.

Si pensamos ahora no solamente en distribuir un total de costos fijos entre productos, sino en el detalle de esos costos fijos para asignarlos uno por uno, nos encontraremos con la dificultad adicional de que algunos tienen relación con la producción y venta de productos, pero otros no: es el caso de costos incurridos por sectores como Compras o Administración, donde hablar de volúmenes de fabricación y venta no representa nada.

El enfoque del sistema denominado Costos Basados en Actividades procura resolver este problema, determinando la distribución de dichos costos justamente sobre la base de las actividades que los generan. Según los propagadores de este método, que se ha considerado en los últimos tiempos como innovador en el mundo de los negocios, de su aplicación en la determinación de los costos de productos y familias de productos surgen los siguientes beneficios:

- facilita la definición de precios de venta;
- identifica qué productos son rentables y cuáles no lo son;
- posibilita la definición de políticas de descuento por productos y familias de producto;
- facilita la identificación y asignación de los costos indirectos;
- permite una mejor administración de las distintas actividades generadoras de dichos costos.

El método propuesto por el ABC consiste en cambiar la base de asignación de los costos, realizándola en una primera instancia sobre la base de las actividades que desarrolla cada uno de los sectores (áreas, departamentos, secciones) que los generan y cuyos montos deben ser distribuidos.

Para conseguirlo utiliza un concepto que en inglés se denomina *cost driver* y que en castellano se traduce como *direccionador de costos* o *inductor de costos*, que en cada uno de los casos es determinado por las distintas actividades que se desarrollan en cada centro de costos y que son la causa de los montos insumidos.

Un ejemplo usual es el de la distribución de los costos de un departamento de Compras, no sobre la base de los **montos** de las órdenes emitidas, sino sobre la **cantidad** de órdenes, independientemente de los valores involucrados.

Otro caso puede ser el de un departamento de Programación de la Producción, cuyo costo es originado por la cantidad de lotes de producción que se programan y sobre la base de los cuales debiera distribuirse dicho monto. El fundamento en este caso es que el costo de programación está relacionado directamente con la cantidad de los lotes que se programan y es por lo tanto independiente del volumen que pudieran tener los mismos en el tiempo. De esta forma, el sistema ABC procura identificar las actividades que incorporan valor en cada uno de los sectores generadores de costos, para distribuir estos últimos sobre la base de aquellas.

Este enfoque ha sido aceptado en general como novedoso y positivo, pues pone el acento en las tareas realizadas por los distintos sectores que generan el costo fijo, el que, por otra parte, está aumentando en la actualidad en las empresas debido al incremento de los sectores de apoyo o servicios, la generalización de sistemas como *calidad total* y *servicio al cliente* y el crecimiento de los costos de comercialización para introducir rápidamente los productos en los mercados, eliminar el riesgo de los competidores y llegar primero al usuario.

Debe mencionarse también el hecho de que algunos conceptos considerados tradicionalmente como variables –entre ellos la mano de obra directa– están pasando a engrosar el monto del costo fijo, dado que su comportamiento y asignación se están modificando debido especialmente a la incorporación de innovaciones tecnológicas en la producción de bienes que reducen el total de mano de obra, al mismo tiempo que aumentan su calificación.

Y en otros casos se comportan directamente como fijos, dados los niveles y el tipo de producción realizada.

Con esta perspectiva (incremento de la incidencia de los costos fijos en el costo total y aumento de los sectores de servicio o apoyo) resulta sumamente interesante identificar de qué manera y con qué volumen de costos cada uno de los sectores involucrados contribuye a la generación del resultado de la empresa a través de las actividades que desarrolla.

Este punto de vista se encuentra en línea con la determinación de la cadena de valor integral de la empresa, que procura identificar cuáles son las actividades que agregan valor y cuáles no. Por lo tanto, debe analizarse cuidadosamente la totalidad de las actividades desarrolladas por cada uno de los sectores de la empresa, estableciendo en cada caso una forma de evaluación de su comportamiento para determinar su grado de "agregado de valor", dado que todas aquellas actividades que no agreguen valor deberán ser discontinuadas o modificadas para que resulten eficientes.

Debe considerarse asimismo que, dadas estas características, el método ABC apunta al mejoramiento en el largo plazo de las actividades que se realizan en la empresa, porque la eliminación o modificación de aquellas que se considere que no agregan valor no tendrá efectos significativos en el corto plazo.

A partir de la aplicación de los conceptos del Costo Basado en Actividades al manejo de las organizaciones se ha desarrollado lo que se denomina Dirección Basada en Actividades (en inglés *Activity Based Management* o ABM).

La dirección basada en actividades incorpora el enfoque novedoso planteado por el ABC a la toma de las decisiones estratégicas de la gerencia de la empresa, al distinguir costos que muchas veces se consideraban burocráticos y que pueden ahora encontrar su justificación a través de las actividades realizadas, siempre que éstas agreguen valor.

Desde el punto de vista de obtener un mejor cálculo del costo del producto, sin embargo, consideramos que el ABC tiene similares problemas a los que presenta cualquier técnica de costos tradicional en cuanto a la distribución de los costos fijos se refiere, y que como se dijo en distintas oportunidades, las asignaciones terminan siendo soluciones de compromiso que rara vez determinan costos más exactos que los calculados con los métodos clásicos.

Pero para que todo lo que dijimos no quede solamente en un enunciado teórico, vamos a desarrollar un ejemplo.

En el apartado anterior habíamos distribuido los costos fijos totales ($ 25.000) de acuerdo con diferentes criterios, todos ellos basados en volúmenes globales de actividad.

Primero lo hicimos en función de los costos variables, luego considerando las ventas totales y finalmente sobre la base de las respectivas contribuciones marginales de cada producto. Una asignación más detallada habría requerido utilizar bases de distribución diferentes para cada concepto incluido en los costos fijos. Vamos a ampliar entonces un poco más los criterios de distribución, suponiendo que los costos fijos que estamos asignando y sus respectivas llaves de distribución son los siguientes:

Origen del Costo Fijo	Monto total	Llave de distribución (Volúmenes)
Departamento de Recepción	$ 5.000	Costo variable
Departamento de Despacho	$ 11.000	Unidades vendidas
Departamento de Ingeniería	$ 9.000	Monto de ventas

Hacemos los cálculos pertinentes:

COSTO FIJO DEPARTAMENTO DE RECEPCIÓN

Producto	Costo Variable	% Participación	Total asignado
"M"	$ 8.000	6,7 %	$ 333
"N"	$ 2.000	1,7 %	$ 83
"O"	$ 3.200	2,7 %	$ 133
"P"	$ 9.000	7,5 %	$ 374
"Q"	$ 67.500	56,2 %	$ 2.808
"R"	$ 2.500	2,1 %	$ 104
"S"	$ 28.000	23,3 %	$ 1.165
Total	$ 120.200	100,0 %	$ 5.000

COSTO FIJO DEPARTAMENTO DE DESPACHO

Producto	Unidades vendidas	% Participación	Total asignado
"M"	1.000	17,2 %	$ 1.893
"N"	500	8,6 %	$ 947
"O"	1.600	27,5 %	$ 3.029
"P"	10	0,2 %	$ 19
"Q"	1.500	25,8 %	$ 2.840
"R"	500	8,6 %	$ 947
"S"	700	12,0 %	$ 1.325
Total	5.810	100,0 %	$ 11.000

COSTO FIJO DEPARTAMENTO DE INGENIERÍA

Producto	Monto de Ventas	% Participación	Total asignado
"M"	$ 10.000	6,5 %	$ 583
"N"	$ 4.000	2,6 %	$ 233
"O"	$ 8.000	5,2 %	$ 466
"P"	$ 10.000	6,5 %	$ 583
"Q"	$ 75.000	48,5 %	$ 4.369
"R"	$ 12.500	8,1 %	$ 728
"S"	$ 35.000	22,7 %	$ 2.038
Total	$ 154.500	100,0 %	$ 9.000

COSTO FIJO TOTAL POR PRODUCTO

Producto	Recepción	Despacho	Ingeniería	Total
"M"	$ 333	$ 1.893	$ 583	$ 2.809
"N"	$ 83	$ 947	$ 233	$ 1.263
"O"	$ 133	$ 3.029	$ 466	$ 3.628
"P"	$ 374	$ 19	$ 583	$ 976
"Q"	$ 2.808	$ 2.840	$ 4.369	$ 10.017
"R"	$ 104	$ 947	$ 728	$ 1.779
"S"	$ 1.165	$ 1.325	$ 2.038	$ 4.528
Total	$ 5.000	$ 11.000	$ 9.000	$ 25.000

Traslademos todos estos valores a nuestro desarrollo:

DISTRIBUCIÓN DE LOS COSTOS FIJOS SOBRE LA BASE DE VOLÚMENES

	Productos							Total	% S/Vtas
	"M"	"N"	"O"	"P"	"Q"	"R"	"S"		
Precio venta unitario	10	8	5	1.000	50	25	50		
Costo variable unitario	8	4	2	900	45	5	40		
Contribución marg. unit.	2	4	3	100	5	20	10		
Contribución marg. %	20,0 %	50,0 %	60,0 %	10,0 %	10,0 %	80,0 %	20,0 %		
Cantidad	1.000	500	1.600	10	1.500	500	700		
Venta total	10.000	4.000	8.000	10.000	75.000	12.500	35.000	154.500	100,0 %
Participación %	6,5 %	2,6 %	5,2 %	6,5 %	48,5 %	8,1 %	22,7 %	100,0 %	
Costo variable total	8.000	2.000	3.200	9.000	67.500	2.500	28.000	120.200	77,8 %
Contribución marg. total	2.000	2.000	4.800	1.000	7.500	10.000	7.000	34.300	22,2 %
Contribución marg. %	20,0 %	50,0 %	60,0 %	10,0 %	10,0 %	80,0 %	20,0 %	22,2 %	
Costo fijo total	2.809	1.263	3.629	976	10.018	1779	4.528	25.000	16,2 %
Costo fijo total %	28,1 %	31,6 %	45,4 %	9,8 %	13,4 %	14,2 %	12,9 %	16,2 %	
Resultado final total	- 809	737	1.171	24	- 2.518	8.221	2.471	9.300	6,0 %
Resultado final %	- 8,1 %	18,4 %	14,6 %	0,2 %	- 3,4 %	65,8 %	7,1 %	6,0 %	

Elaboramos un resumen donde podemos ver cómo reciben costos fijos los productos con la nueva distribución:

	Producto	Cantidades	Venta $	Contribución marginal $	Contribución marginal %	Costo fijo $	Costo fijo %
1	"M"	1.000	10.000	2.000	20,0 %	2.809	28,1 %
2	"N"	500	4.000	2.000	50,0 %	1.263	31,6 %
3	"O"	1.600	8.000	4.800	60,0 %	3.629	45,4 %
4	"P"	10	10.000	1.000	10,0 %	976	9,8 %
5	"Q"	1.500	75.000	7.500	10,0 %	10.018	13,4 %
6	"R"	500	12.500	10.000	80,0 %	1.779	14,2 %
7	"S"	700	35.000	7.000	20,0 %	4.528	12,9 %
			154.500	34.300	22,2 %	25.000	16,2 %
		Promedio		4.900	22,2 %	3.571	16,2 %

Con esto agregamos una nueva distribución a la serie.

El esquema precedente es similar en su conformación y cálculo a los que pueden verse en la práctica para la distribución de los costos fijos sobre la base de volúmenes, que se utiliza en muchos casos para calificar productos y negocios.

Ahora bien, ¿cuál es la crítica que formula el sistema de costo basado en actividades a esta distribución? Justamente que las actividades desarrolladas por los sectores generadores del costo fijo (en nuestro ejemplo Recepción, Despacho e Ingeniería) en la mayoría de los casos no guardan relación directa con los volúmenes de la operación global, y por lo tanto se necesita efectuar la distribución sobre la base de esas actividades sectoriales.

Supongamos entonces que se han analizado las actividades y se han llegado a determinar las siguientes llaves de distribución:

Origen del Costo Fijo	Monto total	Llave de distribución (Actividades)
Departamento de Recepción	$ 5.000	Órdenes de recepción emitidas
Departamento de Despacho	$ 11.000	Órdenes de empaque emitidas
Departamento de Ingeniería	$ 9.000	Órdenes de trabajo realizadas

Asumimos que conocemos los datos físicos por producto para calcular la distribución de los costos fijos de cada sector, y que los mismos son los siguientes:

COSTO FIJO DEPARTAMENTO DE RECEPCIÓN

Producto	Órdenes de recepción	Llave de distribución	Total asignado
"M"	500	28,2 %	$ 1.408
"N"	500	28,2 %	$ 1.408
"O"	200	11,3 %	$ 563
"P"	200	11,3 %	$ 563
"Q"	300	16,9 %	$ 845
"R"	5	0,3 %	$ 15
"S"	70	3,9 %	$ 198
Total	1775	100,0 %	$ 5.000

COSTO FIJO DEPARTAMENTO DE DESPACHO

Producto	Órdenes de despacho	Llave de distribución	Total asignado
"M"	1000	45,7 %	$ 5.023
"N"	50	2,3 %	$ 251
"O"	80	3,7 %	$ 402
"P"	10	0,5 %	$ 50
"Q"	300	13,7 %	$ 1.507
"R"	500	22,8 %	$ 2.511
"S"	250	11,4 %	$ 1.256
Total	2190	100,0 %	$ 11.000

COSTO FIJO DEPARTAMENTO DE INGENIERÍA

Producto	Órdenes de trabajo	Llave de distribución	Total asignado
"M"	5	1,3 %	$ 113
"N"	5	1,3 %	$ 113
"O"	8	2,0 %	$ 181
"P"	10	2,5 %	$ 226
"Q"	150	37,7 %	$ 3.392
"R"	150	37,7 %	$ 3.392
"S"	70	17,6 %	$ 1.583
Total	398	100,0 %	$ 9.000

COSTO FIJO TOTAL POR PRODUCTO

Producto	Recepción	Despacho	Ingeniería	Total
"M"	$ 1.408	$ 5.023	$ 113	$ 6.544
"N"	$ 1.408	$ 251	$ 113	$ 1.772
"O"	$ 563	$ 402	$ 181	$ 1.146
"P"	$ 563	$ 50	$ 226	$ 839
"Q"	$ 845	$ 1.507	$ 3.392	$ 5.744
"R"	$ 15	$ 2.511	$ 3.392	$ 5.918
"S"	$ 198	$ 1.256	$ 1.583	$ 3.037
Total	$ 5.000	$ 11.000	$ 9.000	$ 25.000

Pasamos todos estos valores a nuestro desarrollo.

DISTRIBUCIÓN DE LOS COSTOS FIJOS SOBRE LA BASE DE ACTIVIDADES
(*ACTIVITY BASED COSTING*)

	Productos								
	"M"	"N"	"O"	"P"	"Q"	"R"	"S"	Total	% S/Vtas
Precio venta unitario	10	8	5	1.000	50	25	50		
Costo variable unitario	8	4	2	900	45	5	40		
Contribución marg. unit.	2	4	3	100	5	20	10		
Contribución marg. %	20,0 %	50,0 %	60,0 %	10,0 %	10,0 %	80,0 %	20,0 %		
Cantidad	1.000	500	1.600	10	1.500	500	700		
Venta total	10.000	4.000	8.000	10.000	75.000	12.500	35.000	154.500	100,0 %
Participación %	6,5 %	2,6 %	5,2 %	6,5 %	48,5 %	8,1 %	22,7 %	100,0 %	
Costo variable total	8.000	2.000	3.200	9.000	67.500	2.500	28.000	120.200	77,8 %
Contribución marg. total	2.000	2.000	4.800	1.000	7.500	10.000	7.000	34.300	22,2 %
Contribución marg. %	20,0 %	50,0 %	60,0 %	10,0 %	10,0 %	80,0 %	20,0 %	22,2 %	
Costo fijo total	6.544	1.773	1.146	840	5.744	5.917	3.036	25.000	16,2 %
Costo fijo total %	65,4 %	44,3 %	14,3 %	8,4 %	7,7 %	47,3 %	8,7 %	16,2 %	
Resultado final total	- 4.544	227	3.654	160	1.756	4.083	3.964	9.300	6,0 %
Resultado final %	-45,4 %	5,7 %	45,7 %	1,6 %	2,3 %	32,7 %	11,3 %	6,0 %	

Volcamos ahora los datos a nuestro resumen, donde podemos ver cómo se le asignan costos fijos a los productos con el sistema de costos basados en actividades:

	Producto	Cantidades	Venta $	Contribución marginal $	Contribución marginal %	Costo fijo $	Costo fijo %
1	"M"	1.000	10.000	2.000	20,0 %	6.544	65,4 %
2	"N"	500	4.000	2.000	50,0 %	1.773	44,3 %
3	"O"	1.600	8.000	4.800	60,0 %	1.146	14,3 %
4	"P"	10	10.000	1.000	10,0 %	840	8,4 %
5	"Q"	1.500	75.000	7.500	10,0 %	5.744	7,7 %
6	"R"	500	12.500	10.000	80,0 %	5.917	47,3 %
7	"S"	700	35.000	7.000	20,0 %	3.036	8,7 %
			154.500	34.300	22,2 %	25.000	16,2 %
		Promedio	4.900	22,2 %		3.571	16,2 %

Para analizar las diferencias entre las conclusiones que pueden obtenerse a partir de la aplicación de cada uno de ambos métodos, construiremos una nueva tabla:

Producto	Resultado $ (volúmenes)	Resultado % (volúmenes)	Resultado $ (actividades)	Resultado % (actividades)
"M"	- 809	- 8,1 %	- 4.544	- 45,4 %
"N"	737	18,4 %	227	5,7 %
"O"	1.171	14,6 %	3.654	45,7 %
"P"	24	0,2 %	160	1,6 %
"Q"	- 2.518	-3,4 %	1.756	2,3 %
"R"	8.221	65,8 %	4.083	32,7 %
"S"	2.471	7,1 %	3.964	11,3 %
Total	9.300	6,0 %	9.300	6,0 %

Como ya se ha dicho, la principal ventaja del sistema de costeo basado en actividades radica en que pone en evidencia cuáles son los productos que requieren mayor actividad, y al distribuir los costos sobre esa base, castiga al resultado de esos productos de un modo más equitativo que otros métodos de asignación de costos fijos.

En nuestro ejemplo, el producto "M" requiere una actividad mucho mayor de recepción y despacho que los demás.

Cuando se distribuyen los costos de los sectores correspondientes sobre esa base, se observa que la contribución marginal del producto "M" no alcanza a cubrir los costos fijos que se le asignan sobre la base de la actividad que el mismo requiere.

De todas formas, la solución no es dejar de fabricar el producto, dado que los efectos positivos derivados de su eliminación no pueden verse en el corto plazo (los costos fijos no van a desaparecer, por lo menos en su totalidad, mientras que sí perderemos la contribución aportada por el producto eliminado), sino que a partir del conocimiento del problema se podrán instrumentar medidas tendientes a eliminar actividades, o por lo menos a replantearlas, para hacer la operación más eficiente y reducir los costos de la misma. Por eso decimos que es básicamente una herramienta de administración estratégica, que pone en evidencia los problemas de la actividad, y por lo tanto es útil en el largo plazo.

En el corto plazo se corre el riesgo de tomar decisiones apresuradas al eliminar productos. Si esto último ocurre, se perderá contribución marginal, pero los costos fijos seguirán existiendo (si bien en algunos casos con un monto menor). Y el costo fijo que era absorbido (aunque parcialmente) por el producto eliminado se deberá redistribuir entre los productos que no fueron eliminados, y por lo tanto empeorará el resultado de cada uno de ellos y del conjunto.

Y si seguimos eliminando productos en el extremo, nos encontraremos sin ingresos y con todo el costo fijo. Esta situación, que parece una exageración o una broma, la hemos visto en más de una ocasión real.

Con lo que volvemos a lo que decíamos al comienzo: **más allá de los métodos utilizados para distribuir los costos fijos, y reconociendo que el sistema de costos basados en actividades es útil para tomar decisiones estratégicas de mediano y largo plazo,** aun los productos que se encuentren en peor situación de contribución marginal (siempre que sea positiva) deben ser mantenidos a menos que se los pueda sustituir por otros de igual o mayor margen de contribución.

¿Y cuándo debe decidirse la eliminación de un producto si su resultado es negativo por efecto de la aplicación del sistema ABC? Cuando el ahorro en el costo fijo asignado en la distribución basada en actividades supere la contribución marginal del producto que se elimina.

Por ejemplo, si dando de baja el producto "M" se obtiene una reducción del costo fijo de $ 2.000 (igual a la contribución marginal de dicho producto) nos encontramos en una situación de indiferencia. En efecto, al producto "M" le corresponde un costo fijo de $ 6.544. Por lo tanto, si lo eliminamos y simultáneamente bajamos el costo fijo que le corresponde en $ 2.000 (igual a su contribución marginal) el resultado no varía ($ 4.544).

Si el ahorro obtenido es mayor que la contribución marginal, por ejemplo de $ 3.000, el resultado negativo (que será absorbido por los restantes productos), será de $ 3.544, con lo que se beneficiará en $ 1.000 el resultado total.

Después de tanta distribución y tanto cálculo, creemos necesario tomarnos un descanso. Lo invitamos a hacerlo, amigo lector para después continuar con otros interesantes temas de costos.

5.5. Los costos basados en la calidad

Como hemos visto en el punto anterior, la principal ventaja del método ABC radica en que pone el acento sobre las actividades que se desarrollan en una empresa, identificando aquellas que no agregan valor, a fin de decidir su eliminación. Para completar el esquema global que estamos desarrollando, debemos mencionar la existencia de otros costos que no necesariamente se ven reflejados de un modo explícito en el valor de los productos, pero que deben considerarse porque forman parte de la operatoria de toda empresa.

Estos son costos en los que la empresa incurre para asegurar una mejor calidad y que pueden agruparse en las siguientes categorías:

a) Los costos de la prevención, o sea los destinados a evitar una producción deficiente. Entre ellos encontramos los derivados de las siguientes actividades:
   - inspecciones de recepción de materias primas y materiales;
   - inspecciones aleatorias durante el proceso de fabricación;
   - capacitación de la mano de obra en el proceso productivo;
   - documentación de proceso;
   - emisión periódica de informes;
   - selección de puntos clave a inspeccionar;
   - definición, comunicación y actualización constante de los requerimientos.

b) Los costos de evaluación, relacionados con la medición de los niveles de calidad en la empresa, como:

- inspecciones y controles de calidad de rutina durante el proceso;
- análisis de muestras y exámenes de laboratorio;
- análisis crítico del proceso productivo;
- información sobre inventarios excesivos, de segunda mano o de baja rotación.

c) Los costos internos derivados de defectos, provenientes de acciones destinadas a corregir problemas de calidad deficiente de los productos antes de que salgan de planta, como:
- remanejos y reprocesos de mercadería defectuosa;
- desperdicios por encima del máximo aceptable;
- aceptación de productos fuera de estándar;
- mala programación de recursos "cuello de botella";
- repetición de tareas de producción.

d) Los costos externos relacionados con la entrega al cliente de un producto defectuoso. Algunos de los más significativos son:
- garantía ex post;
- servicio de atención al cliente;
- devoluciones y reparaciones;
- investigaciones acerca de fallas de proceso y de calidad;
- anulaciones de pedidos y pérdida de clientes;
- atención de reclamos y demandas legales.

La mayoría de las veces las empresas no cuentan con información adecuada para medir estos costos de la no-calidad (mala calidad o falta de ella), con excepción de algunos de ellos que han sido reconocidos tradicionalmente en la contabilidad, como los relacionados con las devoluciones y con la evaluación del proceso productivo en general.

Sin embargo, es necesario reflexionar sobre el hecho de que en los informes y estados preparados por los sistemas de contabilidad tradicionales estos costos suelen permanecer ocultos entre una maraña de otras erogaciones no identificables.

Por otra parte, los costos de la no-calidad representan un porcentaje mayor sobre los costos totales de lo que habitualmente se cree en las empresas. Estas suelen gastar mucho más en los costos derivados de los defectos que en el resto de los ítems mencionados, y más en los sistemas de evaluación que en los de prevención.

Si se creara en la empresa una conciencia de calidad, se fomentaría el aumento del costo de prevención y la disminución de los costos de reparación. Es decir, se tendería a lograr lo que habitualmente se expresa como "hacerlo bien la primera vez", que es un concepto que ayuda a evitar los costos mencionados de fallas y de evaluación de calidad.

De todo lo mencionado se desprende que es de fundamental importancia mantener y mejorar la calidad de los procesos y los productos en la empresa para disminuir de este modo en forma sensible los costos totales de calidad.

Obviamente, usted sabe que con lo que hemos dicho hasta aquí no puede agotarse el tema de la calidad o no-calidad de los procesos operativos empresariales, pero un tratamiento mas intensivo del mismo esperamos que será motivo de futuras publicaciones.

5.6. La variable económico/patrimonial: el EVA (*Economic Value Added*)

En nuestra experiencia profesional como consultores hemos encontrado que a los empresarios muchas vecess les cuesta comprender que el manejo de una organización requiere la atención de tres aspectos fundamentales, a saber:

1. el **económico,**
2. el **patrimonial** (como parte del anterior),
3. el **financiero.**

Muchos empresarios suelen prestar atención a sólo uno de los tres factores mencionados, por lo general, el aspecto financiero. Efectivamente, la evaluación intuitiva del empresario pasa por su bolsillo. Así hemos escuchado muchas veces que "las cosas van bien" porque hay dinero en caja, y no se dan cuenta de que los pasivos superan a los activos en tal magnitud que la empresa está al borde de la quiebra. O, al contrario, que "las cosas van mal" porque la caja está vacía, cuando al mismo tiempo existe una muy sana situación patrimonial derivada de activos corrientes que superan a los pasivos de corto plazo, o una relación de endeudamiento muy favorable.

Otras veces pasa que la cobranza funciona, pero la rentabilidad de la operación (resultados sobre ventas, por ejemplo) no asegura la continuidad de la empresa en el tiempo.

No vamos a desarrollar ahora la cuestión de la medición de la rentabilidad empresarial, pero mostraremos a vuelo de pájaro algunos indicadores útiles para medirla, para finalmente derivar en el tema del título (el Valor Económico Agregado, conocido por su sigla en inglés cómo EVA).

Podemos medir la **rentabilidad de la venta** calculando el índice conocido como **resultado neto sobre ventas**, y tener así un primer indicador de la salud de la operación. Pero con esto no alcanza.

Si a continuación calculamos la **rotación del capital**, que surge de resolver la ecuación **venta** sobre **patrimonio**, para definir cuántas veces vendemos nuestro capital en un período de tiempo, tenemos un dato adicional para comprender qué sucede con nuestro negocio.

Si unimos rentabilidad sobre venta con venta sobre capital, obtenemos lo que se conoce como el **índice de Du Pont** (llamado así porque fue desarrollado por esa importante empresa), que determina la rentabilidad sobre el patrimonio neto (**resultado neto** sobre **ventas** dividido por **patrimonio neto**), y a su vez lo descompone en **rentabilidad** sobre **ventas** y **rotación del capital**.

Cuando hablamos de capital en general nos estamos refiriendo al Patrimonio Neto de la empresa (**capital invertido por los propietarios más utilidades no distribuidas**), siendo ésta la visión del accionista o dueño de la empresa. Pero también es posible calcular el índice de Du Pont en referencia al Activo Total; es decir a lo que se conoce como **Inversión Total.** En este caso la óptica será la correspondiente al gerente general.

Evidentemente, el resultado calculado sobre el patrimonio neto será diferente de aquel medido sobre la inversión total, dado que en el segundo caso estamos evaluando la rentabilidad no sólo del capital invertido por los propietarios, sino también la utilización de los pasivos hacia terceros utilizados para financiar ese activo total.

De la relación entre ambos indicadores (rentabilidad del patrimonio neto y rentabilidad de la inversión) surge el índice conocido como **efecto palanca** o *Leverage*, que evalúa la rentabilidad de la empresa respecto de la utilización de los fondos provistos por los terceros ajenos a la misma, e indica hasta dónde es posible endeudarse a la tasa de interés que se paga actualmente por esos pasivos.

Todos estos indicadores, como decíamos, proporcionan una visión apropiada de la rentabilidad empresarial, ya que ponen en evidencia los retornos sobre la inversión que hemos realizado en nuestro negocio.

Y ya que hablamos de retornos sobre la inversión, ¿se acuerda del flujo de fondos descontados que vimos en el punto 4.1.? Allí dijimos que la dificultad de este método consiste en que hacemos el cálculo de los flujos de fondos descontados (el VAN y la TIR) al momento de evaluar un proyecto, y después ¡nunca más!

Con lo cual resulta muy difícil confirmar que lo que presuponíamos en el proyecto se haya cumplido en la realidad, porque nuestros estados e informes financieros (estado de resultados, estado patrimonial y flujos de caja) no están preparados exactamente con la misma metodología ni reflejan las mismas cifras evaluadas en el proyecto.

¿Cómo escapar de esta "trampa" de la información? El EVA aparece entonces como una posible solución. ¿En qué consiste? No haremos aquí una descripción pormenorizada del procedimiento, ya que es un tema que requiere un desarrollo particular; pero dicho en pocas palabras, se trata de ajustar nuestro estado de resultados asignando un costo financiero al uso del capital propio y de este modo verificar si la operación continúa siendo rentable.

Un ejemplo muy sencillo, **que no explica el desarrollo detallado del método**, pero que da una aproximación a sus contenidos, aclarará mejor nuestra presentación. Suponga por un momento que su empresa tiene el siguiente estado de resultados:

Ventas	$ 100.000
Costo de ventas	$ (60.000)
Resultado bruto	$ 40.000
Costo financiero	$ (20.000)
Resultado final	$ 20.000
% sobre ventas	20 %

¿Cómo diría usted que resulta esta operación? Buena, ¿verdad? Un 20% sobre ventas antes de impuestos parece un muy buen resultado porcentual.

Vamos ahora a incluir el ingrediente patrimonial mediante el siguiente estado patrimonial que complementa el estado de resultados:

Activo corriente	$ 500.000	Pasivo que paga interés	$ 200.000
Activo no corriente	$ 500.000	Pasivo que no paga interés	$ 400.000
		Capital propio	$ 400.000
Total activo	$ 1.000.000	Total pasivo más P.N.	$ 1.000.000

Presumiendo que el patrimonio neto no ha sufrido variaciones durante el período, y que los accionistas quisieran ver retribuido su aporte de capital con una tasa de rentabilidad no menor al 10% anual, al incorporar a nuestro estado de resultados esta nueva variable tenemos:

Ventas	$ 100.000
Costo de ventas	$ (60.000)
Resultado bruto	$ 40.000
Costo financiero	$ (20.000)
Resultado final	$ 20.000
Costo capital propio	$ (40.000)
E.V.A.	$ (20.000)

¿Qué nos dice ahora? Como sentencia el refrán popular, "no es oro todo lo que reluce", y el resultado anterior no es tan bueno como aparentaba.

Como puede verse, al asignarle un interés al uso del capital propio, el resultado positivo del primer cuadro se convierte en negativo. Esto se debe a dos razones:

a) la magnitud del capital propio que esta empresa está utilizando para generar sus resultados (lo que nos recuerda al índice de Du Pont), y

b) la tasa de interés utilizada para evaluar el uso de ese capital propio (que podría asimilarse a la tasa de corte mencionada al hablar de evaluación de proyectos de inversión).

Nos han quedado sin considerar algunas cuestiones clave del método como las siguientes:

– el desarrollo detallado de la mecánica de cálculo;

– los ajustes a realizar a la contabilidad para considerar situaciones de gastos que deberían computarse como activos (por ejemplo, valor actual de la compra de bienes de uso mediante leasing);

– el cálculo de la tasa de interés a considerar en la evaluación de la utilización del capital propio;

– la comprensión de la herramienta como un uso continuo en el tiempo para comparar resultados y establecer las mejoras producidas, aun cuando los indicadores pudieran mostrar números negativos;

– las medidas correctivas a ser tomadas para mejorar la operación, a partir de la interpretación de lo que los indicadores nos muestran.

Pero aunque no hayamos desarrollado con profundidad los puntos anteriores, no quisimos dejar de mencionar esta herramienta que ayuda a comprender mejor la naturaleza del negocio y a manejarlo más eficientemente, tanto con la perspectiva interna de la gerencia como desde la óptica de quienes "ponen el dinero"; es decir, los accionistas y empresarios.

Con lo dicho hasta aquí hemos completado el desarrollo de nuestro temario en cuanto a costos se refiere.

Vamos ahora a introducir brevemente un nuevo tema, muy conectado con el anterior, y que es el referido a planeamiento.

6. El planeamiento

6.1. LA PIRÁMIDE ORIENTACIÓN/GESTIÓN/OPERACIÓN

Para explicar el proceso de planeamiento hemos elegido repasar un modelo que estimamos sumamente útil para comprender la realidad empresarial, conocido como la **pirámide Orientación / Gestión / Operación**.

No debemos confundir este esquema con la clásica visión piramidal de la organización, que dibuja la estructura empresarial "de arriba abajo" en función de jerarquías. El sentido que queremos darle a nuestra pirámide es más bien el de describir las responsabilidades básicas operacionales, puntualizando las tres actividades nucleares que desarrollan –o deberían desarrollar– en cualquier empresa sus integrantes en general y el grupo directivo o gerencial en particular, independientemente de su tamaño o grado de desarrollo.

Es decir, que ésta no es una visión meramente funcional de la empresa, sino que hace a la comprensión de las responsabilidades básicas de administración. No estamos aquí preocupados por definir funciones, tareas o áreas de actividad, sino que nuestro objetivo es determinar **cuáles son las responsabilidades** que es necesario atender en una organización para que funcione apropiadamente.

La pirámide que proponemos proporciona una visión sistémica del entorno organizacional, dado que a partir de la misma se analiza la problemática de la conducción de la empresa en su totalidad, globalmente y tratando de favorecer distintas perspectivas.

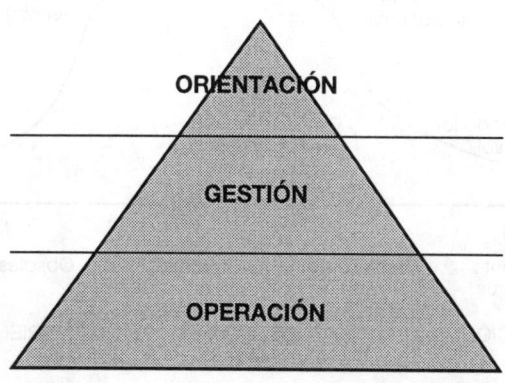

En la base, encontramos la **operación**. Efectivamente, en toda empresa sus integrantes actúan en la operación; esto es, "hacen cosas". Algunos de ellos exclusivamente operan (los "operarios") realizando actividades planificadas al detalle, generalmente por otras personas, y necesariamente rutinarias y repetitivas, con estándares y normas estrictas de cumplimiento. Pero con una perspectiva amplia, todos los integrantes de la organización operan en sus funciones específicas: desde los empleados hasta los máximos directivos.

En el segundo nivel encontramos la **gestión**.

Gestión es, básicamente, la actividad dirigida a obtener y asignar los recursos necesarios para el cumplimiento de los objetivos de la organización. Pero gestión implica también reflexionar o recapacitar sobre los logros alcanzados en la consecución y aplicación de esos recursos. Así, la gestión está vinculada primordialmente a la administración, de donde se nutre con la información necesaria para arribar a sus conclusiones. Y si bien la operación está presente en toda la organización, por pequeña que ésta sea, también lo está la gestión, aunque a veces con grados de desarrollo y complejidad diversos.

Volveremos mas adelante con el tercer nivel de la pirámide, la **orientación**. Pero previamente compartiremos algunos conceptos sobre el ciclo de vida de la empresa.

6.2. EL CICLO DE VIDA DE LA EMPRESA

El **ciclo de vida de la empresa** se grafica con una campana de Gauss, donde, como en todo ciclo vital, hay un nacimiento, un crecimiento, una estabilidad y una decadencia previa a la muerte

Debido a ello, con esta misma curva podemos analizar tanto el ciclo de vida de una organización, de los productos por ella desarrollados, como también el de las personas que integran esa organización.

El ciclo de vida de la empresa

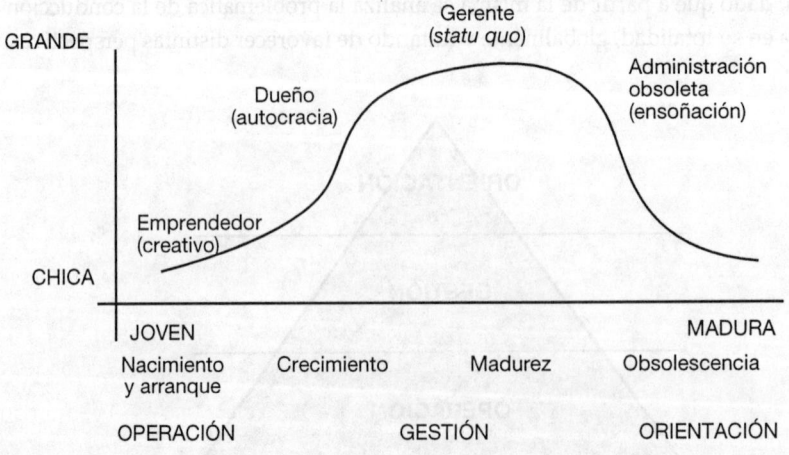

Al observar la curva del ciclo de vida y relacionarla con nuestra pirámide, podemos decir que en el inicio de toda empresa **el énfasis se pone fundamentalmente en la operación**.

Efectivamente, en todo lanzamiento de una empresa o actividad, el impulso inicial está dirigido primariamente a "hacer". En esta etapa, la figura dominante, a la que llamamos **"el emprendedor"**, está ocupado y preocupado porque su idea, producto, concepto o empresa, de la que probablemente sólo él esté convencido en ese momento, se compruebe en la práctica y se imponga como una visión generalizada y compartida. Es decir, se incorpore como una forma particular de ver las cosas –**su** forma de verlas– dentro del contexto, y sea reconocida por éste.

Esta etapa del ciclo de vida está signada antes que nada por un proceso de prueba y error, donde priman la incertidumbre, la creatividad, los riesgos y el aprendizaje. Prácticamente se desconoce la administración y la gestión, y no existe una preocupación en principio por la asignación de los recursos; es decir, por los costos.

Dado que lo importante en esta etapa es conseguir el reconocimiento de la idea, producto, concepto o empresa, si se logra, automáticamente se justifican los costos incurridos. Este concepto puede expresarse con la famosa frase "el fin justifica los medios", y es la esencia misma de esta etapa del ciclo de vida, dado que si la idea no se impone, el tema muere ahí.

En este período la empresa está dirigida totalmente al mercado, y la conducción suele ser personal y sin delegación. Una vez que la idea se ha impuesto y pasa a la fase de crecimiento, empieza a requerir una administración. La complejidad de la operación crece y con ella se agiganta la necesidad de contar con registros y archivos.

Es entonces cuando aparecen los sistemas, las normas generalmente reconocidas (en particular por los iniciados en la disciplina, ya que para la mayoría de la gente involucrada en el proceso son generalmente desconocidas) y los lenguajes particulares de administración y contabilidad.

Y con este aumento de la complejidad aparece la gestión.

Es decir que la gestión comienza básicamente como la administración de la actividad, su organización y su registro ordenado para que puedan sacarse conclusiones: qué se vende, dónde se vende, cómo se vende, a quién se vende, quién debe, quién paga, a quiénes debemos, etcétera. Con la gestión, la idea del emprendedor (primera etapa) se amplía, se hace conocer y crece.

Se administra la complejidad, se sacan conclusiones de lo actuado y se comienzan a fijar algunos objetivos de corto y mediano plazo, a pronosticar el futuro.

Se lleva a cabo un aprendizaje empírico de la realidad, se crece y se puede primero alcanzar la estabilidad y luego mantenerla.

La gestión cubre la etapa del crecimiento de la empresa, en la que predomina la administración, que al comienzo suele ser personal y autocrática, y se pone énfasis en la eficiencia, dado que al imponerse la idea original se asume que ya "se conocen las formas de hacer las cosas" y por lo tanto se tienden a repetir las "claves del éxito".

El personaje del emprendedor se reemplaza, como muestra el gráfico, por el del **"dueño"**, quien está convencido de que sabe cómo se deben hacer las cosas para triunfar, y por lo tanto empieza a abandonar el pensamiento creativo.

Con la madurez de la empresa y al profesionalizarse la administración, se tiende a la maximización de la eficiencia, pero también se generaliza el temor al error y la tendencia a mantener las estructuras formales. La figura dominante es el **"gerente"**, y **en esta etapa se empieza a pensar en el futuro**.

El siguiente momento es la obsolescencia.

Una característica observada es que, habiendo alcanzado el éxito de la idea, y a partir de allí el crecimiento y el desarrollo de la empresa, se empieza a confundir la realidad del medio con la realidad interna. Este hecho ha sido descrito por Alberto Levy con una frase que sintetiza el pensamiento de los directivos de las organizaciones que se encuentran en esta etapa: "**Afuera todo debe de seguir igual**". La frase explica precisamente el porqué de la declinación o desaparición de muchas empresas consideradas como modelos a seguir, y que de pronto evidenciaron problemas que comprometieron su futuro y provocaron su caída.

Época de viejas vacas lecheras, donde se trata de "repetir lo mismo", **se deja de prestar atención al mercado** –es decir, se permite que los otros actúen– y la empresa se encuentra desorientada, con una administración **impersonal**.

6.3. LA ORIENTACIÓN

Para superar esa crisis y fundamentar realmente el crecimiento, alargando y manteniendo este período del ciclo de vida, se requiere la tercera función que mostramos en la pirámide y que denominamos **orientación**.

Tradicionalmente la función de orientación se representa con la imagen del vigía del barco. Imaginemos un velero, en el que podemos ver al vigía subido al palo mayor, rodeado de soledad y dedicado exclusivamente a la observación del horizonte.

Si miramos la nave en su conjunto, veremos una multitud de gente "operando", desde los que limpian la cubierta y ejecutan todas las tareas necesarias para la navegación, hasta los que están durmiendo en sus camarotes esperando cumplir más tarde con su guardia. También podemos observar al capitán con sus oficiales, analizando y manteniendo el rumbo, asignando las prioridades y administrando los recursos. Es decir, "gestionando".

Pero en realidad, unos y otros dependen del vigía, que observa el horizonte, indica por dónde se aproximan las tormentas y señala el rumbo a seguir y los eventuales cambios, para finalmente llegar a buen puerto.

Esta función de orientación es la que corresponde a la planificación. Porque **planificar es determinar el rumbo a seguir, luego de un detallado análisis de la empresa y del contexto, con el tiempo necesario para prevenir las amenazas y vislumbrar las oportunidades, en un ambiente calificado, tomando las decisiones que permitan anticiparse a los problemas, en un proceso interactivo que debe involucrar a toda la organización, puesto que la compromete.**

6.4. EL PROCESO EMPRESARIAL Y LA PIRÁMIDE ORIENTACIÓN / GESTIÓN / OPERACIÓN

En resumen, podemos decir que el nivel de **orientación** implica **qué, cuándo y dónde hacer las cosas**, y corresponde a la función de planeamiento. El nivel de **gestión** se refiere al **cómo hacerlas**, es decir, a la obtención y la asignación de recursos. Y el nivel de **operación** es la **ejecución concreta de tareas** para el logro de esos objetivos.

Llegado este punto, le proponemos que utilice este tiempo de lectura como un espacio de reflexión, contestando los distintos cuestionarios que le iremos presentando, para que cuando se encuentre nuevamente en su trabajo diario, frente a su realidad cotidiana, tenga en sus manos un diagnóstico de esa realidad particular elaborado por usted mismo. Para contestar las preguntas que siguen es importante que se ubique en un típico día de su trabajo. Por ejemplo, el de ayer. Tome una hoja y escriba una lista de las cosas que hizo ayer. Y si es posible, estime el tiempo que le dedicó a cada una de ellas. Trate de que la suma de los tiempos le dé alrededor de la cantidad de horas de una jornada normal. Deje por el momento sin completar la columna encabezada con ¿**Qué**?

Actividades desarrolladas ayer	Tiempo (horas, minutos)	¿Qué ?
1)		
2)		
3)		
4)		
5)		
6)		
7)		
8)		
9)		

¿Ya está?

Ahora escriba en el cuadro siguiente una lista de los temas pendientes, que debió haber encarado ayer pero no pudo hacerlo.

Temas pendientes	¿Qué?
1)	
2)	
3)	
4)	
5)	
6)	
7)	
8)	
9)	

Una vez completado este trabajo le vamos a pedir que en la columna que indica **¿Qué?** del primer cuadro, califique cada una de las cosas que hizo con una **O** si cree que corresponde a una actividad de operación, una **G** si es de gestión y un signo **+** si se refiere a orientación.

Sume los tiempos para cada calificación.

Haga lo mismo otorgando **O**, **G** y **+** a los temas pendientes según corresponda. Veamos ahora los resultados.

¿Cuánto de su tiempo dedica a la operación? ¿Y a la gestión? Finalmente, ¿usa parte de su tiempo en la orientación? Si la respuesta es afirmativa, responda: ¿cuánto?

Éste es un indicador que puede variar según la función que cada uno cumpla en su organización.

Pero en la mayoría de los casos una buena parte del tiempo está dedicado a la operación, un poco a la gestión y nada o casi nada a la orientación, tanto en las tareas realizadas como en las pendientes. Dicho de otra forma, el tiempo de lo importante está siendo empleado en lo urgente.

6.5. OBSERVANDO LA REALIDAD

La pregunta que surge, y que a menudo nos formulan como consultores de empresas, es si existe un método, una forma de operar eficazmente, la famosa receta que nos permita resolver los problemas y que en caso de existir explica el éxito de los exitosos.

Lamentablemente debemos repetir que no hay recetas ni maneras únicas de hacer las cosas; que los métodos que existen son solamente herramientas capaces de obrar maravillas en manos de algunos y en ciertas circunstancias, y desastres en otras manos u otras situaciones.

Pero atención: existen maneras de observar la realidad y una cierta filosofía para manejarla, eligiendo las herramientas adecuadas para ello.

Estos modos de plantearse la realidad pueden ordenarse en una forma de pensamiento orientada a anticipar el futuro, mostrarse como una actitud dirigida a solucionar los problemas antes que aparezcan y constituirse, entonces sí, como una fórmula para operar.

Estas cuestiones son, en definitiva, la esencia misma del planeamiento. Listemos ahora los componentes de "nuestra receta".

1) Privilegie lo importante sobre lo urgente

En momentos como los que vivimos, pareciera que ésta no es una actitud posible. Y de hecho no lo es, si no hacemos el esfuerzo consciente de proponérnoslo. Para tomar conciencia de cuál es su actitud frente a esta regla, responda las siguientes preguntas:

- ¿Es usted necesario en todas esas circunstancias?
- ¿Es usted irreemplazable?
- ¿No era posible postergar esa reunión?
- ¿No hubiera sido mejor que aquella tarea la realizara otra persona?
- ¿Cuánto de su tiempo lo ocupó en atender temas que podrían haber sido resueltos por un supervisor?
- ¿Cuánto de ese tiempo ocupó en temas que podían haber esperado otra ocasión?

Y parte de ese tiempo que aplicó a cuestiones relativamente no relevantes, ¿podría haberlo empleado en volver a pensar el negocio, en imaginar el futuro, en poner el problema macro de su empresa en su justa dimensión? ¿Verlo desde distintos ángulos y volver a mirarlo hasta conseguir *nuevas visiones*?

Porque el desarrollo de visiones sobre nuestro negocio y lo que queremos de él, es el primer paso en el camino hacia la construcción de una realidad deseada.

Debemos buscar el espacio para pensar en el futuro, porque es lo mejor que podemos hacer en el presente. Y de esa manera empezar a planificar para crear ese futuro posible.

Acordamos con Russell Ackoff en que el futuro puede ser creado por nosotros ("cada uno es el arquitecto de su propio destino"), pero no desde la lógica de un pensamiento voluntarista ni mediante la aplicación de fórmulas mágicas, sino a través de un proceso que incluye imaginar el futuro, fijar objetivos y desarrollar estrategias. Y al confrontar ese programa con la realidad, aprender del desvío, de la diferencia entre lo esperado y lo realizado, entre el plan y la realidad.

Los empresarios y los gerentes muchas veces cometemos el error de creer que nuestra función es la de resolver problemas urgentes y apagar incendios. En realidad la función del directivo es la de interpretar el contexto y orientar en consecuencia a su empresa para conseguir sus objetivos. Una actitud que necesita de reflexión antes que de acción, y que si bien depende de la capacidad del dirigente para interpretar la realidad y determinar el camino a seguir, provoca que la acción (cuando deba tomarse) sea meditada y no la resultante de un acto reflejo.

2) Analice cuál es su contribución al problema

Todas las situaciones que nos tocan vivir son el resultado de nuestra permanente interacción con el medio.

Por lo tanto, cuando se analizan los logros conseguidos y se intenta medir el rendimiento obtenido, debe evitarse la tendencia (amplificada en situaciones de crisis) de echarle la culpa al contexto, al gobierno, al ministro de Economía, al mercado, a la competencia desleal, a la incompetencia del personal, al jefe y así por el estilo.

Pero aun en los casos en que alguna razón pudiera existir para hacerlo así, y la culpa total o parcial la tuvieran otros, estacionarse en esa conclusión representa solamente un lamento estéril. Si la culpa la tienen el medio o los terceros, no hay nada que podamos hacer. **Solamente estamos en condiciones de cambiar lo que dependa de nosotros**.

Un exhaustivo análisis de fortalezas y debilidades nos colocará en situación de comenzar a analizar el problema, situándonos en nuestro verdadero papel de protagonistas y no en el de víctimas de las circunstancias.

No hemos propuesto temas, no hemos discutido propuestas ni hemos presentado quejas que seguramente tenemos y cuya consideración serviría para generar soluciones a los problemas y proporcionaría nuevas maneras de ver las cosas.

Es necesario dedicar el tiempo a reflexionar sobre nuestras capacidades (las propias y las de la empresa), procurar establecer cuáles son los aspectos positivos (fortalezas) y los negativos (debilidades), entender que esas fortalezas y debilidades no lo son en un sentido absoluto, y que muchas veces una fortaleza en determinada circunstancia puede convertirse en una debilidad en otra situación. Como dice Peter Senge en su libro *La quinta disciplina*: **"Hemos descubierto al enemigo, y somos nosotros"**.

3) Privilegie la visión global

El grado de complejidad de las situaciones en la que nos toca vivir es alto y tiene tendencia a empeorar. Cada vez más rápido, cada vez más profundo. Y la única manera de manejar situaciones complejas es tomar distancia y observar el escenario en forma global, como si no estuviéramos incluidos en él.

Como el vigía del barco.

Porque ver el problema desde "dentro" quita perspectiva y nos vuelve a colocar en la posición de la hoja arrastrada de aquí para allá por cualquier viento.

La visión habitual de concentrarse en el tema a resolver y olvidar que éste es producto de situaciones complejas mayores, constituye la ya mencionada visión túnel, que no permite analizar otros caminos o formas de solución posibles.

Privilegiar la visión global significa **comprender las interrelaciones entre los elementos del problema o situación analizada, procurando conocer el efecto sinérgico de esa interrelación y no analizando las distintas partes por separado para pretender relacionarlas más tarde**.

4) Estudie el proceso de cambio

Casi como complemento del punto anterior debe profundizarse el estudio del proceso de los cambios en nuestro mundo, empezando por los que nos atañen directamente, pero sin perder de vista que lo que en la actualidad no nos afecta puede hacerlo en el futuro, sea como una amenaza o una oportunidad.

Existe una tendencia a identificar el proceso de cambio con las novedades, particularmente con los desarrollos de la tecnología. El cambio al que nos referimos no está constituido solamente por esas novedades, especialmente las tecnológicas. Eso solamente es la superficie del problema. Debemos profundizar en el análisis de las consecuencias que todo cambio trae aparejadas en los estamentos últimos de toda organización: el cambio que nos resulta agradable y también el que podemos llegar a temer.

Es necesario estudiar por qué se producen esos cambios y adónde se dirigen, para finalmente poder aceptarlos. Si intentamos conocer por qué se producen, su esencia íntima, perderemos menos tiempo en tratar de protegernos de ellos.

"No se puede detener con la mano la roca que rueda montaña abajo".

Si percibimos hacia dónde se dirigen los cambios podremos aprovecharlos mejor. Y finalmente, si podemos aceptarlos, estaremos en condiciones de utilizarlos en nuestro provecho, sin enfrentarnos a ellos o resignarnos ante lo que no comprendemos.

La premisa es: observar el entorno con perspectiva y desapasionadamente para determinar qué situaciones representan para nosotros aspectos positivos (oportunidades) y cuáles negativos (amenazas).

5) Elabore un plan

Una vez que se ha efectuado el diagnóstico de la situación y se ha comparado esa percepción de la realidad con la dirección de nuestros intereses y deseos, llega el momento de trazar un adecuado **plan de acción**.

¿Qué es planificar?

Una definición que siempre nos gustó, porque describe muy gráficamente el proceso, es la de George Steiner: **"Una forma de definir su propio futuro, y si usted no está satisfecho con lo que ve, simplemente bórrelo y comience de nuevo".** Ese plan constituye el camino detallado que deberemos recorrer en el futuro. Y como todavía falta algún tiempo para ese futuro, podemos volver a pensarlo tantas veces como sea necesario y corregir sus imperfecciones hasta alcanzar el mejor instrumento posible, que servirá para **tomar decisiones, pero no sobre los problemas y las urgencias, sino sobre los temas que afectarán nuestro futuro. Y con todo el tiempo del mundo.**

El plan es básicamente el camino detallado para construir el futuro deseado, y a la vez, la asignación de los recursos a la consecución de los resultados esperados.

Esta es nuevamente la posibilidad de meditar sobre el futuro de la empresa, los objetivos que se desean alcanzar y los caminos para hacerlo (las estrategias posibles), eligiendo las que mejor se adaptan a la concreción de ese futuro.

6) Controle desde la gestión

La función de control es parte del proceso de planeamiento y es tanta su importancia que como decía un conocido empresario argentino: **"Planes sin controles son meros deseos".**

El control es el camino para conseguir nuestros objetivos, y en palabras de Ackoff,

"crear el futuro", porque al comparar lo que va ocurriendo en la realidad con lo previsto en los planes desarrollados, se podrá aprender de los desvíos y hacer los ajustes necesarios para retomar el camino deseado. Y al minimizar las diferencias, crear ese futuro casi como lo habíamos pensado.

Volveremos sobre estos conceptos en pocos momentos. Mientras tanto, le pedimos que reflexione sobre lo que le hemos dicho hasta aquí antes de seguir con la lectura del punto siguiente.

6.6. DEFINIENDO EL PLANEAMIENTO

Los pasos que hemos descrito hasta el momento corresponden a un análisis detallado de nuestras aptitudes internas y de las posibilidades externas y a un ajuste de esas aptitudes para aprovechar las posibilidades que se presenten.

El proceso de ajuste de estas variables deriva del ejercicio del control. **El control es la medición de la brecha entre nuestros objetivos y la realidad.** Y el proceso del **aprendizaje a través del control** es la primera cuestión que hemos de considerar en este nuevo concepto de planeamiento.

Si el control se lleva a cabo con esta perspectiva, el análisis de los desvíos nos da la posibilidad de aprender de nuestra realidad, **achicando la brecha hasta que prácticamente no exista. Habremos "creado nuestro futuro", porque éste será la consecuencia de nuestras acciones correctas e incorrectas y de nuestro ajuste a la realidad.**

6.7. EL CONTROL DE GESTIÓN ES LA OTRA CARA DEL PLANEAMIENTO

El control se constituye en la otra cara de la moneda de la planificación, **pero cómo técnica que es, no puede ser inmune a la cultura organizacional concreta en la que se trata de aplicar.** En una organización autoritaria, el control invariablemente se constituirá en un arma persecutoria y no en una oportunidad de aprendizaje, y por lo tanto, no podrán aplicarse ideas como las que comentamos.

El control permite completar el ciclo de aprendizaje de la realidad a través de las mediciones de los resultados reales y su comparación con los esperados. Es justamente por esto que decimos que el control de gestión tiene que ver mucho más con la gestión que con el control. Decimos controlar desde la gestión porque pensamos en un control desde la acción misma, en "hacerlo bien la primera vez". Es decir, en desarrollar el trabajo pensando en los objetivos. **No puede haber control si no hay gestión. Con este enfoque, "la gestión es el control".**

6.8. SIGNIFICADOS Y CONTENIDOS DE LA PALABRA CONTROL

En este punto vamos a reflexionar sobre los significados y contenidos de la palabra contro. En primer lugar, podríamos considerar qué se entiende por control. Para esto utilizaremos la forma en que lo enseña el experto argentino Carlos A. Ferrari.

En el Diccionario de la Real Academia, que nos brinda una interpretación "latina" del concepto, se habla de "inspección", "fiscalización", "intervención de la autoridad", "dominio", "mando". Lleva implícita la idea de **autoridad**.

Si tomamos en cambio la expresión anglosajona, en sentido moderno y en cuanto a la administración de empresas se refiere, se lo vincula con los términos "guía", "medio de regulación", "estándar de comparación", que lleva implícita la idea del **autocontrol**.

Hace ya muchos años que Peter Drucker definió este concepto, revolucionario aún en nuestros días (a juzgar por una realidad que no sabe o no quiere aplicarlo), que sugiere que cada directivo debe tener la información adecuada y oportuna para tomar decisiones y llevar a cabo acciones correctivas.

Es usual escuchar a un inglés o a un norteamericano hablar de control como del dominio que un piloto ejerce sobre los comandos de su avión. De ello surge precisamente el concepto de **Tablero de Comando**, herramienta utilizada en las organizaciones.

Esta distinción de conceptos es muy importante, porque la mayoría de los términos de administración tienen una raigambre anglosajona, y cuando son aplicados en una cultura latina como la nuestra, se corre el riesgo de confundirlos.

Por eso es esencial diferenciar distintos tipos de control. Para hacerlo, volveremos sobre la figura de la pirámide que utilizáramos en el comienzo del capítulo.

Sobre la base de este modelo, el concepto de control diferirá según el nivel en que nos ubiquemos. De esta forma, tenemos el **control estratégico** que corresponde a la **orientación**, el **control de gestión** que se refiere a la **gestión** y el **control de seguridad** que está dirigido a la **operación**.

Veamos ejemplos de cada uno de ellos.

Los controles de seguridad incluyen las auditorías de existencias y las tomas de inventarios, los arqueos de caja, el seguimiento de las cobranzas, el cumplimiento de programas, la evaluación de los tiempos cargados a órdenes de fabricación, etcétera.

Entre los controles de gestión se incluyen los análisis de las diferencias entre cifras presupuestadas y reales y la verificación de los grados de alcance de los objetivos que oportunamente se han prefijado o los desvíos respecto de ellos.

Y entre los controles estratégicos pueden mencionarse el análisis de las tendencias del mercado y de la competencia, la evolución de la mezcla de ventas, el desarrollo de nuevos productos, las competencias distintivas de nuestra empresa con respecto a otras, etcétera.

Como puede observarse, todos estos controles son de distinta naturaleza. En los de seguridad estamos más cerca de la definición latina de la palabra, o sea la intervención de la autoridad. En el extremo opuesto, en cambio, nos acercamos más a la concepción anglosajona, que implica la posibilidad de aprendizaje del desvío.

De distintos relevamientos en empresas y entidades que hemos llevado a cabo, surge que en general los controles que más se realizan son los de seguridad, un poco menos los de gestión y mucho menos los estratégicos.

Entendemos que esto es consecuencia de un enfoque muy tradicional que tiene que ver con el control contable del patrimonio, que evidentemente es importante, pero no el único.

Podemos decir que, en general, los controles deben reunir las características de ser:

a) económicos (costo/tiempo),
b) significativos,
c) oportunos.

En este punto podríamos preguntarnos cuáles son los controles que se aplican en nuestras empresas.

Para ello le proponemos llenar el formulario que adjuntamos y reflexionar con los directivos de su compañía, si es posible, sobre el grado de satisfacción existente con el sistema de control aplicado, qué produce y qué no produce, e imaginar qué medidas tomar al respecto.

Las preguntas son las siguientes:

1.	¿Qué controles se realizan en su empresa?
2.	¿Qué grado de efectividad asigna usted a tales controles?
3.	¿Qué controles se debieran hacer a su juicio en su empresa y no se efectúan?
4.	¿Cuáles son las causas por las que no se hacen tales controles?
5.	¿Que información le brinda la contabilidad de su empresa?
6.	¿Dispone usted de información adecuada para tomar decisiones?
7.	¿Es oportuna?
8.	¿Se realizan en su empresa planes de gestión (objetivos, presupuestos, etcétera)?
9.	En caso afirmativo, ¿quiénes participan en su formulación y control?
10.	¿Dispone su empresa de sistemas destinados a la gestión?
11.	En caso afirmativo, ¿son realmente útiles?
12.	En síntesis, ¿está satisfecho con el sistema de información y control de su empresa? ¿Qué mejoras cree que deberían encararse?

A partir de las respuestas, es posible sentar las bases para obtener mejoras en los controles que se realizan. Y si quiere llevarse una sorpresa, saque fotocopias de las preguntas y hágalas circular entre sus colaboradores.

Siempre es tiempo de aprender cosas nuevas y mejorar la perspectiva desde donde se mira la realidad.

6.9. EL PROCESO DE PLANEAMIENTO

Explicaremos el proceso de planeamiento con un esquema:

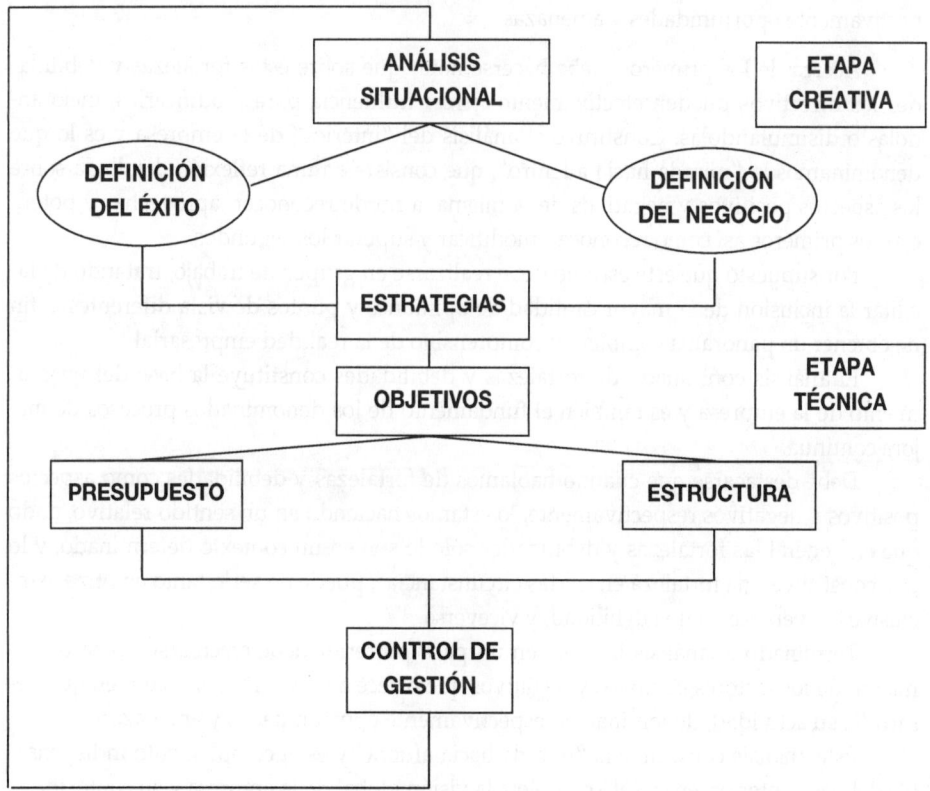

En el diagrama se señalan dos etapas.

Una primera etapa creativa, que abarca desde el análisis situacional hasta la definición de los objetivos y estrategias y que tiene como rasgo distintivo la libertad en la elaboración de las propuestas, la discusión de las ideas y la innovación.

La segunda etapa, que denominamos técnica, y que va desde la cuantificación de los objetivos hasta el control que realimenta el proceso, es la etapa racional, que requiere acordar; es decir, lograr el consenso y acuerdo entre los distintos encargados de convertir las ideas del plan en realidades concretas.

Veamos cada uno de los pasos del diagrama.

Primer paso: el análisis situacional

El primer paso es el que se denomina **análisis situacional**.

El análisis situacional es el fundamento de la definición del planeamiento, dado que mediante el mismo se produce la vinculación de la empresa con su contexto y su competencia. El análisis situacional también se denomina Análisis FODA, por las iniciales de las palabras Fortalezas, Oportunidades, Debilidades y Amenazas, dado que consiste en el estudio meditado y detallado de:

1) la empresa y su operación, determinando los factores positivos, que se denominan fortalezas, y los negativos, llamados debilidades, y

2) el contexto, identificando los factores positivos y negativos, denominados respectivamente oportunidades y amenazas.

Acerca de los primeros, debe hacerse notar que sobre estas fortalezas y debilidades los directivos pueden efectivamente ejercer influencia para modificarlas, mejorándolas o disimulándolas. Constituye el análisis del "interior" de la empresa y es lo que denominamos la "mirada hacia adentro", que consiste en una reflexión detallada sobre los aspectos positivos y negativos de la misma, a fin de reconocer, aprovechar y potenciar los primeros así como reconocer, modificar y superar los segundos.

Por supuesto que este estudio debe realizarse en grupos de trabajo, tratando de facilitar la inclusión de la mayor cantidad de opiniones y puntos de vista diferentes, a fin de obtener un panorama completo y comprensivo de la realidad empresarial.

El análisis continuado de fortalezas y debilidades constituye la base del mejoramiento de la empresa y es también el fundamento de los denominados procesos de mejora continua.

Debe destacarse que cuando hablamos de fortalezas y debilidades como aspectos positivos y negativos respectivamente, lo estamos haciendo en un sentido relativo, dado que en general las fortalezas y debilidades sólo lo son en un contexto determinado, y lo que constituye una fortaleza en ciertas circunstancias, puede no serlo tanto en otras, e inclusive convertirse en una debilidad, y viceversa.

Terminado el análisis interno, en un paso posterior debe efectuarse un reconocimiento de los factores positivos y negativos que ofrece a la empresa el medio en que desarrolla su actividad, denominados respectivamente oportunidades y amenazas.

Este análisis constituye la "mirada hacia afuera" y es el complemento indispensable del paso anterior, en cuanto completa la visión global de la empresa y su contexto.

El reconocimiento de las oportunidades y amenazas del entorno en el que se desenvuelve la empresa constituye el otro eje central del planeamiento, dado que vincula a la empresa con el medio en el que se desarrolla su actividad, produciendo la necesaria adaptación de la misma y enfocando su actitud hacia la construcción de los objetivos posibles.

Debe puntualizarse asimismo que la empresa no puede ejercer una influencia directa sobre las oportunidades y amenazas sino que debe necesariamente adaptarse a ellas, aprovechándose de las primeras y anticipándose a las segundas, de acuerdo con su situación particular de fortalezas y debilidades.

El **análisis situacional** implica entonces, por una parte, hacer un análisis general de la situación de la empresa, de cuáles son los aspectos fuertes y débiles de la misma. Si pensamos que no existen aspectos débiles, podemos afirmar desde ya que estamos equivocados. Porque cada empresa, como cada individuo, tiene ciertos perfiles más positivos y otros más negativos. Cualquiera sea el tamaño o nivel de crecimiento que tenga la empresa, siempre habrá aspectos débiles, y tener conciencia de ello es el punto de partida para mejorar.

También es bueno tener en claro qué riesgos o amenazas afronta la empresa hoy, y por otro lado, qué oportunidades se le presentan. Y éste, como dijimos, es el segundo paso del análisis situacional.

Una vez realizado el análisis FODA, deben organizarse las fortalezas y debilidades en orden de la importancia relativa que les adjudique la empresa y el grupo de análisis, y las oportunidades y amenazas en función de su probabilidad de ocurrencia. Al relacionar la mirada hacia adentro con la mirada hacia afuera, se obtiene la siguiente matriz estratégica:

	Fortalezas	Debilidades
Oportunidades	Aprovecharlas	Dejarlas pasar
Amenazas	Defenderse	Evitarlas

Cuando la oportunidad ofrecida por el contexto coincide con alguna de las fortalezas de la empresa, no puede desaprovecharse.

Este cuadrante tiene que ser fomentado y por lo tanto deben aplicarse a él los esfuerzos de inversión y crecimiento. Si, por el contrario, la oportunidad se cruza con una de las debilidades de la empresa, habrá que resignarse y "dejarla pasar".

Pero como tenemos tiempo todavía, es posible que valga la pena fortalecer nuestra posición y tratar de aprovechar esa oportunidad.

En el caso de una amenaza, coincidente con una fortaleza, es necesario prepararse para defenderse de ella, y tratar de transformarla en oportunidad, en general a través de decisiones de inversión.

Por último, cuando una amenaza coincide con una debilidad, habrá que tratar de evitarla o en caso contrario someterse al desastre. En este caso, suele corresponder la aplicación de decisiones de desinversión, que tomadas a tiempo, evitan males mayores.

Es sumamente importante reflexionar que el proceso de Planeamiento que estamos ejecutando es un método de toma de decisiones a futuro, o sea que existe tiempo para modificar nuestra posición relativa de fortalezas y debilidades (recordando que lo único que puede hacerse con las oportunidades y amenazas es aprovecharlas o evitarlas). Por lo tanto, del análisis FODA, surgen las posibilidades de modificar las debilidades convirtiéndolas en fortalezas, para que el cuadrante Amenaza/Debilidad se convierta en Amenaza/Fortaleza, y el Oportunidad/Debilidad en Oportunidad/Fortaleza, con los consiguientes efectos.

Por otra parte, el análisis FODA nos enseña a efectuar un detallado inventario, "con todo el tiempo del mundo", sobre los aspectos positivos y negativos de nuestras características como empresa y relacionarlos con las oportunidades y amenazas del contexto. Esto no solamente nos permite tomar decisiones a futuro, sino investigar ese futuro y prepararnos para él, modificando nuestras condiciones y adaptándonos al medio, para favorecer el hallazgo de un pensamiento que alcance a crear el futuro que imaginamos.

Segundo paso: la definición del éxito

Un segundo paso, complementario del anterior, es el de la construcción de una definición compartida del éxito, tal como lo imaginan los propietarios o los principales niveles de conducción de la empresa.

En realidad no se pretende llegar a una definición del éxito desde un punto de vista filosófico, pues probablemente nunca alcanzaríamos un acuerdo absoluto entre las distintas partes. Justamente por ello es que se trata de consensuar entre los principales actores una visión compartida de lo que las partes interpretan como éxito. Es entonces una manera de clarificar ideas y formas de pensar, reconocer que en la ejecución de los negocios pueden llegar a crearse situaciones de oposición o de resistencia.

Un ejemplo aclarará nuestras afirmaciones.

Si el concepto que tiene un gerente acerca del éxito es constituir a la empresa en el líder del mercado, mientras que la de otro socio o gerente es ocupar una situación secundaria, por ejemplo la de primer imitador del líder, esta situación conducirá tarde o temprano a conflictos de poder, dado que las partes –que no han clarificado sus objetivos– tratarán de alcanzar lo que en su conciencia es lo más importante (y lo harán inclusive pensando en el beneficio de sus asociados), persiguiendo objetivos disímiles y hasta opuestos, que irán llevando a la empresa a una situación de conflicto e inmovilidad.

Todos los días asistimos a discusiones entre socios, producto de la falta de clarificación y consenso de las distintas posiciones particulares. De esta forma, las empresas se debaten entre los directores de Operación que, basándose en una cuestión de productividad de fabricación, trabajan para hacer stocks que los directores de Comercialización no pueden vender, mientras éstos últimos concretan negocios con los que la producción no logra cumplir. El desarrollo de una visión compartida es fundamental para la concreción de un proceso de planeamiento.

En toda empresa es posible distinguir las distintas especializaciones funcionales, cada una con su propio lenguaje y sus propios objetivos, interactuando y muchas veces combatiendo entre sí, tal como se visualiza en el gráfico siguiente:

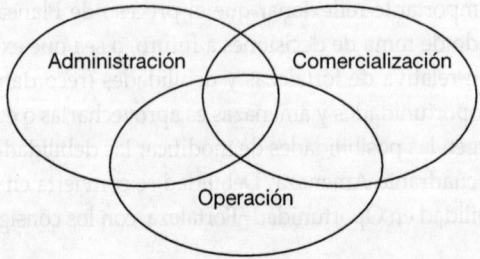

Vamos a interpretar este diagrama. Lo que se observa aquí es de qué manera se relacionan los distintos sectores de la empresa.

En primer lugar debemos recordar que, como dijimos, cada uno de los sectores tiene un lenguaje propio, identificatorio y relacionado con las características de las funciones desarrolladas. Este lenguaje, que más arriba mencionábamos como el de "los iniciados", es propio de la zona de cada sector que no se encima con las otras y es el necesario para que cada uno pueda desarrollar su actividad específica.

En las zonas donde se empalman los sectores se muestran las relaciones entre los mismos. En principio se relacionan de a dos: administración con comercialización, administración con operación, comercialización con operación. Para esta relación establecen lenguajes comunes y pautas determinadas que permiten la comunicación.

Pero es en el centro donde, como vemos, se encuentran todos los sectores, y se desarrolla lo que se llama la **visión compartida**. Este es el lugar donde se acuerda y se crea, donde interactúan la totalidad de los componentes de la organización, estableciendo los objetivos de la misma y desarrollando por lo tanto esa visión de la organización como un todo. Es justamente esta zona la que debe fomentarse y ampliarse para crear organizaciones más abiertas al cambio y más dispuestas a relacionarse con el medio, más atentas a las oportunidades y con mayor reconocimiento de la labor que realiza cada uno de sus componentes.

Tercer paso: la definición del negocio

¿Cuál es el negocio de su empresa?

Cada vez que se formula esta pregunta en seminarios y charlas, surgen de manera recurrente dos respuestas tipo:

a) el negocio de mi empresa es (o nosotros nos dedicamos a) la producción de tal artículo;
b) el negocio de mi empresa es ganar dinero.

Y probablemente usted esté pensando que su contestación coincidiría con alguna de ellas.

Con respecto a la primera, es interesante ver que no solamente se pone el acento en lo que la empresa "hace" (produce, fabrica), sino que se omite mencionar la relación de esa actividad con el medio, por ejemplo "producir y vender", por lo que se constituye en una respuesta incompleta. En efecto, poner el acento sólo en la fabricación de tal o cual artículo, supone pensar "nosotros fabricamos un valor y el cliente debe comprar ese valor". En realidad, el proceso debiera ser el opuesto, como veremos de inmediato.

Con relación a la segunda respuesta, si usted piensa que el negocio de su empresa **solamente** es ganar dinero, está equivocado. La posibilidad de ganar dinero, totalmente válida y **además** necesaria en cualquier actividad empresarial, será una consecuencia de una adecuada definición de su negocio. La empresa solamente consigue vender sus productos, y eventualmente ganar dinero, a partir de que los clientes de la misma consideren que aquellos tienen valor y durante el tiempo que lo sigan creyendo.

Esto explica las modificaciones que se producen en los productos en función de las modas o de los cambios de percepción de lo que constituye valor para clientes y consumidores.

Es frecuente escuchar quejas por parte de algunos empresarios sobre las actitudes de sus clientes, en el sentido de que "no reconocen la calidad de nuestros productos", o incluso "eligen solamente por el precio". Esta actitud expresa la frustración de pensar que se produce algo que tiene valor y que ese valor no es percibido como tal.

El fabricante de envases de vidrio, que decía que su negocio era la "producción de botellas", no visualizó lo que su competencia proponía: la posibilidad de proporcionar al mercado "contenedores de líquidos", que podían ser de otro material, como por ejemplo plástico o cartón, con lo que perdió mercado. ¿Cuántos todavía se quejan de que su producto es mejor, y reniegan de la infidelidad o falta de conocimientos de sus clientes?

Otro caso similar de un producto reemplazado por otros, inclusive de rubros aparentemente no relacionados, es el de las complejas batidoras para uso doméstico. Cuando alguien se hizo la clásica pregunta: ¿Qué compra el cliente cuando compra?, y se contestó por ejemplo: "La posibilidad de hacer un pastel", ese alguien también pensó "¿Compran el aparato para hacer el pastel, o quieren el pastel?". El paso siguiente fue la aparición en el mercado de las mezclas instantáneas para hacer pasteles.

Ejemplos como los anteriores surgieron de la visión de personas que se detuvieron a analizar qué estaban haciendo, en vez de seguir corriendo detrás de las urgencias, y que trataron de descartar lo que parecía obvio y pensar su negocio con otra perspectiva: la del cliente.

Citando a Peter Drucker: "Un negocio no se define por el nombre de la empresa o sus estatutos, sino por el deseo de satisfacer al consumidor, que es el propósito de cualquier negocio".

Para definir el negocio de su empresa deben hacerse las siguientes clásicas preguntas formuladas hace mas de cuarenta años por Drucker, y repetidas aquí por nosotros.

1. ¿Cuál es nuestro negocio?

- ¿Cuál es, hoy día, nuestro negocio?
- ¿En qué negocio estamos?
- ¿Quién es (o debería ser) nuestro cliente?
- ¿El cliente actual?
- ¿El cliente potencial?
- ¿Dónde está?
- ¿Cómo compra?
- ¿Cómo se puede llegar a él?
- ¿Qué necesidades espera cubrir cuando hace negocios con nosotros?
- ¿Qué tiene valor para el cliente?
- ¿Qué considera el cliente como valor?
- ¿Qué busca el cliente cuando compra?
- ¿Cuál es la evaluación que hace de nuestra competencia con relación a la satisfacción de esas necesidades?

2. ¿Cuál será nuestro negocio?

- ¿Cuál será mañana nuestro negocio? ¿Y después?
- ¿Cuáles son el potencial y la tendencia del mercado?
- ¿Qué modificaciones son de esperar en la estructura del mercado como consecuencia de los cambios económicos, las variaciones en los gustos y los movimientos de los competidores?
- ¿Qué innovaciones cambiarán las necesidades, los conceptos de valor del cliente o harán posible satisfacerlo mejor en cuanto a agregados de valor?
- ¿Qué necesidades tiene el consumidor que no sean satisfechas en forma adecuada por los productos y los servicios actuales?

3. ¿Y cuál debería ser nuestro negocio?

- ¿Estamos en el negocio correcto, o deberíamos cambiar?
- ¿Quiénes son nuestros clientes y no deberían serlo?
- ¿Quiénes no son nuestros clientes y deberían serlo?

Cuarto paso: las estrategias

Analizaremos este paso junto con el siguiente.

Quinto paso: la definición de los objetivos

Hemos reunido los pasos cuarto y quinto, dado que las estrategias constituyen el complemento de los objetivos y viceversa. Incluso en muchos textos puede verse invertido el orden que nosotros hemos elegido. Esto es así porque en realidad cada uno de ellos es la consecuencia del otro. Si el objetivo es lo que queremos alcanzar, la estrategia es la forma de alcanzarlo. Si el objetivo es la llegada, la estrategia es el camino.

Dado que los objetivos se han desarrollado a partir del análisis descrito en los puntos anteriores, estos objetivos y estrategias son el resultado concreto de las visiones que los dueños y los directivos de la empresa pudieron desarrollar, e incluyen por lo tanto los criterios con que se evaluará el éxito que se alcance en su cumplimiento.

Por lo tanto deben:

- expresarse en términos que inspiren entusiasmo por su cumplimiento;
- explicar las visiones y las metas a alcanzar;
- elevar el nivel de desempeño de las personas involucradas en el proceso.

Los objetivos muestran los siguientes aspectos:

- cuantitativos: abarcan temas como la participación en el mercado y el volumen de ventas;
- cualitativos: tales como calidad y valor percibidos por el cliente.

Como dijimos al comenzar, las estrategias son el complemento de estos objetivos, porque nos indican de qué manera alcanzarlos con la más alta eficiencia, traduciendo de esta manera la visión empresaria en acciones concretas.

En otras palabras, son los caminos hacia los objetivos.

Según Sallenave, los objetivos a cumplirse pueden clasificarse en tres categorías básicas:

- supervivencia,
- crecimiento,
- utilidades.

El mismo autor reflexiona que junto con estos objetivos, resultado de la búsqueda de consenso en la empresa, existen objetivos individuales de los gerentes.

En esa misma línea, y según el experto canadiense Derm Barret, puede interpretarse a la empresa como una **intrincada red de objetivos**. Estos objetivos son de tres tipos: individuales, grupales, y organizacionales. Los objetivos personales son inherentes a cada persona.

No reconocer en una gestión que cada uno de los participantes tiene objetivos propios es como asumir que son algo así como autómatas. Por lo tanto, estos objetivos existen antes que la empresa misma, y quienes la constituyen los tienen y los llevan consigo, los expresen o no.

Los objetivos grupales son los que se consiguen por afinidad de gustos, intereses o culturas. Existen previamente a la empresa.

Los simpatizantes de un equipo deportivo, grupos artísticos, culturales o religiosos son un ejemplo de esta clasificación.

Dentro de la organización, las personas vuelven a reunirse en torno a estos objetivos grupales, hecho que puede observarse en cada sector de la empresa –Comercialización, Producción o Finanzas–, donde se desarrollan ciertas lealtades hacia el grupo y se comparten objetivos que tienen que ver con el logro de un buen desempeño.

Este tema lo hemos tratado antes cuando mencionamos las visiones compartidas y tiene que ver con aspectos como formación profesional y lenguajes derivados de esa formación.

Por último, dice Barret, los objetivos organizacionales o de la empresa son aquellos que en realidad no existen, a menos que se haga un esfuerzo común a partir de la conducción por desarrollarlos.

Lo que es importante en este caso es reconocer la presencia de estos objetivos como un resultado de la interacción de los miembros de la organización, y diferenciarlos claramente de los individuales o grupales. **Y esto proporciona una nueva definición de planeamiento, como proceso participativo de construcción de objetivos.** Por lo cual, se hace necesario que cada nivel gerencial convoque al nivel inmediatamente inferior a desarrollar planes y objetivos, dándoles coherencia a través de un proceso de participación e interacción destinado a acordar prioridades. Cuando la empresa es unipersonal o tiene pocos integrantes, es lógico que se confundan muchas veces los objetivos del dueño con los de la empresa, hecho que ocurre con mayor frecuencia en la etapa de lanzamiento de la misma.

Pero si en las siguientes etapas se persiste en ese camino, la conducción se torna autocrática y autoritaria. Ésta es la causa por la que quedan subyacentes conflictos que con mayor o menor grado de complejidad atentan contra el cumplimiento de los objetivos, dado que muchos participantes en el proceso no los sienten como propios y por lo tanto no se comprometen a alcanzarlos.

Hemos escuchado a directivos de organizaciones que dicen tener políticas de "puertas abiertas" y que sienten que no son interpretados por la gente que compone esas organizaciones. Pero lo que no se dice habitualmente es que las puertas a veces están abiertas para escuchar sólo las opiniones de quienes piensan igual, y que cualquier idea que se aparte de ese modelo es rechazada, o no tomada en cuenta. Por ello es sumamente importante entender que este proceso se logra a través de la mayor participación posible de la gente, que, por otra parte, es la que va a conseguir o no que esos objetivos se alcancen.

Usted dirá: ¿y cómo se hace esto? La única manera es a través del trabajo de grupos. Primero hay que crear un clima proclive al desarrollo de la creatividad y el pensamiento emprendedor. Después, las nuevas ideas deben ser discutidas y difundidas, para lograr esa visión compartida.

La visión compartida despierta el compromiso de la gente, mientras que las visiones de una persona o un grupo impuestas al resto de los componentes de la organización, solamente exigen acatamiento y no generan compromiso.

Los objetivos desarrollados de esta manera deben asimismo reunir algunos atributos como:

1) estar adecuadamente definidos como una visión a lograr. Por eso es muy importante su redacción, que debe ser una descripción detallada de la situación futura a que se aspira;
2) tener una escala de medida, es decir una forma de poder medir en el futuro su grado de cumplimiento;
3) incluir la descripción de un mínimo alcanzable (a veces definido como norma o umbral mínimo);
4) definir un tiempo u horizonte temporal asignado para su cumplimiento.

A su vez podemos detallar los atributos de las estrategias, que incluyen la consideración de:

1) los objetivos definidos en el proceso de negociación;
2) la descripción de los planes de acción para llevarlos a cabo;
3) el desarrollo de los programas funcionales necesarios para esa tarea;
4) el detalle de los recursos requeridos y asignados en cada caso.

Vamos ahora a repetir algunos conceptos que expresáramos en nuestro libro *Cómo conocer y manejar...* y que componen lo que se llama la **Cadena de medios y fines**, que es un método para establecer objetivos.

¿En qué consiste este método? En lo siguiente:

Partiendo de un objetivo cualquiera predeterminado, en primer lugar podemos preguntarnos reiteradamente: **¿para qué?** La respuesta a cada **¿para qué?** nos planteará cada vez un objetivo de orden superior a aquél del cual partimos, y que constituye un nuevo **fin** a alcanzar.

A posteriori, comenzando nuevamente con el objetivo inicial o con el objetivo de mayor nivel que hayamos definido y seleccionado como el más importante para desarrollar, podemos preguntarnos repetidamente: ¿cómo? La respuesta a cada ¿cómo? nos presentará cada vez uno o más **medios** para lograr el objetivo seleccionado. De esta manera, la definición de un objetivo de mayor rango amplía el espectro de posibles respuestas para satisfacerlo.

Para poner en práctica estos conceptos, vamos a usar la planilla de las páginas siguientes, que también está incluida en *Cómo conocer y manejar...* La tarea es: tome algunos objetivos que haya definido y sométalos al método aquí sugerido. Pregúntese en primer lugar ¿**para qué**? Tenga en cuenta que los ¿**para qué**? deben ser contestados en orden ascendente, partiendo del objetivo conocido y luego volviendo a preguntar ante cada respuesta obtenida.

Una vez completada esta primera parte, pregúntese ¿**cómo**? Recuerde que los ¿**cómo**?, en cambio, deben contestarse en forma descendente, partiendo del objetivo conocido, **o del nuevo objetivo seleccionado**, y luego volviendo a preguntar ante cada respuesta obtenida.

Si bien nosotros le presentamos tres pasos ascendentes y tres descendentes para cada objetivo, puede usar menos de tres o, si lo cree conveniente, agregar alguno.

Cuando termine de armar el cuadro, seguramente tendrá una idea más clara de cuáles son para usted los objetivos más importantes de su organización y los medios para alcanzarlos.

Nº	Preguntas	Descripción de objetivos y programas
	↑ ¿Para qué?	
	↑ ¿Para qué?	
	↑ ¿Para qué?	
1	*Objetivo inicial*	
	Objetivo elegido	
	↓ ¿Cómo?	
	↓ ¿Cómo?	
	↓ ¿Cómo?	

N°	Preguntas	Descripción de objetivos y programas (Cont.)
	↑ ¿Para qué?	
	↑ ¿Para qué?	
	↑ ¿Para qué?	
2	*Objetivo inicial*	
	Objetivo elegido	
	↓ ¿Cómo?	
	↓ ¿Cómo?	
	↓ ¿Cómo?	
	↑ ¿Para qué?	
	↑ ¿Para qué?	
	↑ ¿Para qué?	
3	*Objetivo inicial*	
	Objetivo elegido	
	↓ ¿Cómo?	
	↓ ¿Cómo?	
	↓ ¿Cómo?	

N°	Preguntas	Descripción de objetivos y programas (Cont.)
	↑ ¿Para qué?	
	↑ ¿Para qué?	
	↑ ¿Para qué?	
4	*Objetivo inicial*	
	Objetivo elegido	
	↓ ¿Cómo?	
	↓ ¿Cómo?	
	↓ ¿Cómo?	
	↑ ¿Para qué?	
	↑ ¿Para qué?	
	↑ ¿Para qué?	
5	*Objetivo inicial*	
	Objetivo elegido	
	↓ ¿Cómo?	
	↓ ¿Cómo?	
	↓ ¿Cómo?	

Del desarrollo de la cadena de medios y fines podemos aprender varias cosas.

a) La cadena de medios y fines no es una línea recta que va de abajo hacia arriba o viceversa, sino que ante las distintas preguntas podemos desarrollar objetivos y estrategias laterales; es decir otros caminos y otros puntos de llegada al mismo

nivel que los anteriores. La cadena, entonces, empieza a convertirse en un diseño parecido a un entretejido o una red, con múltiples puntos de llegada y múltiples caminos para alcanzarlos.
b) La empresa (y también las personas) tienen objetivos de distinto nivel; es decir, alguien podrá decir que tiene un objetivo único, pero seguramente puede descomponerse en objetivos de menor nivel, que son los pasos para alcanzar el mayor.
c) La descomposición del objetivo final en objetivos menores es deseable, dado que el cumplimiento de éstos alienta la consecución de los mayores. Es importante entonces plantearse objetivos de distinto nivel y con posibilidades de ser alcanzados para motivar el cumplimiento del planeamiento.
d) Mientras que la organización se compromete con el cumplimiento de cada objetivo, es imperativo que cuente con estrategias diversas para lograrlo. Si el camino –la estrategia elegida– se encuentra cerrado, es importante contar con una vía de escape o por lo menos con un camino alternativo. Por eso es necesario que para cada uno de los objetivos definidos existan por lo menos dos o más estrategias. Esto es: **cada objetivo es único en sí mismo**, pero le corresponden varios caminos. O sea que las **estrategias siempre deben ser alternativas.**

Hemos mencionado al **Análisis situacional o análisis FODA** como la manera de identificar y definir los objetivos y estrategias.

Pero existen otras formas.

Una de ellas es la aplicación de **Áreas de Resultado Clave (ARC)**, para la que es necesario identificar aquellos aspectos fundamentales para el éxito de la empresa, como rentabilidad, participación en el mercado, productividad, innovación, crecimiento, servicio al cliente, etcétera. En cada empresa y en cada ramo esta definición se da con alguna particularidad. Por lo tanto, establecer esas áreas de resultado clave y fijar objetivos sobre ellas ayuda a que esos objetivos tengan que ver con los aspectos fundamentales de la empresa y cubran distintos aspectos de la gestión.

La tercera y última de las formas de encarar la identificación de objetivos es mediante la definición de **Áreas de Problemas (AP)**. Si pueden definirse los problemas centrales de la empresa es posible establecer objetivos específicos para superarlos. En los casos en que los problemas sean muy generales, habrá que encarar la revisión de las rutinas de trabajo para encontrar mejoras y ahorros.

Sexto paso: el presupuesto

Tal como hicimos antes, también ahora trataremos este punto junto con el siguiente en forma resumida, ya que dedicaremos un capítulo entero al tema.

Séptimo paso: la estructura

El presupuesto es la cuantificación en términos monetarios de los objetivos desarrollados por la organización.

Es el instrumento a través del cual se asignan los recursos de la empresa al cumplimiento de las metas y objetivos fijados. Es, por lo tanto, la respuesta desde la asignación de los recursos a la siguiente pregunta: **el plan, ¿es viable o no?** Y naturalmente constituye el feedback necesario para reiniciar el proceso de planeamiento.

Si el plan no resultara viable, habrá que modificar las propuestas o eventualmente generar nuevos recursos que satisfagan los requerimientos.

El presupuesto define claramente los siguientes elementos:

a) un valor a alcanzar,
b) un tiempo o momento para su cumplimiento,
c) un responsable de dicho cumplimiento.

Por otra parte, al estar expresado en términos monetarios, facilita naturalmente su análisis y discusión mediante técnicas diversas, como la utilización de indicadores, la elaboración de un tablero de comando y la posterior etapa de control.

Hemos reunido los pasos sexto y séptimo porque la definición de la estructura necesaria para llevar a cabo el planeamiento se expresa mediante el denominado presupuesto de inversiones, que forma parte de lo que se conoce con el nombre de presupuesto integral, y cuyo desarrollo detallado veremos en el próximo capítulo.

¿Por qué lo hemos diferenciado del presupuesto en general? Para resaltar la importancia de la respuesta a la siguiente pregunta: ¿el plan habrá de desarrollarse con los recursos con que cuenta actualmente la empresa, o será necesaria una nueva estructura para alcanzar ese plan, que requerirá de una mayor inversión? En otras palabras, ¿vamos a alcanzar estos objetivos con esta empresa, o estamos hablando de una nueva?

Como puede verse, estamos ante una disyuntiva fundamental en la vida de la organización, cuyas opciones deben analizarse en forma separada.

Octavo paso: el control de gestión

El control del proceso constituye la realimentación o feedback del mismo, ya que su grado de cumplimiento valida todos los pasos anteriores y permite que la organización aprenda de su propia realidad, para que acorte la brecha que separa sus ideales de la realidad, hasta que ambos sean una misma cosa.

En ese momento la organización habrá creado su propio futuro.

Hemos hablado de las características del control, de sus distintas definiciones y de la importancia de lo que Peter Drucker denomina **autocontrol**. Por todo ello, podemos afirmar que no habrá control si no hay gestión. Y por lo tanto, que la gestión es, en sí misma, el control.

El control de gestión es el conjunto de procedimientos que guían a la empresa en el monitoreo del resultado planeado, y también la elección del comportamiento de los responsables de tomar las decisiones para que actúen con la mayor eficiencia posible en el logro de los objetivos definidos, a partir de la utilización de los recursos disponibles para ello.

El control de gestión limita el margen de acción de los responsables de la toma de decisiones y facilita la convergencia entre los objetivos organizacionales y los individuales a que hacíamos referencia.

Controlar significa guiar los hechos para que los resultados reales coincidan o superen a los esperados.

Esto supone:

a) la fijación de indicadores de actuación que se consideren satisfactorios;
b) la confrontación de los resultados reales con esos indicadores;
c) la toma de decisiones correctivas cuando los resultados reales no satisfagan los indicadores;
d) la implantación práctica de las acciones correctivas decididas.

Entre las distintas técnicas de control de gestión pueden mencionarse las siguientes.

a) El sistema de información económico financiero generado a partir de la contabilidad.
b) El control interno y de procedimientos.
c) La contabilidad de costos.
d) La utilización de distintos modelos de costos incrementales, costos de oportunidad y, en general, costos relevantes para situaciones específicas.
e) La medición de las inversiones.
f) Los presupuestos y el control presupuestario.
g) El **tablero de comando**.

Este último es una herramienta que permite supervisar globalmente la marcha de la empresa de acuerdo con determinadas áreas clave o críticas (ya mencionadas como áreas de resultado clave o ARC), ayudando a corregir las desviaciones producidas con respecto a lo planeado oportunamente.

Esta herramienta se desarrolla sobre la base de:

a) un procesamiento de los datos integrados al sistema de información de la empresa, en tiempo real;
b) un análisis dinámico de la realidad para contribuir al proceso de toma de decisiones;
c) un control de la gestión sobre la marcha;
d) una toma de decisiones oportuna.

Sus características fundamentales son:

a) apunta a realizar controles por excepción: no pretende controlar el todo, sino determinadas áreas críticas para el resultado y definidas previamente;
b) da una alerta rápida mediante señales (las denominadas "luces rojas");
c) utiliza información de gestión que debe obtenerse con la mayor rapidez y precisión posible;
d) se basa en información sintética, resumida, precisa y que se traduce en indicadores de gestión.

6.10. CONCLUSIONES

Los temas que aquí se incluyen no pretenden abarcar el tema en su totalidad y seguramente serán objeto de tratamiento detallado en futuros trabajos.

Lo fundamental según creemos es que mediante el proceso de planeamiento desarrollado, cada una de las personas, y por lo tanto las organizaciones que estas personas integren, tienen una manera de influir en su futuro y en su desarrollo.

Adherimos al pensamiento de Russell Ackoff: **"La habilidad de una persona para llevar a cabo la administración de sus asuntos o los de su sociedad, depende más de su comprensión y actitud hacia el mundo, que de su ciencia y tecnología"**.

Por el momento, nada más. Tal vez este capítulo le haya resultado un tanto denso, debido a la enorme cantidad de conceptos teóricos incluidos.

Pero bueno... Remedando la frase bíblica, sin pretender burlarnos ni cometer una herejía, podemos decir: "No sólo de práctica vive el empresario, sino también de toda teoría que sale de la boca de los especialistas".

Esperamos que nos comprenda y acuerde con nosotros. De todos modos, ya estamos más cerca del final. Lo esperamos en el capítulo siguiente. ¡Hasta entonces!

7. El presupuesto y el control presupuestario

7.1. INTRODUCCIÓN AL PRESUPUESTO

Los presupuestos permiten expresar en términos monetarios los objetivos de una organización, que son el resultado del proceso de planeamiento que describimos en el capítulo anterior, y por lo tanto muestran el futuro como se lo plantea y presenta la organización en su totalidad.

Como se dijo más arriba, el presupuesto debe definir con claridad los siguientes elementos:

a) un valor a alcanzar,
b) un tiempo o momento para su cumplimiento,
c) un responsable de dicho cumplimiento.

Los presupuestos constituyen entonces la cuantificación de los objetivos de una organización así como la descripción de las estrategias para alcanzarlos.

Dado que como expresáramos en el capítulo anterior, el presupuesto es el instrumento con el que se asignan los recursos de la empresa al cumplimiento de las metas y objetivos fijados en el proceso de planeamiento, y requiere del control de la eficiencia de la aplicación de dichos recursos en el logro de los objetivos, es necesario determinar que implica:

a) la revisión de la estructura de la compañía, su sistema de información, el plan de cuentas y su sistema de costos, a fin de compatibilizar la estructura del presupuesto con los mismos;
b) la determinación de las líneas de autoridad y responsabilidad de los distintos responsables de la elaboración de los diversos presupuestos parciales, el cronograma para la elaboración de los mismos y las planillas y formularios que se establecerán para ello;
c) la confección de los diferentes presupuestos con participación activa de los distintos responsables;
d) la aprobación de la dirección superior y su comunicación a los diversos centros de responsabilidad;
e) el control presupuestario posterior a la ejecución de los presupuestos aproba-

dos, con indicación de las variaciones entre los valores reales y presupuestados y la explicación de las causas;

f) la implantación de las medidas correctivas que se hagan necesarias.

7.2. ESTRUCTURA DEL PRESUPUESTO

Los elementos del **presupuesto integral** son a grandes rasgos los siguientes, según la estructura de la empresa de que se trate y de sus negocios y actividades:

a) presupuesto de ventas;
b) presupuesto de costo de ventas;
c) presupuesto de niveles de inventarios (de productos terminados, de mercadería de reventa, de productos en proceso y de materias primas y materiales);
d) presupuesto de producción y de costo estándar variable de fabricación;
e) presupuesto de compras (de materias primas y materiales, de mercadería de reventa);
f) presupuesto de costos variables de ventas;
g) presupuesto de costos fijos;
h) presupuesto de resultados financieros;
i) presupuesto de ingresos;
j) presupuesto de egresos;

De la adecuada articulación de todos estos presupuestos parciales se obtendrán los presupuestos principales:

a) presupuesto económico (o estado de resultados proyectado);
b) presupuesto financiero;
c) balance proyectado;
d) presupuesto de inversiones (o estructura, como lo llamamos en el capítulo anterior).

Pasemos ahora a considerar cada uno de ellos.

7.2.1. Presupuesto de ventas

El presupuesto de ventas constituye el punto de partida para el desarrollo del presupuesto integral. La responsabilidad por su elaboración así como por su posterior cumplimiento, está a cargo de la gerencia comercial. Este presupuesto está integrado por tres elementos:

a) unidades a vender;
b) precio unitario;
c) ventas totales, resultante de multiplicar las unidades (a) por el precio unitario (b).

Como puede observarse, es de conformación aparentemente sencilla, pero permite observar y analizar la mezcla de negocios/productos de la empresa.

Para su preparación es necesario analizar las tendencias históricas de ventas y el de las perspectivas futuras de los mercados hacia los que se dirijan nuestros esfuerzos de ventas.

Asimismo una adecuada apertura del presupuesto de ventas permite ver los efectos del modelo a desarrollar sobre los siguientes aspectos:

a) política de precios y de descuentos;
b) ventas en el mercado interno y ventas de exportación, con apertura de países destino y mezcla de productos a ser exportados.

Por todo esto es importante que refleje la mayor flexibilidad posible en lo relativo a su composición por:

a) negocio o producto,
b) producto, familia o línea de producto,
c) canales de distribución,
d) tipo de clientes,
e) zona geográfica,
f) vendedores.

Y toda otra referencia que se considere relevante para identificar cómo, dónde y cuándo se hará la venta y quién será el responsable directo de la misma.

7.2.2. Presupuesto de costo de ventas

El presupuesto de costo de ventas incluye la definición del sistema de costeo elegido para la determinación del resultado y la definición de las políticas de stock determinadas en los correspondientes presupuestos de niveles de inventarios.

Asimismo, es el resultante de los costos de adquisición y/o producción determinados en los correspondientes presupuestos de compras y producción.

7.2.3. Presupuesto de niveles de inventario

El presupuesto de niveles de inventario es el que deja constancia de las políticas de stock adoptadas en el modelo de planeamiento por la dirección de la empresa. Muestra el nivel de inventarios de cada uno de los distintos depósitos de bienes de cambio al inicio del período presupuestario, el presupuesto de ventas o consumos de dichos inventarios en unidades, y los niveles al final de cada período considerado. Asimismo indica los lotes óptimos de compra de elementos como mercadería de reventa y materias primas y los insumos de producción necesarios en los restantes: productos terminados y productos en curso de elaboración. Su valorización se hace sobre la base de los costos estándar variables elegidos.

Se elaboran presupuestos de niveles de inventario para cada uno de los rubros integrantes de los bienes de cambio: productos terminados, mercadería de reventa, productos en curso de elaboración y materias primas y materiales.

7.2.4. Presupuesto de producción y de costo estándar variable de fabricación

El presupuesto de producción en volúmenes físicos de cada período es el resultado de proyectar en unidades la existencia al inicio y restarle la venta y la existencia final de productos terminados. Este presupuesto, cuya responsabilidad de elaboración corresponde al área de fabricación, se descompone de acuerdo con el método utilizado para el costeo en presupuestos de insumos parciales, especialmente:

a) insumos de materias primas,
b) insumos de mano de obra,
c) insumos de gastos variables de fabricación.

A partir de todos ellos se desarrolla el presupuesto de costo estándar variable unitario de fabricación con el que se valorizan los movimientos en unidades, determinando el costo estándar variable de fabricación de los productos vendidos, que se detalla en el presupuesto de costo de ventas.

7.2.5. Presupuesto de compras

El presupuesto de compras refleja las adquisiciones de:

a) materias primas y materiales, sobre la base de los insumos necesarios requeridos por la producción y de los presupuestos de niveles de inventario;
b) mercaderías de reventa, tomando como base los presupuestos de ventas de las mismas y los respectivos presupuestos de niveles de inventario.

En todos los casos se aconseja el mayor detalle y apertura posible por tipo de producto, área geográfica de compra, etcétera, y mostrando cantidades a ser compradas, su precio unitario y total, fechas previstas para la entrega y condiciones para su pago.

Asimismo de acuerdo con las condiciones de compra podrán elaborarse los respectivos presupuestos de pagos a proveedores.

7.2.6. Presupuesto de costos variables de ventas

Resume todos los costos variables que varían en relación directa con las ventas, como:

a) impuesto a los ingresos brutos y similares;
b) fletes y acarreos;
c) comisiones y cargas sociales de los vendedores;
d) otros costos variables de ventas.

Para su elaboración se toman en cuenta los datos desarrollados en el respectivo presupuesto de ventas.

7.2.7. Presupuesto de costos fijos

El presupuesto de costos fijos es el resumen de los totales de los presupuestos de costos fijos de Producción, Comercialización y Administración. Consiste básicamente en el detalle de los costos fijos aprobados por cada centro de costos, con apertura de conceptos y períodos. La responsabilidad por su confección está a cargo de cada uno de los encargados de los centros de costos involucrados y posteriormente es compilado por el sector o equipo responsable de la elaboración del presupuesto integral.

7.2.8. Presupuesto de resultados financieros

Comprende la proyección de los resultados financieros en los períodos considerados, resultantes de aplicar la tasa de interés proyectada a los movimientos de obtención y concesión de financiación reflejados en los distintos presupuestos y resumidos en el presupuesto financiero.

7.2.9. Presupuesto de ingresos

Detalla los siguientes conceptos:

a) ingresos provenientes de las ventas: determinados en función del presupuesto de ventas, así cómo de las condiciones de venta presupuestadas, y haciendo jugar el movimiento de saldos iniciales y finales de la cuenta créditos por ventas;
b) ingresos provenientes de la cobranza de los documentos a cobrar al inicio del período presupuestario, analizados por su vencimiento;
c) todo otro ingreso de fondos considerado para el período que se está presupuestando y que no esté incluido en los puntos anteriores.

7.2.10. Presupuesto de egresos

Detalla todos los egresos correspondientes a los rubros de pasivos existentes al inicio del período presupuestario, de acuerdo con sus vencimientos, como:

a) deudas comerciales,
b) deudas bancarias y financieras,
c) deudas sociales,
d) deudas fiscales,
e) otras deudas.

También incluye todos los movimientos de egresos de fondos derivados de los distintos conceptos desarrollados en los diversos presupuestos, discriminados por fecha de pago:

a) proveedores de materias primas y materiales;
b) proveedores de mercadería de reventa;
c) proveedores de servicios y otras compras;
d) remuneraciones al personal y sus cargas sociales;
e) impuestos;
f) alquileres;
g) comisiones;
h) intereses;
i) honorarios;
j) dividendos;
k) inversiones;
l) otros egresos.

7.2.11. Presupuesto económico

El presupuesto económico, o estado de resultados proyectado, es el resultante de la compilación de todos los datos contenidos en los presupuestos parciales que se han descrito hasta ahora.

La estructura del mismo es la siguiente:

	Ventas netas
Menos	Costo estándar variable de ventas
Igual	Resultado bruto
Menos	Costos variables de ventas
Igual	Contribución marginal
Menos	Costos fijos
Igual	Resultado antes de intereses e impuestos
Más/menos	Resultados financieros
Igual	Resultado operativo
Más/menos	Resultado no operativo
Igual	Resultado antes de impuestos
Menos	Impuesto a las ganancias
Igual	Resultado neto

7.2.12. Presupuesto financiero

El presupuesto financiero reúne el resultado de la información contenida en los presupuestos de ingresos y egresos, determinando con apertura de los distintos períodos considerados en el mismo, los excedentes (superávit) o faltantes (déficit) de fondos previstos para dicho período.

Haciendo jugar en la evolución de estos movimientos el **saldo inicial de caja y bancos**, se obtienen los saldos acumulados de fondos al final de cada período.

Estos resultan de utilidad a fines de:

a) colocar los excedentes en inversiones de corto plazo, para obtener un interés por los mismos;
b) analizar la posibilidad de obtener financiación externa (bancos, proveedores, etcétera) para cubrir los déficit de fondos presupuestados.

7.2.13. Balance proyectado

El desarrollo del balance proyectado consiste en mostrar la situación patrimonial de la empresa al final del período considerado.

Es, por lo tanto, la resultante de efectuar los distintos movimientos contables presupuestados en las diversas cuentas que lo componen. A continuación analizaremos el desarrollo y composición de los principales rubros.

a) **Caja y bancos**: el saldo al inicio (según último balance real) más (menos) el superávit (déficit) resultante del presupuesto financiero para el período considerado.
b) **Créditos por ventas**: los saldos diferidos de cobranza de los respectivos presupuestos de ingresos por ventas.
c) **Bienes de cambio**: en sus distintos rubros componentes, y como resultado de lo desarrollado en los presupuestos de niveles de inventario.
d) **Inversiones**: de acuerdo con los datos contenidos en el presupuesto de inversiones y la evolución de los rubros integrantes del saldo inicial.
e) **Bienes de uso**: de acuerdo con la evolución de las cifras iniciales del rubro, y considerando las altas contempladas en el presupuesto de inversiones, las bajas que pudieran existir y las depreciaciones del período en función de los distintos presupuestos que las contemplen y que se encuentren reflejadas en el presupuesto económico.
f) **Deudas**: en los distintos rubros de pasivo se considerarán los saldos diferidos de pagos de los distintos presupuestos de egresos.
g) **Capital social y resultados acumulados al inicio del período**: evolución de los saldos al inicio influidos por los posibles aportes de capital o por la distribución de dividendos planificada.
h) **Resultado del ejercicio**: resultado final del presupuesto económico.

7.2.14. Presupuesto de inversiones

Como hemos dicho en el capítulo anterior, el presupuesto de inversiones forma parte del presupuesto integral y es el que detalla la estructura para alcanzar los resultados previstos en la planeamiento.

Incluye el detalle de todas las inmovilizaciones de fondos requeridas por el desarrollo del plan. Comprende asimismo la evaluación y aprobación de las inversiones a realizar.

7.3. INTRODUCCIÓN AL CONTROL PRESUPUESTARIO

El control presupuestario es el método mediante el cual se analizan las variaciones ocurridas entre el resultado real de las operaciones desarrolladas y el contenido y desarrollo en los presupuestos económicos y financieros. Es por lo tanto el primer paso para la instrumentación de las medidas correctivas necesarias para adaptar el curso de los acontecimientos a la obtención del objetivo deseado y cuantificado por el presupuesto.

El análisis de las variaciones entre las cifras presupuestadas y las reales manifiesta diferencias que pueden deberse a distintas causas, las que tienen que ser evaluadas y estudiadas con diverso grado de profundidad, de acuerdo con su importancia relativa. Es por eso que no puede determinarse *a priori* cuál será el grado de detalle al que se deberá llegar al realizar el control, que depende de la naturaleza y conformación de las variaciones que se presenten.

Sin embargo, y como marco general, creemos importante puntualizar lo siguiente: el control presupuestario resulta de la comparación directa de los valores consignados en los presupuestos económico y financiero y en los estados reales.

En el esquema de los datos de los resultados debemos recordar que tanto en el caso de los presupuestados como de los reales, se cuenta con la conformación horizontal de la información, esto es con su apertura por negocios, productos, mercados, áreas geográficas, etcétera. Por lo tanto es importante remarcar que existen distintos niveles de análisis que surgen naturalmente del presente esquema.

1) un primer nivel constituido por la mezcla de negocios/productos, determinado por la composición horizontal de la **contribución marginal** total;

2) el segundo nivel que determina de qué manera esa mezcla de negocios/productos permite absorber (y en qué medida) los costos fijos de producción, comercialización y administración, que se observan en el resultado, antes de intereses e impuestos;

3) un tercer nivel donde se muestra el efecto sobre el anterior del resultado financiero neto que surge de la actividad desarrollada por la empresa en la búsqueda y concesión de financiación de y hacia terceros, y que determina el resultado operativo.

7.4. LA MATRIZ DE POSICIONAMIENTO

En general es posible comprender la importancia de la mezcla de productos (analizada en el nivel de contribución marginal) tanto en el resultado presupuestado como en el real, dado que dicha mezcla es la que posibilita la realización del proyecto, en cuanto permite pagar los costos fijos y eventualmente generar utilidad.

Para el análisis y seguimiento de la **mezcla de negocios/productos** recordaremos la herramienta que hemos llamado Matriz de Posicionamiento de Negocios/Productos y cuyo desarrollo efectuáramos en el Capítulo 12 de *Cómo conocer y manejar...*

La propuesta consistía en clasificar todos los negocios (o productos) de la empresa según que su propia contribución marginal (absoluta y porcentual) superara o no el promedio de la contribución marginal absoluta y porcentual de la totalidad de los negocios/productos incluidos en el análisis. De esta clasificación se obtienen cuatro grupos principales de negocios/productos, que entrañan distintos problemas en su conformación, y que por lo tanto implican diversas medidas correctivas que en principio pueden ejercerse sobre los mismos.

Es posible confeccionar la Matriz de Posicionamiento de Negocios/Productos tanto sobre los datos presupuestados como sobre los reales, obteniendo en cada caso el perfil de la mezcla operada por la compañía y habilitando un primer análisis basado en la comparación de dichos perfiles.

Las conclusiones sobre los distintos grupos que integran la Matriz de Posicionamiento, se detallan a continuación. Para los interesados en estudiar con profundidad el modelo, así como sus efectos sobre los inventarios de bienes de cambio, recomendamos releer el Capítulo 12 de *Cómo conocer y manejar...*

El desarrollo resumido es el siguiente:

Matriz de Posicionamiento de Negocios/Productos	Conclusiones y posibles medidas a adoptar
Negocios o Productos AB: con contribución marginal absoluta superior al promedio y contribución marginal porcentual superior al promedio.	Estos productos son los que están dejando dinero, dado que se venden en cantidades satisfactorias y además presentan un margen porcentual superior al promedio. Estos productos son los que "se venden solos" e inclusive un esfuerzo adicional de ventas poco agregaría, y hasta podría producir resultados adversos. Son los productos que sus vendedores quieren vender, por supuesto, ya que son los que no requieren esfuerzos de venta. Nuestra recomendación es: **"Déjelos tranquilos y dedique su tiempo a los que necesitan más atención".**
Negocios o Productos CB: con contribución marginal absoluta inferior al promedio y contribución marginal porcentual superior al promedio.	Este grupo de productos esta constituido por aquellos que a pesar de dejar un buen porcentaje de contribución marginal, se venden poco, por lo que proporcionan menos dinero que el promedio. Nuestra recomendación es: **"Trabajar con las cantidades, aumentar el esfuerzo de ventas".** Nos lleva a considerar el tema del marketing y la venta (**Mirar hacia afuera**).

(Continuación)

Matriz de Posicionamiento de Negocios/Productos	Conclusiones y posibles medidas a adoptar
Negocios o Productos AD: con contribución marginal absoluta superior al promedio y contribución marginal porcentual inferior al promedio.	Productos que están dejando dinero, porque se venden en cantidades razonables, pero con márgenes de contribución inferiores al promedio. Nuestra recomendación es: **"Trabajar para mejorar el margen porcentual, ya sea a través de aumentos de precios o de disminución de costos".** Nos lleva a considerar el tema de la productividad y la eficiencia (**Mirar hacia adentro**).
Negocios o Productos CD: con contribución marginal absoluta inferior al promedio y contribución marginal porcentual inferior al promedio.	Productos que no dejan dinero, porque se venden poco, pero que además tampoco tienen un porcentaje razonable con respecto al promedio. **Nuestra recomendación es:** **"Liquidarlos rápidamente antes de que los productos lo liquiden a uno".**

Como se ha dicho, el análisis se basa en la comparación de las contribuciones marginales absolutas y porcentuales de cada uno de los negocios/productos con la contribución marginal (absoluta y porcentual respectivamente) promedio de la mezcla considerada.

Ahora bien, podemos reconocer los dos elementos que intervienen en la determinación de dicha contribución marginal y que son:

a) las cantidades (componente físico);
b) los precios (componente monetario).

Luego, es posible que las variaciones en la mezcla se deban a variaciones ocurridas en uno cualquiera o simultáneamente en ambos componentes, es decir, que la variación total se descomponga en una **variación cantidad** (por variaciones entre los volúmenes presupuestados y reales) y una **variación precio** (por diferencias entre los precios presupuestados y los reales).

Para discriminar estas variaciones se utiliza una herramienta conocida como **presupuesto flexible**, y que comentamos en el punto siguiente.

7.5. LOS PRESUPUESTOS FLEXIBLES

Los denominados presupuestos flexibles constituyen un criterio de evaluación que consiste en establecer los resultados que se habrían presupuestado si se hubieran conocido de antemano las cantidades que se iban vender de cada uno de los productos, lo cual significa aplicar las siguientes fórmulas:

Presupuesto flexible

Ventas   =   cantidades reales x precio de venta presupuestado
Costo de ventas =   cantidades reales x precio de costo presupuestado,

siendo la contribución marginal total la resultante de restarle al monto de ventas el de los costos respectivos, o lo que es lo mismo, el resultado de multiplicar las cantidades reales por la diferencia entre los valores unitarios del precio de venta y el costo presupuestados.

En otras palabras, lo que hemos hecho es dejar fija en el presupuesto flexible una de las variables en juego (las cantidades) a fin de poder despejar una **variación cantidad** entre las ventas y los costos presupuestados y los que surgen del presupuesto flexible, creando un "paso intermedio" ya que al comparar el resultado del presupuesto flexible con el real, siendo que ambos consideran las mismas cantidades, el resultado será solamente una **variación precio**.

Un ejemplo numérico aclarará lo expuesto. En el mismo se detallan el presupuesto original y el estado de resultados real y luego se procede al cálculo del presupuesto flexible y al desarrollo de las variaciones presupuestarias.

Presupuesto original

Ventas	2.000 unidades a $ 6	$ 12.000	100 %
Costo variable	2.000 unidades a $ 4	$ 8.000	
Contribución marginal		$ 4.000	33 %
Costos fijos		$ 1.500	
Resultado neto		$ 2.500	

Estado de resultados real

Ventas	2.500 unidades a $ 5	$ 12.500	100 %
Costo variable	2.500 unidades a $ 3,50	$ 8.750	
Contribución marginal		$ 3.750	30 %
Costos fijos		$ 1.250	
Resultado neto		$ 2.500	

Al efectuar la comparación entre el resultado real y el presupuestado se obtiene:

	Real	Presupuesto	Variación
Ventas	$ 12.500	$ 12.000	$ 500
Costo variable	$ 8.750	$ 8.000	($ 750)
Contribución marginal	$ 3.750	$ 4.000	($ 250)
Costos fijos	$ 1.250	$ 1.500	$ 250
Resultado neto	$ 2.500	$ 2.500	$ 0

En nuestro sencillo ejemplo se observa que en principio se ha llegado al resultado neto previsto de $ 2.500, pero al repasar los datos vemos que existen variaciones

a) en las cantidades de ventas,
b) en los precios de venta,
c) en los valores de los costos variables, y
d) en el monto de los costos fijos.

Es decir, distintas variaciones (positivas y negativas) producto de que existen diferencias entre las cantidades y los precios presupuestados y los reales.

Para determinar cada una de ellas elaboramos el presupuesto flexible.

Presupuesto flexible (cantidades reales a precios presupuestados)

Ventas	2.500 unidades a $ 6	$ 15.000	100 %
Costo variable	2.500 unidades a $ 4	$ 10.000	
Contribución marginal		$ 5.000	33 %
Costos fijos		$ 1.500	
Resultado neto		$ 3.500	

Si comparamos el **estado de resultados real con el presupuesto flexible**, podemos determinar la **variación precio**, dado que en el flexible se dejaron sin modificaciones las cantidades reales.

	Real	Presupuesto flexible	Variación precio
Ventas	$ 12.500	$ 15.000	($ 2.500)
Costo variable	$ 8.750	$ 10.000	$ 1.250
Contribución marginal	$ 3.750	$ 5.000	($ 1.250)
Costos fijos	$ 1.250	$ 1.500	$ 250
Resultado neto	$ 2.500	$ 3.500	($ 1.000)

Puede observarse que la variación en los costos fijos es únicamente una variación precio. Si ahora se compara el **presupuesto flexible con el presupuesto original**, podrá determinarse la **variación cantidad.**

	Presupuesto flexible	Presupuesto original	Variación cantidad
Ventas	$ 15.000	$ 12.000	$ 3.000
Costo variable	$ 10.000	$ 8.000	($ 2.000)
Contribución marginal	$ 5.000	$ 4.000	$ 1.000
Costos fijos	$ 1.500	$ 1.500	$ 0
Resultado neto	$ 3.500	$ 2.500	$ 1.000

En este caso hablamos de una variación cantidad, dado que los precios de ambos presupuestos son los mismos.

Para conciliar los resultados reales con los presupuestados, podemos descomponer las variaciones de la siguiente manera:

	Resultado real	$ 2.500
Menos	Variación precio ventas	($ 2.500)
	(2.500 unidades por [$ 5 - $ 6])	
Más:	Variación precio costos variables	+$ 1.250
	(2.500 unidades por ($ 3,50 - $ 4)	
Más:	Variación precio costos fijos	+$ 250
	($ 1.250 - $ 1.500)	
Más:	Variación cantidad ventas	+$ 3.000
	($ 6 por [2.500 unidades – 2.000 unidades])	
Menos:	Variación cantidad costos variables	($ 2.000)
	Resultado presupuestado	$2.500

También puede presentarse la comparación entre los datos reales y los presupuestados de la siguiente forma:

	Real	Presupuesto flexible	Variación precio	Presupuesto original	Variación cantidad	Variación total
Ventas	12.500	15.000	(2.500)	12.000	3.000	500
Costo variable	8.750	10.000	1.250	8.000	(2.000)	(750)
Contribución marginal	3.750	5.000	(1.250)	4.000	1.000	(250)
Costo fijo	1.250	1.500	250	1500	0	250
Resultado neto	2.500	3.500	(1.000)	2500	1.000	0

Con este pequeño ejemplo sólo hemos querido introducir al lector en la mecánica del control presupuestario y, naturalmente, no pretendemos agotar el tema.

Por ahora sólo diremos que el control presupuestario puede desarrollarse en niveles de complejidad creciente, de los que solamente hemos visto los dos primeros. Es posible continuar profundizando en el análisis de la mezcla de productos, efectuar la comparación para todos los productos o para alguno de ellos que revista mayor interés, y contrastar la venta con la demanda total del mercado para verificar la participación de la empresa en el mismo.

Por ahora, dejamos al lector conciliando las variaciones de nuestro ejemplo, y recordándole que según lo que decíamos en el capítulo anterior, todos estos cálculos le sirven para afinar su plan, aprender de su realidad y en consecuencia **crear su propio futuro**.

****

Bueno, nuevamente hemos concluido, y de acuerdo con lo prometido al principio, le regalamos un diploma aún más grande que el que le dimos al fin del libro anterior.

Ahora tiene dos nuevas chances: 1) quedarse esperando otras publicaciones, para ver qué cosas nuevas se nos han ocurrido y queremos transmitirle, o 2) poner en práctica de inmediato lo aprendido.

De más está decirle qué es lo que esperamos de usted. Está de acuerdo, ¿verdad? Entonces, ¡a poner en práctica lo aprendido!

Si a usted, estimado lector, se le ocurre que existen temas que no hemos contemplado, tanto en *Cómo conocer y manejar...* como en el presente libro, le sugerimos que nos lo haga saber enviándonos un e-mail a orientar@ciudad.com.ar, a nombre de cualquiera de los dos autores, y con mucho gusto lo incorporaremos en futuros trabajos, siempre que sean temas relacionados y sobre los cuales tengamos dominio teórico-práctico.

8. Bibliografía

1. Ackoff, Russell, *Planificación de la empresa del futuro*, Editorial Limusa, 1972.
2. Ackoff, Russell, *Un concepto de planeación de empresas*, Editorial Limusa, 1972.
3. Barret, Derm. a) "La administración del cambio: las culturas empresarias en el tercer milenio", b) "La administración del cambio", c) "Inventando un nuevo futuro"; d) "La década del 90: el escenario", artículos publicados en *Revista del Instituto para el Desarrollo de Empresarios en la Argentina (IDEA)*, Buenos Aires, 1987 y 1988.
4. De Pablo, Juan Carlos, Diversos artículos sobre evaluación de proyectos de inversión, Sistema de Actualización Empresaria (SAE) del Instituto para el Desarrollo de Empresarios en la Argentina (IDEA).
5. Donnelly, James, *Cerca del cliente - 25 consejos*, Conferencia en AMBA, 1992.
6. Drucker, Peter F., *La gerencia: tareas y responsabilidades*, Editorial Sudamericana y *La gerencia*, Editorial El Ateneo, Capítulo 6: ¿Cuál es mi negocio y cuál debería ser?
7. Faga, Héctor y Ramos Mejía, Mariano, *Cómo conocer y manejar sus costos para tomar decisiones rentables*, Ediciones Granica S.A., Buenos Aires, 1997.
8. Ferrari, Carlos Alberto, *Presupuesto base cero: concepto y experiencias*, Editorial Sudamericana, Buenos Aires, 1984; "La implementación de sistemas presupuestarios como proceso de aprendizaje y como vehículo del cambio organizacional", *Revista de EADA*, Barcelona, 1987; "Patologías de los sistemas de planificación", *Revista Gestión del Cambio*, Madrid, 1990 y diversos artículos publicados en revistas especializadas de Argentina y España.
9. Goldratt, Eli y Cox, Jeff, *La meta*, Ediciones Castillo, México, 1995.
10. Goldratt, Eli y Fox, Robert, *La carrera*, Ediciones Castillo, México, 1994.
11. Goldratt, Eli, *El síndrome del pajar*, Ediciones Castillo, México, 1995.
12. Goldratt, Eli, *No fue la suerte*, Ediciones Castillo, México, 1995.
13. , Hax, Arnoldo y Majluf, Nicolás, *Estrategias para el liderazgo competitivo, De la visión a los resultados*, Ediciones Granica S.A., Buenos Aires, 1997.
14. Kaplan, Robert y Cooper, R., *Coste y efecto*, Ediciones Gestión 2000, Barcelona, 1999.
15. Kaplan, Robert y Norton, David, *Cuadro de mando integral (The balance scorecard)*, Ediciones Gestión 2000, Barcelona, 1998.
16. Karlof, Bengt, *Estrategia empresarial*, Ediciones Granica S.A., Buenos Aires, 1991.
17. Karlof, Bengt, *Práctica de la estrategia*, Ediciones Granica S.A., Buenos Aires, 1993.
18. Kotler, Philip. *Dirección de mercadotecnia. Análisis, planeación, implementación y control.* Prentice-Hall Hispanoamericana, 1996.
19. Lipetz, Jorge, Diversos artículos sobre marketing y calidad total, *Revista de IDEA* y de la Asociación Argentina de Marketing.
20. Martínez, Rogelio, *Curso de Calidad centrada en el cliente*, The Forum Corporation, Buenos Aires, 1994.
21. Noreen, Eric; Smith, Debra y Mackey, James, *La teoría de las limitaciones y sus consecuencias para la contabilidad de gestión*, Ediciones Díaz de Santos, Madrid, 1997.
22. Sallenave, Jean Paul, *Gerencia y planeación estratégica*, Editorial Norma, Bogotá, 1990.
23. Senge, Peter, *La quinta disciplina*, Ediciones Granica S.A., Buenos Aires, 1993.
24. Senge, Peter y otros, *La quinta disciplina en la práctica*, Ediciones Granica S.A., Buenos Aires, 1995.
25. Shank, John K. y Govindarajan, Vijay, *Gerencia estratégica de costos*, Editorial Norma, Bogotá, 1995.

Este libro se terminó de imprimir en
el mes de febrero del año 2000,
en Talleres Gráficos Color Efe,
Paso 192, Avellaneda,
Buenos Aires, Argentina.